草原之子
李博传

吴 燕 陈志辉 ◎ 著

科学家学术成长资料采集工程
中国科学院院士传记丛书

年	1949年	1953年	1959年	1988年	1993年	1998年
山东夏津	考入北京大学	任教北京大学	任教内蒙古大学	任中国农业科学院草原研究所所长	获得第二届乌兰夫奖金基础科学特别奖 当选中国科学院学部委员	逝世

老科学家学术成长资料采集工程
中国科学院院士传记 丛书

草原之子

李博传

吴燕 陈志辉 ◎ 著

中国科学技术出版社
上海交通大学出版社

图书在版编目（CIP）数据

草原之子：李博传／吴燕，陈志辉著．—北京：中国科学技术出版社，2016.5

（老科学家学术成长资料采集工程丛书 中国科学院院士传记丛书）

ISBN 978-7-5046-7137-0

Ⅰ. ①草… Ⅱ. ①吴… ②陈… Ⅲ. ①李博－传记 Ⅳ. ① K826.3

中国版本图书馆 CIP 数据核字（2016）第 086661 号

责任编辑	韩　颖　何红哲	
责任校对	刘洪岩	
责任印制	张建农	
版式设计	中文天地	

出　版	中国科学技术出版社　上海交通大学出版社
发　行	中国科学技术出版社发行部
地　址	北京市海淀区中关村南大街 16 号
邮　编	100081
发行电话	010-62173865
传　真	010-62179148
网　址	http://www.cspbooks.com.cn

开　本	787mm×1092mm　1/16
字　数	249 千字
印　张	16.5
彩　插	2
版　次	2017 年 1 月第 1 版
印　次	2017 年 1 月第 1 次印刷
印　刷	北京华联印刷有限公司
书　号	ISBN 978-7-5046-7137-0 / K·196
定　价	70.00 元

（凡购买本社图书，如有缺页、倒页、脱页者，本社发行部负责调换）

老科学家学术成长资料采集工程
领导小组专家委员会

主　任：杜祥琬

委　员：（以姓氏拼音为序）

　　　　巴德年　　陈佳洱　　胡启恒　　李振声
　　　　王礼恒　　王春法　　张　勤

老科学家学术成长资料采集工程
丛书组织机构

特邀顾问（以姓氏拼音为序）

　　　　樊洪业　　方　新　　齐　让　　谢克昌

编委会

主　编：王春法　　张　藜

编　委：（以姓氏拼音为序）

　　　　艾素珍　　董庆九　　胡化凯　　黄竞跃　　韩建民
　　　　廖育群　　吕瑞花　　刘晓勘　　林兆谦　　秦德继
　　　　任福君　　苏　青　　王扬宗　　夏　强　　杨建荣
　　　　张柏春　　张大庆　　张　剑　　张九辰　　周德进

编委会办公室

主　任：许向阳　　张利洁

副主任：许　慧　　刘佩英

成　员：（以姓氏拼音为序）

　　　　崔宇红　　董亚峥　　冯　勤　　何素兴　　韩　颖
　　　　李　梅　　罗兴波　　刘　洋　　刘如溪　　沈林苣
　　　　王晓琴　　王传超　　徐　婕　　肖　潇　　言　挺
　　　　余　君　　张海新　　张佳静

老科学家学术成长资料采集工程简介

老科学家学术成长资料采集工程（以下简称"采集工程"）是根据国务院领导同志的指示精神，由国家科教领导小组于2010年正式启动，中国科协牵头，联合中组部、教育部、科技部、工信部、财政部、文化部、国资委、解放军总政治部、中国科学院、中国工程院、国家自然科学基金委员会等11部委共同实施的一项抢救性工程，旨在通过实物采集、口述访谈、录音录像等方法，把反映老科学家学术成长历程的关键事件、重要节点、师承关系等各方面的资料保存下来，为深入研究科技人才成长规律，宣传优秀科技人物提供第一手资料和原始素材。按照国务院批准的《老科学家学术成长资料采集工程实施方案》，采集工程一期拟完成300位老科学家学术成长资料的采集工作。

采集工程是一项开创性工作。为确保采集工作规范科学，启动之初即成立了由中国科协主要领导任组长、12个部委分管领导任成员的领导小组，负责采集工程的宏观指导和重要政策措施制定，同时成立领导小组专家委员会负责采集原则确定、采集名单审定和学术咨询，委托中国科学技术史学会承担具体组织和业务指导工作，建立专门的馆藏基地确保采集资料的永久性收藏和提供使用，并研究制定了《采集工作流程》《采集工作规范》等一系列基础文件，作为采集人员的工作指南。截至2014年年底，已启动 304 位老科学家的学术成长资料采集工作，获得手稿、书信等实物原件资料 52093 件，数字化资料 137471 件，视频资料 183878 分钟，音频资料 224825 分钟，具有重要的史料价值。

采集工程的成果目前主要有三种体现形式，一是建设一套系统的"老科学家学术成长资料数据库"（本丛书简称"采集工程数据库"），提供学术研究和弘扬科学精神、宣传科学家之用；二是编辑制作科学家专题资料片系列，以视频形式播出；三是研究撰写客观反映老科学家学术成长经历的研究报告，以学术传记的形式，与中国科学院、中国工程院联合出版。随着采集工程的不断拓展和深入，将有更多形式的采集成果问世，为社会公众了解老科学家的感人事迹，探索科技人才成长规律，研究中国科技事业的发展历程提供客观翔实的史料支撑。

总序一

中国科学技术协会主席　韩启德

老科学家是共和国建设的重要参与者，也是新中国科技发展历史的亲历者和见证者，他们的学术成长历程生动反映了近现代中国科技事业与科技教育的进展，本身就是新中国科技发展历史的重要组成部分。针对近年来老科学家相继辞世、学术成长资料大量散失的突出问题，中国科协于2009年向国务院提出抢救老科学家学术成长资料的建议，受到国务院领导同志的高度重视和充分肯定，并明确责成中国科协牵头，联合相关部门共同组织实施。根据国务院批复的《老科学家学术成长资料采集工程实施方案》，中国科协联合中组部、教育部、科技部、工业和信息化部、财政部、文化部、国资委、解放军总政治部、中国科学院、中国工程院、国家自然科学基金委员会等11部委共同组成领导小组，从2010年开始组织实施老科学家学术成长资料采集工程。

老科学家学术成长资料采集是一项系统工程，通过文献与口述资料的搜集和整理、录音录像、实物采集等形式，把反映老科学家求学历程、师承关系、科研活动、学术成就等学术成长中关键节点和重要事件的口述资料、实物资料和音像资料完整系统地保存下来，对于充实新中国科技发展的历史文献，理清我国科技界学术传承脉络，探索我国科技发展规律和科技人才成长规律，弘扬我国科技工作者求真务实、无私奉献的精神，在全社会营造爱科学、学科学、用科学的良好氛围，是一件很有意义的事情。采集工程把重点放在年龄在80岁以上、学术成长经历丰富的两院院士，以及虽然不是两院院士、但在我国科技事业发展中作出突出贡献的老科技工作者，充分体现了党和国家对老科学家的关心和爱护。

自2010年启动实施以来，采集工程以对历史负责、对国家负责、对科技事业负责的精神，开展了一系列工作，获得大量反映老科学家学术成长历程的文字资料、实物资料和音视频资料，其中有一些资料具有很高的史料价值和学术价值，弥足珍贵。

以传记丛书的形式把采集工程的成果展现给社会公众，是采集工程的目标之一，也是社会各界的共同期待。在我看来，这些传记丛书大都是在充分挖掘档案和书信等各种文献资料、与口述访谈相互印证校核、严密考证的基础之上形成的，内中还有许多很有价值的照片、手稿影印件等珍贵图片，基本做到了图文并茂，语言生动，既体现了历史的鲜活，又立体化地刻画了人物，较好地实现了真实性、专业性、可读性的有机统一。通过这套传记丛书，学者能够获得更加丰富扎实的文献依据，公众能够更加系统深入地了解老一辈科学家的成就、贡献、经历和品格，青少年可以更真实地了解科学家、了解科技活动，进而充分激发对科学家职业的浓厚兴趣。

借此机会，向所有接受采集的老科学家及其亲属朋友，向参与采集工程的工作人员和单位，表示衷心感谢。真诚希望这套丛书能够得到学术界的认可和读者的喜爱，希望采集工程能够得到更广泛的关注和支持。我期待并相信，随着时间的流逝，采集工程的成果将以更加丰富多样的形式呈现给社会公众，采集工程的意义也将越来越彰显于天下。

是为序。

总序二

中国科学院院长　白春礼

由国家科教领导小组直接启动，中国科学技术协会和中国科学院等12个部门和单位共同组织实施的老科学家学术成长资料采集工程，是国务院交办的一项重要任务，也是中国科技界的一件大事。值此采集工程传记丛书出版之际，我向采集工程的顺利实施表示热烈祝贺，向参与采集工程的老科学家和工作人员表示衷心感谢！

按照国务院批准实施的《老科学家学术成长资料采集工程实施方案》，开展这一工作的主要目的就是要通过录音录像、实物采集等多种方式，把反映老科学家学术成长历史的重要资料保存下来，丰富新中国科技发展的历史资料，推动形成新中国的学术传统，激发科技工作者的创新热情和创造活力，在全社会营造爱科学、学科学、用科学的良好氛围。通过实施采集工程，系统搜集、整理反映这些老科学家学术成长历程的关键事件、重要节点、学术传承关系等的各类文献、实物和音视频资料，并结合不同时期的社会发展和国际相关学科领域的发展背景加以梳理和研究，不仅有利于深入了解新中国科学发展的进程特别是老科学家所在学科的发展脉络，而且有利于发现老科学家成长成才中的关键人物、关键事件、关键因素，探索和把握高层次人才培养规律和创新人才成长规律，更有利于理清我国科技界学术传承脉络，深入了解我国科学传统的形成过程，在全社会范围内宣传弘扬老科学家的科学思想、卓越贡献和高尚品质，推动社会主义科学文化和创新文化建设。从这个意义上说，采集工程不仅是一项文化工程，更是一项严肃认真的学术建设工作。

中国科学院是科技事业的国家队，也是凝聚和团结广大院士的大家庭。早在1955年，中国科学院选举产生了第一批学部委员，1993年国务院决定中国科学院学部委员改称中国科学院院士。半个多世纪以来，从学部委员到院士，经历了一个艰难的制度化进程，在我国科学事业发展史上书写了浓墨重彩的一笔。在目前已接受采集的老科学家中，有很大一部分即是上个世纪80、90年代当选的中国科学院学部委员、院士，其中既有学科领域的奠基人和开拓者，也有作出过重大科学成就的著名科学家，更有毕生在专门学科领域默默耕耘的一流学者。作为声誉卓著的学术带头人，他们以发展科技、服务国家、造福人民为己任，求真务实、开拓创新，为我国经济建设、社会发展、科技进步和国家安全作出了重要贡献；作为杰出的科学教育家，他们着力培养、大力提携青年人才，在弘扬科学精神、倡树科学理念方面书写了可歌可泣的光辉篇章。他们的学术成就和成长经历既是新中国科技发展的一个缩影，也是国家和社会的宝贵财富。通过采集工程为老科学家树碑立传，不仅对老科学家们的成就和贡献是一份肯定和安慰，也使我们多年的夙愿得偿！

鲁迅说过，"跨过那站着的前人"。过去的辉煌历史是老一辈科学家铸就的，新的历史篇章需要我们来谱写。衷心希望广大科技工作者能够通过"采集工程"的这套老科学家传记丛书和院士丛书等类似著作，深入具体地了解和学习老一辈科学家学术成长历程中的感人事迹和优秀品质；继承和弘扬老一辈科学家求真务实、勇于创新的科学精神，不畏艰险、勇攀高峰的探索精神，团结协作、淡泊名利的团队精神，报效祖国、服务社会的奉献精神，在推动科技发展和创新型国家建设的广阔道路上取得更辉煌的成绩。

总序三

中国工程院院长　周　济

由中国科协联合相关部门共同组织实施的老科学家学术成长资料采集工程，是一项经国务院批准开展的弘扬老一辈科技专家崇高精神、加强科学道德建设的重要工作，也是我国科技界的共同责任。中国工程院作为采集工程领导小组的成员单位，能够直接参与此项工作，深感责任重大、意义非凡。

在新的历史时期，科学技术作为第一生产力，已经日益成为经济社会发展的主要驱动力。科技工作者作为先进生产力的开拓者和先进文化的传播者，在推动科学技术进步和科技事业发展方面发挥着关键的决定的作用。

新中国成立以来，特别是改革开放 30 多年来，我们国家的工程科技取得了伟大的历史性成就，为祖国的现代化事业作出了巨大的历史性贡献。两弹一星、三峡工程、高速铁路、载人航天、杂交水稻、载人深潜、超级计算机……一项项重大工程为社会主义事业的蓬勃发展和祖国富强书写了浓墨重彩的篇章。

这些伟大的重大工程成就，凝聚和倾注了以钱学森、朱光亚、周光召、侯祥麟、袁隆平等为代表的一代又一代科技专家们的心血和智慧。他们克服重重困难，攻克无数技术难关，潜心开展科技研究，致力推动创新发展，为实现我国工程科技水平大幅提升和国家综合实力显著增强作出了杰出贡献。他们热爱祖国，忠于人民，自觉把个人事业融入到国家建设大局之中，为实现国家富强而不断奋斗；他们求真务实，勇于创新，用科技为中华民族的伟大复兴铸就了辉煌；他们治学严谨，鞠躬尽瘁，具有崇高的科学精神和科学道德，是我们后代学习的楷模。科学家们的一生是一本珍贵的教科书，他们坚定的理想信念和淡泊名利的崇高品格是中华民族自强不息精神的宝贵财富，永远值得后人铭记和敬仰。

通过实施采集工程，把反映老科学家学术成长经历的重要文字资料、实物资料和音像资料保存下来，把他们卓越的技术成就和可贵的精神品质记录下来，并编辑出版他们的学术传记，对于进一步宣传他们为我国科技发展和民族进步作出的不朽功勋，引导青年科技工作者学习继承他们的可贵精神和优秀品质，不断攀登世界科技高峰，推动在全社会弘扬科学精神，营造爱科学、讲科学、学科学、用科学的良好氛围，无疑有着十分重要的意义。

中国工程院是我国工程科技界的最高荣誉性、咨询性学术机构，集中了一大批成就卓著、德高望重的老科技专家。以各种形式把他们的学术成长经历留存下来，为后人提供启迪，为社会提供借鉴，为共和国的科技发展留下一份珍贵资料。这是我们的愿望和责任，也是科技界和全社会的共同期待。

周济

李博

李博在家中工作

内蒙古大学"1957年建成的教授住宅旧址"中的李博旧居

1996年11月,李博参加院士南方考察期间在湖北考察

目 录

老科学家学术成长资料采集工程简介

总序一 ··· 韩启德

总序二 ··· 白春礼

总序三 ··· 周 济

导 言 ·· 1

| 第一章 | 少年时光 ·································· 11

  兵荒马乱的年代 ································ 11
  家中破败 ·· 14
  赴京投考 ·· 15

第二章 华北大学的农学生 17

- 太行山下的农学院 17
- 新生教育 19
- 艰苦条件下的专业学习 21
- "新遗传学"进入大学课程 23
- 到农业一线实习 27

第三章 李继侗先生的"研究生" 31

- 严师李继侗先生 32
- 地植物学进入大学教育 37
- 边学边干的"研究生" 38
- 开展工作前要学会查阅文献 43
- 模范青年教师 47

第四章 初涉考察 50

- 北京植被考察 50
- 黄河中游水土保持综合考察 53

第五章 草原的召唤 58

- 内蒙古植被研究 59
- 呼伦贝尔大草原 60
- 内蒙古大学：草原上第一所综合性大学 63
- 面向草原，旁及农林 66
- 追随李继侗先生的脚步 69

第六章 远征沙漠 71

- 向沙漠进军 72
- 巴丹吉林大沙漠 74

挺进巴丹吉林 …………………………………………… 76
　　荒漠植被调查 …………………………………………… 82
　　作为亚洲荒漠区组成部分的内蒙古荒漠区 ……………… 85
　　划定荒漠植被类型 ……………………………………… 87
　　提出植被分区方案 ……………………………………… 89

| 第七章 | 早期草原生态研究 ……………………………… 93

　　思考学科前景 …………………………………………… 94
　　莫达木吉 ………………………………………………… 98
　　定量描述草原生产力与水分条件之联系 ……………… 106
　　探索草原生态定量研究方法 …………………………… 108
　　政治运动的影响 ………………………………………… 110

| 第八章 | 重返草原 ………………………………………… 115

　　黑龙江省土地资源考察 ………………………………… 115
　　业界同人再聚首 ………………………………………… 124
　　参加撰写《中国植被》 ………………………………… 127
　　赴美访学 ………………………………………………… 128

| 第九章 | 从空间制图到动态监测 ………………………… 134

　　一幅卫片开启的新视野 ………………………………… 135
　　用遥感技术完成内蒙古草场资源调查 ………………… 138
　　北方草地畜牧业的动态监测 …………………………… 143
　　规划中国草地生态监测网络 …………………………… 146

| 第十章 | 走向管理的草原生态学 ………………………… 151

　　草原退化 ………………………………………………… 152
　　以管理应对草原退化 …………………………………… 153
　　草地科学管理的生态学基础 …………………………… 157

　　　　南方考察 …………………………………………………… 159
　　　　针茅防除：以改进管理趋利避害 ………………………… 161
　　　　关注中国大农业可持续发展 ……………………………… 163

| 第十一章 | 学科专业的领跑者 …………………………………… 167

　　　　第一批生态学专业大学生 ………………………………… 167
　　　　生态学在中国 ……………………………………………… 169
　　　　多种思路扩充教师队伍 …………………………………… 172
　　　　精心培育高层次人才 ……………………………………… 177
　　　　言传身教育良才 …………………………………………… 181
　　　　为学生打开面向世界的窗 ………………………………… 182

| 第十二章 | 和睦家庭 …………………………………………… 186

结　语　李博的学术人生——一个学科变迁的缩影 …………… 192

附录一　李博年表 ………………………………………………… 204

附录二　李博主要论著目录 ……………………………………… 224

参考文献 …………………………………………………………… 234

图片目录

图 2-1　1950 年，李博在北京农业大学加入北京市中苏友好协会时的证件‥21
图 2-2　1953 年李博与蒋佩华的合影……………………………………29
图 3-1　李博在北京大学工作期间的工会会员证…………………………47
图 4-1　李博参加黄河中游水土保持综合考察队时的笔记………………54
图 5-1　1956 年，李博在内蒙古草原考察…………………………………60
图 5-2　20 世纪 50 年代，李博在内蒙古草原考察…………………………60
图 6-1　巴丹吉林考察队越过高达数百米的沙山…………………………76
图 6-2　巴丹吉林考察队在沙漠边缘找到的毁于战争的古城黑城子……77
图 6-3　巴丹吉林沙漠考察队植物组的 3 名成员…………………………82
图 6-4　1959 年 5 月 7 日，李博和陈山在巴丹吉林沙漠考察中发现肉苁蓉……………………………………………………………………84
图 6-5　发表在《内蒙古荒漠区植被考查初报》一文中的"内蒙古荒漠区地理位置图"……………………………………………………86
图 6-6　李博 1959 年工作笔记中有关植被类型的记录……………………88
图 7-1　李博在 1960 年 12 月撰写的"植物地理学教学大纲（草案）"草稿………………………………………………………………94
图 7-2　1963 年 7 月，李博与地植物专业 1958 级毕业班合影……………95
图 7-3　1964 年 3 月李博在哈尔滨……………………………………… 111
图 7-4　1975 年 10 月，《内蒙古锡林郭勒种畜场地区的植被与草场资源》封面…………………………………………………………… 112
图 8-1　李博在 1973—1977 年黑龙江省土地资源考察基础上撰写的论文《中国大兴安岭及呼伦贝尔高原植被的地带特征及土地利用》手稿…… 124
图 8-2　1973 年 11 月 10 日，中国科学院植物生态学与地植物学工作会议代表合影…………………………………………………………… 125

图 8-3　1988 年 8 月,《中国植被》一书获颁 1987 年国家自然科学奖二等奖 ………… 128
图 8-4　李博 1980 年学习英语的练习簿 ………… 129
图 8-5　李博在美国爱达荷大学访学 ………… 130
图 8-6　李博在 1980—1981 年访美期间拍摄的照片 ………… 130
图 9-1　1984 年,李博向内蒙古自治区领导介绍草原遥感应用项目进展 ………… 139
图 9-2　1987 年 8 月,李博在国际草地植被学术讨论会上做大会报告 …… 141
图 9-3　1992 年 4 月,李博率国家科委组织的中国草地遥感应用代表团出访澳大利亚 ………… 143
图 9-4　1994 年 7 月,李博在新疆考察 ………… 145
图 9-5　李博于 1996 年 8 月 16 日撰写的《中国草地生态监测网络建设规划》手稿 ………… 149
图 10-1　李博在论文《生态学与草地管理》中以图示的方式分析了生态学在不同发展阶段对草地管理的贡献 ………… 158
图 10-2　1996 年 11—12 月,李博参加院士南方草地考察 ………… 159
图 10-3　李博于 1998 年撰写的《农业生物多样性保护研究》建议书手稿 ………… 164
图 10-4　李博于 1993 年获得第二届乌兰夫奖金基础科学特别奖 ………… 165
图 11-1　李博与雍世鹏讨论问题 ………… 172
图 11-2　李博 1979 年工作笔记中"关于地植物学教研室的一些情况" …… 173
图 11-3　李博给学生们上课 ………… 176
图 11-4　李博在野外指导学生实习 ………… 178
图 11-5　1995 年,李博与第一位博士生杨劼在毕业典礼上 ………… 179
图 11-6　李博于 1990 年 11 月访问新西兰时拍摄的照片 ………… 183
图 11-7　李博于 1994 年 1 月 20 日写给鄢建国的传真底稿 ………… 184
图 12-1　李博夫妇与李博母亲的合影 ………… 186
图 12-2　1980 年,李博夫妇与子女合影 ………… 188
图 12-3　李博在家中工作 ………… 189
图 12-4　1999 年出版的《李博文集》封面 ………… 190
图结-1　1998 年 2 月,李博在内蒙古大学出席纪念李继侗先生百年诞辰暨 21 世纪生命科学学术报告会 ………… 194

图结-2	1990年12月，李博被国家教委和国家科委授予"全国高等学校先进科技工作者"称号	195
图结-3	李博在阿根廷考察潘帕斯草原	196
图结-4	1993年2月，李博与雍世鹏赴新西兰出席第17届国际草地会议期间合影	197
图结-5	李博修改过的译稿	199
图结-6	李博于1991年起享受政府特殊津贴的证书	201
图结-7	李博于1993年当选中国科学院院士	202

导　言

　　中国草原是欧亚大陆草原的一部分，处于中国东南部森林区与西北荒漠区之间，呈带状从东北往西南延伸。北部从松嫩平原和呼伦贝尔高原起，经内蒙古高原、鄂尔多斯高原直达青藏高原的南缘，绵延4500多公里。

——李博：中国温带草原及其开发

　　1998年5月21日，匈牙利德布勒森。正在这里举行的第17届欧洲草地管理学术会议已进入会期的最后一天。

　　对于生态学家李博来说，这依然是一个忙碌的日子。在他的记事本上写着这一天的工作安排："上午：继续开会，Poster，Workshop。下午：闭幕式，3点后闭幕。开会后考察。"[①] 李博曾在临行前说过，去过东欧匈牙利这一片草原后，世界的草原他就走遍了[②]。然而没有人会想到，这天下午，就在位于匈牙利和捷克交界的一个小镇上进行野外考察时，专注工作的李博没有留意到疾驰而来的列车，最终倒在这片他为之魂牵梦系了一生的草原上。在匈牙利，在他一直潜心研究的温带草原的另一端，他以这

---

① 李博1998年工作日志，1998年5月21日。李炜民收藏，资料存于采集工程数据库。
② 朴顺姬访谈，2014年9月4日，呼和浩特。资料存于采集工程数据库。

种方式永远离开了他钟爱一生的事业。几天后，新华社播发了李博因公殉职的消息：

> 九届全国人大代表、中国科学院院士、内蒙古大学教授、中国农业科学院研究员、内蒙古科协名誉主席李博同志于5月21日在国外参加学术会议期间不幸逝世，享年70岁。
>
> 李博是著名生态学家，山东夏津县人，中共党员。50年代他从北京大学支边来内蒙古大学工作，为我国草原生态学科的创建和内蒙古高等教育的人才培养、科学研究做出了重要贡献。[①]

主要经历与学术贡献

李博（1929—1998），草原生态学家，中国科学院院士。青年时代曾就读于华北大学农学院（后合并改名为北京农业大学）农艺系，后转农学系，1953年毕业后进入北京大学生物系植物学教研室。1954年起任李继侗教授的研究助教。

1959年3月，李博随李继侗教授赴内蒙古支边，而他与草原的不解之缘则开始得更早。1955年，李博跟随李继侗先生率领的考察队一同赴内蒙古呼伦贝尔草原考察，第一次踏上草原的经历让他开始对草原着迷，而在随后的数十年中，他所有的事业也与这片土地紧紧地连在了一起。

他的同事评价说："他几乎到过内蒙古的每一个地方，走过许多没有人烟的地带，他是用双脚丈量过内蒙古土地的人。"[②] 他的妻子说他"从不管家务，但却亲自熬奶茶泡炒米让我们品尝，见我们吃得很香，他开怀地笑了。他言谈举止表明他的心灵深处早已对草原一见钟情。"[③] 而在儿女们眼中，他永远都是一个忙碌的人。

[①] 李博同志逝世。《人民日报》，1998年7月17日。

[②] 可伟，甘峰岭，樊文礼：李博：走遍内蒙古的中科院院士。《北方新报》，2007年1月19日。

[③] 蒋佩华：往事历历在目。见：内蒙古大学生命科学学院编，《精神永存——纪念李博院士》。1999年，第5页，内部资料。

少年时代记忆最深的是，每年夏季父亲总是在野外考察，一到秋季母亲和奶奶总是想尽办法贮存夏末购买的西瓜，那是父亲最爱吃的水果，盼望着他早日回家。"从我们记事起，就知道父亲总是很忙，母亲和奶奶总是尽量节省他的时间。只要父亲在家中，我们临睡前看见的都是他在伏案工作，醒来后看见他又已坐在写字台前，日复一日，年复一年。[①]

20世纪50—60年代，李博先后参加了由北京大学、中国科学院、国家科委等主持的水土保持、草原、土地资源、治沙等多种考察，研究了我国温带草原区与沙漠地区的植被类型和分布规律，进行了植被与草地资源评价，并且对草原植被生产力与蒸腾、降水的关系做了充分阐述。同时，在实地考察的基础上，完成了内蒙古草原的大面积调查及植被图绘制，填补了内蒙古草原研究的空白。

20世纪70年代，在参加中国科学院黑龙江土地资源综合考察期间，李博主持植被组工作，以植被为指标评价土地资源与环境，并进行了生态分区。70年代后期，以植被作指标，通过对植被在不同草原典型区受外界环境、人为干扰的分析、研究，评价环境质量，成功地把植被研究成果引入环境科学，为环境评价提供了一个新途径。在这一时期，李博作为编写组副组长及主要执笔人之一，参与编写由吴征镒教授主持的《中国植被》一书，提出了具有中国特色的植被分类系统，并首次概括了中国草原植被类型与分布规律，这些研究成果已为教学、科研、生产广泛引用。

20世纪80年代，李博将卫星遥感技术手段率先引入草原植被生态学领域，率先利用遥感技术进行干旱、半干旱区大范围草原调查、制图与资源评价等研究，从而完成了内蒙古118万平方千米区域内的草场资源系列地图的编制，建立了内蒙古草场资源空间数据库，使中国草地资源调查、评价与制图方法、精度及学术水平迈入了一个新的水平。

20世纪90年代，李博利用遥感、地理信息系统（GIS）等现代科学技

[①] 李燕青，李燕红，李炜民：怀念我们的父亲。见：内蒙古大学生命科学学院编，《精神永存——纪念李博院士》，1999年，第13页，内部资料。

术，成功地进行了草地估产、草畜平衡预报、草地灾害评估及草地资源动态监测研究，建立了我国北方草地资源动态信息系统，使中国草地资源信息管理进入国际先进行列。不仅推动了草原生态科学研究的进步，也为国土资源科学评价、服务于草原经济建设做出了贡献。

李博为中国的草地生态事业奋斗了 45 年。在这几十年的征程中，他一步一个脚印、踏踏实实、马不停蹄地工作，为中国草原生态学乃至中国生态学的发展进步不懈地努力着。他在研究过程中逐步形成了生态系统管理思想，即尽可能地利用开发草原资源，以利于人们的生活和经济建设，而同时又最大限度地保护草原生态。因此，对李博学术成长轨迹与学术思想加以追溯与研究，在学术与实际应用上具有双重意义。

从学术史意义而言，李博学术成长与学术思想之形成与发展发生在中国乃至世界学术史的大背景之下，因此，李博学术成长轨迹也成为草原生态研究这一领域本身发展历史的一部分。作为中国生态学研究的亲历者，李博学术生涯中每一次重要的转变都在很大程度上反映出中国生态学乃至生态学思想史的演变：从早期的基础科学研究（如植物区分、生理生态、草地生产力等）转向综合的生态系统定位研究，并与草原资源管理、利用相结合，以达到草场资源持续利用的最终目的；与此相对应的是研究方法上的转变，即从传统的生态学研究方法（如植物区系、植被制图）扩展到数量分析以及现代科学技术（如卫星遥感、GIS 的引入）。对于资源、环境领域的青年学者来说，无论是随着时代变化而发生的学术思想转变还是科学方法的扩充，都将会提供有益的启示。

从社会史意义而言，无论是作为 1949 年以后中国培养的第一届大学毕业生，还是 20 世纪 50 年代赴边远地区工作的大批知识分子中的一员，李博的学术成长经历尽管有其个人特色，但更重要的是它所具有的鲜明的时代特征，这就使得李博学术成长研究不仅仅是对某一个人的学术思想形成的追溯，而更成为观察一个时代以及这个时代知识分子的一种角度。从这种意义上来说，李博学术成长经历也是特殊年代知识分子与国家命运之关系的写照。正如李博之子李炜民在追忆父亲时所说：

这不是一个人的问题，他只是这一代人中的优秀代表之一，无论是抱病赴边创建内蒙古大学的李继侗先生，还是响应号召跟随李继侗先生一同支边来到内蒙古的李博及其同事们，恰恰是这一批知识分子，对整个国家少数民族地区的或者说边远地区的教育起到了至关重要的作用，可以说正是他们把很多领域从新中国成立初期的一张白纸，提升到了一个很高的学术地位和水平……这比国家资助多少经费，或者是援建一些这样那样的项目，贡献都要重要的多得多。①

从更为实用的角度而言，生态问题是当今中国乃至世界面临的最为严峻的实际问题之一。从领导者到普通市民，都对这个问题给予了较多的关注。如何在经济发展与资源保护之间找到一种平衡，这是决策者与研究者必须面对的问题。而早在二十世纪八九十年代，李博便已开始了关于这个问题的思考——不仅是作为学者出于学术角度的思考，更是对现实的极大关注。正如李博的学生兼助手王利民所说：

老百姓要吃饭，社会也要发展。作为政府管理来讲，需要从生态系统平衡的角度来了解生态承载力到底有多大，到底对草原生态系统利用到什么程度而不至于使草原生态退化，也不至于让这个地区的发展停滞，同时又能让老百姓吃上饭，政府又能获得最大的经济效益。②

这种生态系统管理的思路对于解决当今中国所面临的生态问题是具有启发意义的。

已有研究成果与本研究资料基础

尽管李博学术成长与学术思想研究具有如此重要的理论与现实意义，但相关研究尚未充分展开。目前已有的研究文章或传记类资料大致可分为三类：

---

① 李炜民访谈，2013年1月30日，北京。资料存于采集工程数据库。
② 王利民访谈，2013年4月23日，北京。存地同①。

第一类是生平事迹类。《李博教授》[①]一文由李博所在的内蒙古大学生物系整理撰写，是较早对李博的科学工作与学术成就做出概述的学术性文章。《李博教授素描》[②]《李博教授当选为中国科学院院士》[③]《李博》[④]《著名植物生态学家李博院士生平》[⑤]《中国科学院院士——李博》[⑥]《李博院士生平》[⑦]等文是在李博当选院士或去世后，由业内人士撰写并刊发在相关学术刊物上的人物介绍性文字。中国农业大学百年校庆期间编辑出版的《百年人物》中收入的《李博》[⑧]一文是关于李博院士的生平简介。

在此类传记资料中，杨持撰写的回忆文章《在李博先生的关怀下成长》[⑨]、内蒙古大学生命科学学院编辑的纪念文集《精神永存——纪念李博院士》[⑩]《李博文集》中刊印的《李博教授生平》[⑪]以及收入《内蒙古通史》第八卷中的《李博》[⑫]等文尤其具有参考价值。前两者是在李博去世后由业内人士或同事、学生、亲属等撰写的纪念文章，除对李博科学工作与学术成就做出概述外，还包括李博一些工作、生活方面的细节，是目前所能找到的最为全面细致的人物生平。

这些传记资料为本研究提供了基本参考，通过这些文章可以对人物的学术成长脉络有一个基本的了解。但此类资料的共同问题在于，因篇幅所

---

① 内蒙古大学生物系：李博教授。《中国草原》，1987年第5期，第74-76页。
② 杨长斌，司洁：李博教授素描。《人才管理》，1994年第5期，第18-19页。
③ 刘天明，张明华：李博教授当选为中国科学院院士。《中国草地》，1994年第2期，封三转第80页。
④ 李博。见：内蒙古自治区科学技术委员会编，《内蒙古科学技术年鉴（1996）》。呼和浩特：内蒙古人民出版社，1996年，第203页。
⑤ 杨持，杨劼：著名植物生态学家李博院士生平。百度网站。
⑥ 贺雪枫：中国科学院院士——李博。《党建与人才》，1996年第5期，第38页。
⑦ 李博院士生平。《生态学报》，1998年第18卷第5期，第564页。
⑧ 李博。见：中国农业大学百年校庆丛书编委会编，《百年人物》（中国农业大学百年校庆丛书）。北京：中国农业大学出版社，2005年，第250页。
⑨ 杨持：在李博先生的关怀下成长。《党建与人才》，1998年第9期，第31页。
⑩ 内蒙古大学生命科学学院编：精神永存——纪念李博院士。1999年，内部资料。
⑪ 《李博文集》编委会：李博教授生平。见：《李博文集》编委会编，《李博文集》。北京：科学出版社，1999年，第1-5页。
⑫ 李博。见：曹永年主编，《内蒙古通史》（第8卷·生态环境与生态文明）。呼和浩特：内蒙古大学出版社，2007年，第525-532页。

限而未能对李博学术思想演变做出深入的分析与讨论。

第二类为报告文学。其中以作家乔雪竹的《匈牙利狂想》[①]最具代表性,该文以文学笔触记述了李博的经历及其对草原的情感,文字感人至深。

第三类为自传性文字。此类文献包括李博本人写于1949年、1950年的三篇自传,主要记录其大学之前的经历,对个人早期经历以及家庭背景有较为详细的论述,现均保存于内蒙古大学档案馆,这在一定程度上弥补了现有文献资料在这方面的缺失。另外,《我在草地植被生态领域的工作》[②]一文是李博在当选院士后撰写并发表的正式文章,是李博对自己在草地植被生态领域的工作的总结,对于本文把握李博学术成长与学术思想具有一定的参考意义。

2012年年末,李博学术成长资料采集工作被纳入老科学家学术成长资料采集工程,而我们对李博相关资料的摸底工作则开始于这一年的9月。采集小组成员中有两位老师(任玉凤教授、李笑春教授)来自内蒙古大学,通过他们,我们很快与内蒙古大学档案馆取得了联系,并获准查阅李博的人事档案以及获奖证书。

内蒙古大学档案馆现保存有李博档案两盒,计540余页,内容包括简历、自传、鉴定、考核、政审、参加党团、奖励、处分、呈报表等十类档案,时间跨度为1949—1998年。此外,还保存有李博1978—1998年所获得的各种证书、聘书等共110件,其中包括获得国家科技进步奖、国家自然科学奖、政府特殊津贴时的证书等。

对李博档案的查阅使我们看到了一个媒体之外的李博,也益发认识到对李博学术成长经历进行系统梳理与研究的重要性。因此,在研究正式立项后,我们立即着手同时从资料采集与访谈两个方面展开研究。

在资料采集方面,李博的子女李燕青女士、李炜民先生为我们提供了李博的多册工作日记以及若干论文手稿,其中包括李博在1959年参加中国科学院治沙队库布齐沙漠考察时的笔记、1961年和1963年在内蒙古呼伦贝尔莫达木吉草原改良试验站进行草原定位研究时的工作日志等,为我

[①] 乔雪竹:匈牙利狂想曲.《作品》,2008年第7期,第61—65页.
[②] 李博:我在草地植被生态领域的工作.《中国科学院院刊》,1996年第1期,第51页.

们了解李博在这些科学考察工作中的活动以及思考提供了丰富的第一手文献；另外，内蒙古大学校内的"1957年建成的教授住宅旧址"中也保存了李博的大量手稿、书信、胶片、幻灯片等资料和物品。在本书尽力还原李博学术成长轨迹以及研究思想脉络的工作中，正是这些珍贵的文献资料构成了重要基础。

由于李博已去世多年，而且在生前也并未留下访谈口述资料，为了尽可能了解李博的野外考察与研究工作的细节，我们也对李博的亲属、同事以及学生进行了一系列的访谈。

李博的长子在访谈中为我们讲述了李博生活中的许多细节，也对本书写作的角度等提出了很好的建议，其对李博同时代的支边知识分子的学术情怀与社会责任感的理解也给了我们很多启发。李博的妹妹李兰英则讲述了其兄长在家中的若干细节。

刘钟龄教授在北京大学读书时即与李博共同受教于生态学家李继侗先生，20世纪50年代也随李继侗先生赴内蒙古工作；陈山教授是李博于1959年参加中国科学院治沙队巴丹吉林沙漠考察队时的队友，与李博同为考察队队委并且同在植物组；杨持教授则是在生态学专业成立后成为李博的同事，在草原生物多样性研究以及生态学学科建设等方面二人都曾共事。这些访谈为我们了解李博学术生涯不同时期的经历提供了见证。

李博在不同时期的学生朴顺姬（1977级生态学专业首届本科生，毕业后留校任教）、李晓军（1977级生态学专业首届本科生）、杨劼（李博培养的第一位博士生）、王利民（曾任李博学术助手）等以各自经历为我们讲述了跟随李博学习以及工作的经历。

上述文献资料以及访谈口述资料的采集构成了本书研究与写作的基础。

本传记思路及结构

根据前期调研与对文献资料的分析，李博学术生涯大致依循两条线索：一是从社会历史背景下来看，李博是1949年以来新中国培养的第一代大学生，同时也是20世纪50年代支边的知识分子群体之一员；二是在学术史背景下分析，李博学术成长轨迹与学术思想演变的基本脉络为：从19世纪50—60年代以资源的发现与利用为目标的资源调查，到后来在可持续发展框架下的草原生态研究乃至其后向生态系统管理的转型，同时，在这一过程中不断引入新的研究手段或方法。

基于上述对李博学术成长轨迹与学术思想脉络的理解，本书写作主要以时间为序，并参照李博学术思想演变的节点作为依据划分章节。在具体研究方法上，采用史学的文献考证与文本分析相结合，充分利用已掌握的各类文献资料，力求以史实为支撑追溯李博的学术成长脉络，分析其学术思想的形成及其个人因素与外部原因，并对其所处时代的知识分子的共同特征与学术氛围做出讨论。对于学术成长的关键节点或阶段，本书选取体现李博学术成长和不同时期学术思想脉络与演变的论著进行文本分析，在对李博学术思想脉络做出细致梳理的同时，也希望从其学术思想特别是生态系统管理思想中为当前中国所面对的生态问题找到可能的对策。

本书共分为十二章，另有"导言"和"结语"两部分。第一章讲述李博的家庭背景及青少年成长经历；第二章讲述他在华北大学农学院的学习经历，这一早期的农学背景为他日后的学术生涯打下了最初的基础；第三章讲述李博在大学毕业后进入北京大学作为李继侗先生的助手的工作经历，在李继侗先生言传身教的影响下，李博在专业功底与研究方法上均为其生态学研究打下了更为坚实的基础；第四章讲述李博跟随李继侗先生参加"北京植被考察"以及"黄河中游水土保持综合考察"，这是李博早期参加的最重要的两次生态学考察；第五章讲述李博第一次赴呼伦贝尔草原考察以及跟随李继侗先生放弃北京大学优越的工作条件而赴内蒙古工作的经历，在李继侗先生带领下，北京大学地植物学组整体迁移到新创建的内蒙古大学，李博以及原地植物学组的多位教师、研究生成为最早的骨干力量；第六章讲述李博赴内蒙古大学工作之初的几次重要的荒漠考察，这是中国在20世纪50年代开始的大规模治沙行动的重要组成部分，也是李博学术生涯早期最重要的考察活动；第七章讲述李博在60年代开展的草原定位研究以及政治运动对其科研工作的影响；第八章讲述李博在"文化大革命"后期恢复工作，重新开始草原研究并赴美访学的经历；第九章和第十章分别讲述李博自80年代开始将遥感、地理信息系统（GIS）等现代科学技术引入到生态学研究，从而实现生态学在国民经济与实际生产领域发挥更大作用，其中第九章侧重讲述李博在空间制图与动态监测方面的工作，第十章侧重讨论李博的生态系统管理思想；第十一章讲述李博在1977年恢复高考后在内蒙古大学创建中国首个生态学专业乃至此后建立生态学硕士点、博士点，从而领跑中国生态学教育的工作；第十二章讲述李博的家庭生活。结语部分在前面几章的基础上讨论了李博学术成长的个人因素与社会因素以及体现在学术思想中的研究方法，并以李博的学术成长经历为样本，对学术与政治、学术研究与社会背景之关系做出思考。全书附录部分包括李博年表、李博主要论著目录以及参考文献，这些将为更进一步的研究提供相关资料线索。

1961年，与李继侗先生——李博学术生涯的重要引路人——去世时，《人民日报》曾以《今日昭君》为题评价这位赴边工作的第一代生态学者"留得青山埋忠骨，何必马革裹尸还。"当我们重新追溯了李博的学术经历之后，这句话不止一次被我们想起。在我们看来，它也同样概括了包括李博在内的一代支边学者的精神与风骨。他们在祖国最需要的时候放弃大城市良好的生活与工作环境，来到塞外青城，以自己所学工作在不同的领域，从而将现代教育及其理念引入到几近一张白纸的边远地区。因此，本书以"草原之子：李博传"为题，希望可以呈现这位献身草原生态研究的赤子一生的学术与精神。

在本书写作过程中，中国科学院自然科学史研究所的樊洪业研究员、张藜研究员都曾提出过具体的建议。李博的子女李燕青女士、李燕红女士、李炜民先生都对本书写作提出了修改建议。在此谨表诚挚谢意。此外，还要感谢内蒙古大学档案馆、内蒙古大学党委宣传部、内蒙古大学生命科学学院以及中国农业大学档案馆等机构的相关工作人员以及前述提到的李博院士的各位亲朋好友、学生、同事，没有他们的支持和帮助，本书就不可能完成。希望本书可以为更为深入的李博学术思想研究以及与之相关的学术史研究提供一份基础研究文献。

第一章
少年时光

在写于 20 世纪 50 年代的简短自传中，李博回忆自己曾有过身处小康之家的童年。但是正像那个时代的很多人一样，这种宁静安详的生活很快就被战争的硝烟毁于一旦。尽管学业几度中断，但由于家庭关系以及自己对读书的兴趣，李博在少年时代还是接受了中小学教育，并于随后投考大学。家庭从小康到破败的变化，让李博在较早的时候便承担起照顾病重的父亲并且料理一个家庭的责任，这些经历很可能影响了他的性格，而他的独立与责任感也可能缘于此。

兵荒马乱的年代

地处山东省西北边缘的夏津县是一个历史悠久的地方，明嘉靖《夏津县志》中记载："古有大河险阻，为齐晋要津，且境多佳镇，足为是邑之重。"[①]。夏津城南有一个很大的村庄，原是乔氏一姓的小村，因此而得名

---

① 《夏津县志》天一阁藏明嘉靖刻本，地理志。

乔官屯。明代洪武二十五年,单、李两姓迁至该村落户。后乔官屯、义合村、元合庄三村合并为一村。

1929年4月15日,李博出生在乔官屯村一户富有的家庭。按照李博后来所写的自传,在他出生前后,村子里也还算富裕,虽有500多家人家,但都有饭吃。后来因为兵荒马乱,村里人的生活也每况愈下。尽管如此,李博的家在最初的时候并未受到太多影响。当时,李家的人口并不多,只有李博的祖母、父母、伯父母以及他的两个妹妹。李博年幼的时候,他的父亲一直在外读书,家中事务一直由他的伯父一人照管。伯父为人好交际,性情也豁达,附近村里有什么事都会去找他,所以外人对这个家庭都很钦敬和羡慕。由于伯父很有经营头脑,家中被打理得很好,有百顷多田,并且雇人耕种,养着三四头骡子,在村里也算是头等富户了。

李博是家中唯一的男孩,从一出生便受到全家的宠爱。不过宠归宠,李博自小受到的管教也是比较严的。1936年,7岁的李博被伯父送到村中小学读书。每次放学回家,伯父总要问他学的是什么、会不会。"那时因伯父的性子大,全家都怕他,由于他的督促,我从小就养成用功的习惯,在校中总受到老师的称赞和表扬。"当时他在一般人看来是天之骄子,"每人给我的是安慰,是鼓励,使我觉得到处充满了愉快,充满了光明。"[①] 那段时间可能是李博童年经历中最快乐的一段时期。战火很快结束了他的快乐童年时代。1937年,七七事变爆发,全面抗战开始。在随后的一年里,日军在夏津县先后控制了七个区300余村[②]。

紧随战乱而来的还有天灾。根据《夏津县志》记载,在随后的1940—1942年,夏津县都遭遇大旱,尤其是1942年的大旱导致"收成无几,外逃和冻馁者不计其数";而在1943年,夏津县则逢秋涝,收成甚微[③]。

整个民族所经受的苦难以及自然灾害所带来的后果也很快在这个小小的家庭中表现出来。

---

① 李博自传,1950年11月1日。存于内蒙古大学档案馆。
② 山东省夏津县志编纂委员会编:《夏津县志》。济南:山东人民出版社,1989年,第12页。
③ 山东省夏津县志编纂委员会编:《夏津县志》。济南:山东人民出版社,1989年,第13—14页。

夏津沦陷后，县立师范学校停办，李博的父亲离开学校回到了家中。而日军的扫荡令李博的伯父受到惊吓并因此染上了重病，1939年3月便去世了。伯父的去世对这个家庭来说是一个沉重的打击。李博的父亲长年在外读书，毕业以后又在外教书，并没有什么治家的经验，才只一年，家中的地便已卖掉了1/3，再加上战乱和天灾，一个原本宁静的小康家庭由此走上了下坡路。不久，李博的祖母也去世了，老人的离世以及家道败落，李博一家自此与伯母分家而过。

不过，李博的早年教育并未因此而中断。战争使得村小停办，李博便回到家中跟随父亲学习识字。父亲教李博读小说、写作文以及写信，还给他讲一些地理历史方面的事情。在李博看来，正是这一时期的经历，使他在小学教育方面打下了很好的基础。直到1940年村中小学恢复，李博又重新回到了学校。

在日本的统治势力逐渐安定以后，日军也开始招募各种人才。因为担心被日本人找去做事，李博的父亲便跑到邻村的小学去教书，不久也将李博接去身边读书。1942年，县立完全小学成立，而李博读书的小学解散了，李博便考入县立完小去读书。这时的李博已经13岁了。因为入学前已经跟随父亲学了不少东西，所以他在学校里读书很省力，在高小两年的时间里，考试一直都保持在前3名。

尽管多次转校，但李博的学业还算顺利，而此时家中的境况对于一个只有十几岁的少年来说可能是他所面对的更大困难。在邻村小学解散后，原本在该校教书的父亲离开学校并离家出走，不知何往；而家中原有的百余亩地到此时也只剩了80亩，不但没人管理，而且还要应付日本人的各种苛捐杂税，家中的经济状况愈发难以支撑。年少的李博专心于读书，对打理家事并不在行，因此也只好任其如此。

1944年暑假，李博高小毕业。恰好就在这年秋天，县公署在文庙办起了夏津县乡村师范，县长王晋卿兼任校长，招收师范一个班，另附设一个初中班，共有学生130余人，李博也通过考试成为了其中一名学生。

对于在县师范读书的经历，并无更多记述。但李博本人在1949年和1950年所写下的几份自传中曾提到自己在这段时期的心态变化与思考。家中的变迁与自己的经历促使李博也渐渐开始思考一些书本之外的问题。李博后来回忆说,在当时他已"深深地感觉到日本是我们的敌人,不然,中国人为什么受日本人的支配呢"①。

1945年9月,日本投降的消息传到了乡村,李博跟随父亲一起离开家来到了济南。当时济南市第一临时中学招生,经过考试,李博进入第一临时中学学习。李博的父亲也到了国民党第七十三军秘书处做事,父子二人的生活至此也安定下来。1946年夏天,李博初中毕业,因为平时考试成绩很好,所以免试升入第一临时中学高中部。

家 中 破 败

但是一年之后,刚刚安定下来的生活再一次被打断了。而此时发生的一件事也在一定程度上表明了,尽管青少年时代的李博一直埋头读书,但在需要的时候,他仍然显示出了独立处理问题的能力和坚强的性格。

1947年夏,由于父亲患了肾炎,病势严重,身边没有亲近的人来照顾,因此李博又一次离开了学校,到医院伺候父亲。半年后,父亲的病情有了好转,仍然留在医院疗养,李博则回到学校继续学业。1948年8月,父亲的病情转重,李博再次离校来到济南医院侍奉父亲。一个月后,济南解放。此时,父亲的病情仍没有什么起色,而经济来源已经断绝,再也无钱住院,19岁的李博便雇了辆马车,把父亲拉回夏津的家中。

此时的家已经不再是离开时的样子,"家中破破烂烂,七零八落,屋内空洞洞一无所有,门口放了两扇门作为临时的床铺,母亲穿了一身破烂不堪的衣服,见了我们,大哭起来。一时心中惨然,不免流起泪来。"回家三个月后,父亲去世了,李博后来回忆说这是他一生中所受的一次最大打击,"我从小没离开过自己的人,然而现在呢,全家的男子就剩了我自己了!"②

---

① 李博自传,1949年12月19日。存于内蒙古大学档案馆。
② 同①

父亲发丧之后，李博仍想继续学业，但家中已然破败，再也没钱供他上学，父亲的朋友们也多数失去了联系。正在此时，李博接到了昔日同学的来信，得知济南解放后新成立了很多专科学校，而且都是公费读书。一心想再续学业的李博毫不犹豫地只身来到济南，随后考入华东交通专科学校。

华东交通专科学校的前身是人民解放军于1946年为适应战时之需而设立在山东沂水的交通学校。学校采用准军事化管理，学生享受战时供给制待遇。因战争形势变化，学校驻地曾多次迁址，在济南解放一个月后，即1948年10月，学校迁入济南并改名为华东交通专科学校。学员由供给制转为助学金制。由于这一背景，学校在政治学习方面也抓得很紧。李博后来回忆，当时的政治学习由刘克牧校长亲自讲授。

> 他……从社会进化讲起。他讲明了人类社会进化的原则，讲明了妨碍社会进化的条件，又讲明了阶级，并说明中国现在是什么社会及今后发展的方向。然后，再讲明共产党的政策，和国民党的一切相对照，于是就显出哪是进步的、哪是反动的来了！[1]

也是在这一时期，李博读到斯诺的《西行漫记》，并留下了深刻印象[2]。李博在华东交通专科学校就读的时间并不长，1949年暑假，由于学生太多、程度不齐，华东交通专科学校开始对系和班进行整编。这时，有的学生参加了工作，还有一部分学生转学，只剩下大约1/3的学生留在学校。李博也在此时离开了华东交通专科学校。

赴 京 投 考

1949年夏天，由于有父亲生前好友王明远的资助，李博和表弟来到了北平。

---

[1] 李博自传，1949年12月19日。存于内蒙古大学档案馆。
[2] 李博自传，1950年11月1日。存地同[1]。

事实上，在父亲去世以后，他的很多生前好友都失去了联系，而王明远是少有的几个还保持着联系的人。王明远当时是冀中盐业的经理，总号在汉口，分号在天津，家在北京。解放时，很多商号的规模都故意缩小一些，但王明远却大张旗鼓地扩大规模，一次运盐十三车去汉口，给人的印象是做生意很有办法；王明远为人也很大方，对人不吝啬，朋友来找，一定会尽力帮助。而李博在父亲去世后，家中经济来源早已断绝，王明远的资助对李博来说是很实际的帮助①。

来到北平后，李博和表弟就住在王明远家中，并在他的柜上做学徒。当时，在升学问题上，王明远也曾给对李博建议。他告诉李博说自己缺少一个英文秘书，所以主张李博去读外文系，将来可以给他做事②。不过，华北大学农学院不久发布的招生简章对李博显然更具有吸引力。按照招生简章上的内容，凡是通过考试被录取的学生都将享受公费待遇，而且膳宿、服装、文具等均由农学院供给。这对当时的李博来说是具有吸引力的。

一方面是经济方面的问题，另一方面则有自己的个人志愿，"当时感到国家急需建设人才，所以决定考工学院和农学院"。李博同时报考了华北大学农学院和另一所大学的工学院，后者落榜，而通过了华北大学农学院的考试被录取。就这样，20岁的李博成为一名农学生。

---

① 李博：汇报，1952年5月19日。存于内蒙古大学档案馆。
② 同①。

第二章
华北大学的农学生

在华北大学农学院的学习经历是李博人生的转折点、学术生涯的起点。不仅是相应的专业知识的学习,也包括当时的思想政治教育对正值人生观形成时期的年轻人的影响,这也是特定历史背景下的大学教育的特点。

太行山下的农学院

后来成为李博妻子的蒋佩华也是他的大学同班同学。与李博不同,蒋佩华出身江苏太仓的教育世家,自幼受到了良好的教育,而这样一位江南女子早年只身一人离开江苏的老家来到解放区求学,其原因在于"她追求的是解放,特别是女性的独立"[1]。多年之后,蒋佩华回忆当时的大学教育时曾说:

> 我认为解放区高教方针最成功的是革命人生观的教育。它是通过政治理论学习,从哲理上、史实上进行系统的教育。教学方法深入浅出、

---

[1] 李炜民访谈,2013 年 1 月 30 日,北京。资料存于采集工程数据库。

対比生动、易于接受。同时进行军训、社会实践、生活会，过着团结、紧张、生动、活泼的集体生活，使青年人很快地适应了温暖的革命大家庭生活，自觉自愿地选择走革命的路，扎实地树立革命人生观。①

这正是华北大学农学院教育中最重要的特点。

华北大学的前身是北方大学，这是中国共产党在抗日战争胜利后于晋冀鲁豫边区设立的一所大学，它于1945年11月筹建，最初称为"新华大学"，后定名为北方大学，校址在河北省邢台市南关。正像战争年代的其他大学一样，北方大学也经历过数次迁址办学。1948年6月下旬，北方大学校部奉命开始向河北省正定县转移，并与华北联合大学合并，成立华北大学，而北方大学的工作到8月底便全部结束了。

华北大学农学院最初也承继自北方大学农学院，它于1946年年底开始筹备。1946年年底，乐天宇率领延安自然科学院农业系的部分师生抵达晋冀鲁豫边区北方大学，在原自然科学院农业系的基础上着手筹建农学院，院址设在山西省长治市内，距北方大学校本部15千米，到1949年1月迁至河北正定。自成立之初，农学院的建院宗旨便是"配合边区大生产，增加自卫战争中的物力供给，及土改后封建制度已消灭的农村中农业技术的提高"，而其"生产研究教育三位一体"的教育方针便是这一宗旨的集中反映②。

1949年5月下旬，农学院派杨舟到北平成立办事处。办事处设在静生生物调查所院内，并着手准备在北平招收新生。7月5日，农学院的招生简章刊登在《人民日报》上。此次招生，华大农学院原计划招生150人，不过当招生消息传出后，引来了大批青年学生报名，最终通过考试被录取的新生达400人。

---

① 蒋佩华：校友感言。见：华北大学农学院院史编委会编，《华北大学农学院史记（1939-1949）》。北京：中国农业出版社，1995年，第170页。

② 农学院的教育方针——院主任徐纬英在政治学习会上的报告摘录（1948年9月30日）。见：王步峥、杨滔主编：《中国农业大学史料汇编》（下卷）。北京：中国农业大学出版社，2005年，第986-987页。

新 生 教 育

按照华北大学的安排，经考试后录取 400 名新生，其中农业机械、畜牧兽医、农艺、森林系共 200 余人到石家庄校部上课，其他各系留在静生所内学习。1949 年 9 月 5 日，赴石家庄院部学习的新生们按照规定携带随身被服及用具在学校集合。9 月 6 日，新生们到达石家庄华北大学农学院院部所在地——农事试验场。

农业化学系的新生李博也是他们中的一员。

关于在华北大学农学院的学习生活，李博本人并未留下什么记述；相关的传记性文章也没有更多记载，但是通过与李博同期入学的校友所撰写的回忆文章可以对这段时期的学习生活有一个大致了解。

新生入校后，最初的三个月时间便是集中进行政治教育。当时，学校派教员刘炼负责，组织大家学习《中国革命和中国共产党》《中国共产党党史》。政治学习以自学为主，学习文件，边读边议，还提出问题组织讨论，由学生们结合自己的思想认识发表各自的看法和意见，共同进行讨论；同时还配合组织开展专题辩论，帮助学生进一步弄清问题实质。比如，当时学校曾组织过一场以"科学有没有阶级性"为主题的大辩论。持"有"与"没有"两种观点的同学认真读书，查找论据，选择实例，总结各自一方的观点，然后由双方推选主辩人发言，相互补充或反驳。由于刘炼教学方法灵活，尤其重视讨论，也善于消除学生思想顾虑，因此讨论双方都能够畅所欲言，最后刘教员再针对大家提出的问题进行总结。而在集体讲课之后，教员还会与同学分别谈心，听取反映，进一步做细致的思想工作。这种朋友式的谈心活动也成为当时华大农学院政治思想教育工作的重要手段。政治教育后期，在深入学习理论知识的基础上，学校组织学生们来到老解放区革命根据地三邱村参观地道战遗址。刘炼同志带队，按军事编制分成小队，自背行李，步行 50 多里路，这对于这些刚从城市出来的学生来说是一次考验①。

同为1949年赴石家庄校部学习的新生伍炳南曾在多年后记述了那次行军的经历。

> 出发的那一天，记得是5点就起床了，然后整理行装，打好背包，吃罢早饭，做好出发前的一切准备。6点钟集合了，按各系班组组成四路纵队，前边由校旗引导着队伍出发了，横穿石家庄市市区，边走边唱革命歌曲，队伍很整齐，真有点像解放军的样子。时而在路边还看到由学院学员组成的啦啦队，打着竹板，敲着锣鼓，唱着快板词，鼓励队伍前进……在行进中有说有笑，彼此询问着累不累。约8点多钟刚走到石家庄北面的第一个小火车站（站名记不起来了）。我们由这里越过了铁路，在铁路东侧的土路上向北进发。随着步行时间的加长，背上的背包感到越来越沉重了，腿也有些发木了……大约晚上6点钟左右，目的地三邱村终于到达了。队伍停在街上，领队命令原地休息，由于身体的过度疲劳，坐下来靠着背包又睡着了。②

李博的第一份自传也正是在新生3个月政治学习结束后撰写的。从这份自传可以看到，除了对自己之前的生活与读书经历进行了简要回顾之外，李博也写到了这段时期的集中学习令他思想上发生的变化。

> 最初对青年团的看法是不正确的，觉得现在的青年团和过去的三青团差不多，所以坚决不再参加组织了。可是，经过一个多月的政治学习，听了几次关于团的报告后，我对青年团又发生了兴趣。尤其看了二年级同学的建团会，彼此批评的那般深刻，真使我佩服。再加平时团员的表现，在各方面确实很好，所以把过去旧错的认识改变过

---

① 华北大学农学院院史编委会：《华北大学农学院史记（1939-1949）》。北京：中国农业出版社，1995年，第24-25页。

② 伍炳南：一次长途行军的感受。见：华北大学农学院院史编委会编，《华北大学农学院史记（1939-1949）》。北京：中国农业出版社，1995年，第151-154页。

来，觉得青年团实在是帮助青年进步的组织，和三青团是绝对不同的东西。于是，自己心中又有了动摇：自己的缺点很多，为什么不加入组织来改造一下呢？①

尽管之前曾有过一些犹豫，但就是在撰写这份自传的同一天，李博填写了入团志愿书，并于次年 7 月正式加入了共青团。

艰苦条件下的专业学习

除了集中的政治学习，对于这些刚刚进入大学学习的年轻人来说，学校艰苦的学习和生活条件也是一个新的考验。1949 年夏进入华北大学农机系学习的陆茂竹曾撰文回忆当时的石家庄校址：

> 住的是大仓库，十几个人睡在一排排通铺上，吃的是小米饭、萝卜菜，过着军事化生活。晨起操练，行动迅速，纪律严明，上午听课，下午自习作业，夜晚下乡做农村工作，在黑暗中走着泥泞坑洼的土路②。

图 2-1　1950 年，李博在北京农业大学加入北京市中苏友好协会时的证件

---

① 李博自传，1949 年 12 月 19 日。存于内蒙古大学档案馆。
② 华北大学农学院院史编委会：《华北大学农学院史记（1939–1949）》。北京：中国农业出版社，1995 年，第 27 页。

不过，在石家庄学习的这段时间并不太长。1949年9月，华北大学农学院与北京大学农学院、清华大学农学院、辅仁大学农学系合并，至1950年4月，合并后的学校正式被教育部定名为北京农业大学。而从1949年10月下旬开始，华北大学农学院在石家庄院部的农艺、森林、畜牧兽医各系和预科班的学生便陆续迁往位于北京西郊罗道庄的北京农业大学校部。各系学生分别与同系学生合并上课。

在专业学习方面，当时的基础课如微积分、物理、化学等多采用听大课形式。学生手提马扎、书夹去上课。由于经济条件所限，当时的学生所用的作业本都是用发的黄草纸自己装订的，而钢笔水则是把蓝靛块用水冲成的[1]。

从李博当时的成绩单来看，他在大学期间修过的课程分为政治课（包括辩证唯物主义和历史唯物主义、新民主主义论[2]、政治经济学）、外语课（俄文[3]）、基础课与基本技术课（微积分、普通化学、普通植物学等）以及专业课四类。

初入农学院时，李博曾就读农业化学系。这个系是华大农学院最早成立的几个系之一，最初是为解决食糖急需和发展糖业生产的要求而创设的，因此以学习制糖为主。但在1950年11月，也就是大学二年级时，李博由农化系转到了农（艺）学系。关于这次转系的原因并未找到文字记录，不过这次转系的确影响了李博后来的学术生涯。因为该系的教学目的是以提高耕作方法、改良作物品种及消灭天然病虫害为主要内容，使学生学会增加农田产量的技术[4]。因此，农（艺）学系在专业课程设置上与农化系偏重化学有很大的不同，即更为偏重作物的栽培以及相关的课程。例

---

[1]　华北大学农学院院史编委会：《华北大学农学院史记（1939-1949）》。北京：中国农业出版社，1995年，第150页。

[2]　1949年10月，农大课程委员会决议有关1950年上半年课程，根据教育部规定，自1950年上半年起开设新民主主义论的课程，各年级必修。

[3]　当时，第二外国语英文和德文为选修课，但从李博的成绩单来看，他在大学期间并未修读二外的课程。

[4]　华北大学农学院院史编委会：《华北大学农学院史记（1939-1949）》。北京：中国农业出版社，1995年，第19页。

如二年级的土壤学、肥料学、植物生理学、农林气象学，三年级的食用作物栽培学、特用作物栽培学、农业经济学等，而在四年级则只有一门课——选种与繁种。

作为一门与实际生产生活密切相关的学科，农学最重要的特点就在于很强的实用性，这从上述开设的课程中已经可以约略感受到，这一方面来自农学本身的特点，另一方面显然是与华北大学农学院为解决生产实际问题而创立的初衷相呼应的，具有明显的时代特点。不过，对于当时的中国农学界来说，除了这种来自实际领域的需要之外，苏联的影响或者更确切地说米丘林遗传学的影响看来更为明显，这构成了李博大学教育的另一个重要的学术背景，其最直接的体现就是与之相关的课程设置——新遗传学以及苏联生物科学的几个问题。

"新遗传学"进入大学课程

李博在北京农业大学读书的 20 世纪 50 年代，中国的学术界已经在很大程度上受到苏联的影响，而在生物学界，这种影响尤其体现在米丘林－李森科遗传学的广泛传播，而同时，摩尔根遗传学则在政治氛围的左右下遭到摒弃。

华北大学农学院（以及后来的北京农业大学）正是这一影响的中心。

米丘林－李森科主义是以意识形态渗入并干预科学的典型案例。米丘林是苏联园艺学家，自 1875 年开始从事良种选育工作，其所依据的遗传学基础是拉马克的获得性遗传。20 世纪 20 年代，米丘林的遗传学说被李森科命名为"米丘林主义"，并将之冠以"符合社会主义的"，而孟德尔－摩尔根遗传理论则被斥为资本主义的腐朽落后的、唯心主义的错误理论。彼时正值苏联领导人斯大林刚刚打败他认为最危险的敌人托洛茨基和布哈林等人之后，在进行国内秩序重建的过程中有必要在各个领域获得理论上的支持。而米丘林－李森科主义恰在此时出现，很快便得到斯大林的支持，其影响也因此越来越大。

1929年开始，在苏联遗传学界就获得性遗传和基因的实在性问题展开了激烈的争论。1948年8月，全苏列宁农业科学院会议，遗传学受到了全面批判，而原本是两个学派的争论也最终被定性为两条绝不相容的政治路线斗争。几个月后，标准遗传学的研究和教学在苏联都被取缔了。遗传学家们在他们所在单位党的会议上受到申斥，并被迫宣布放弃自己的观点。拒绝这样的人被撤职。若干第一流的遗传学实验室关闭。据当时的资料显示，苏联有3000多名生物学家遭到攻击，一些生物学家（比如莫斯科大学的萨比宁教授）则选择了自杀[1]。

苏联生物学界的变化很快也在中国产生了影响，甚至在更早时候的1941年，当乐天宇还在延安自然科学研究院筹建生物系的时候，他便在延安的一份刊物上发表文章，对孟德尔－李森科遗传学进行批判。而1948年苏联农业科学院的会议也迅速在中国得到响应。其中一个重要的事件就是中国米丘林学会在1949年2月的成立以及对米丘林－李森科遗传学的大力传播，其最重要的传播与教育中心就是刚刚成立不久的华北大学农学院。

1949年8月4日，乐天宇在新华广播电台发表演讲：

> 我们搞自然科学的同志们应该警惕到，如果我们所研究的东西不是采取群众路线、不吸收广大农民的生产经验、不从广大农民现有的水平去提高，而是脱离群众、脱离实际，那便会成为一个学究。我们应该多向苏联的学者们学习，使我们自己成为一个人民的科学家。例如在农业生物科学方面，我们应该向米丘林李森科等学习，因为他们是有很大的成就的。苏联是全世界在政治经济上最进步的国家，所以它是全世界最进步科学的摇篮，他们的各种科学都是值得我们学习的。[2]

---

[1] ［英］洛伦·R.格雷厄姆著：《俄罗斯和苏联科学简史》，叶式辉、黄一勤译。上海：复旦大学出版社，2000年，第149–150页。

[2] 乐天宇：在新华广播电台的演讲（1949年8月4日于北平）。见：王步峥、杨滔主编，《中国农业大学史料汇编》（下卷）。北京：中国农业大学出版社，2005年，第1018页。

这种对米丘林－李森科遗传学的学习很快就反映在农业大学的本科生教育中。1949年10月，北京农业大学课程委员会对1950年上半年课程做出决议。除政治、外语以及基本技术课程之外，尤其提到了两门课的安排：新遗传学，即米丘林－李森科遗传学，规定农艺、园艺、畜牧系为必修，其他各系自定必修或选修；遗传学，即摩尔根遗传学为选修[1]。一个细微的变化是，几个月后的1950年1月，北京农业大学开始开设"新遗传学"和"进化论"，规定学生必修；"旧遗传学"改为选修，实际上"新遗传学"取代了"旧遗传学"，"旧遗传学"被迫停开，同时停开的还有生物统计、田间设计两门课[2]。

由于三门课停开，主讲老师李景均于3月20日离开北京农业大学。李景均教授致函俞大绂、乐天宇称"身体欠佳，请假数月，祈勿发薪"。23日，李景均自香港给一名助教来信说他因"学无所用逼上梁山"到达香港。[3] 李景均后自香港赴美，任教于美国匹兹堡大学，此为后话。

李景均的出走使得相应的部门认识到问题的严重性。1950年11月，教育部派出以植物分类学家吴征镒为组长的调查组。根据调查结果，3月13日，教育部副部长钱俊瑞召集校务委员会及各单位主要负责同志会议，宣布农大改行校长制，乐天宇同志调离北京农业大学[4]。

1952年4—6月，政务院文化教育委员会计划科学卫生处会同中国科学院计划局召集的先后三次生物科学工作座谈会，在会后形成的"为坚持生物科学的米丘林方向而斗争"一文中，一方面批判了乐天宇在此事上"狭隘的经验主义、轻视理论"的做法，另一方面则肯定了米丘林生物科学在政治与学术上的意义，认为不仅米丘林生物科学是"自觉而彻底地将马克思列宁主义应用于生物科学的伟大成就"，而且是"生物科学的根本

---

[1] 中国农业大学百年校庆丛书编委会编：《百年纪事》。北京：中国农业大学出版社，2005年，第70页。

[2] 中国农业大学百年校庆丛书编委会编：《百年纪事》。北京：中国农业大学出版社，2005年，第72页。

[3] 同[2]。

[4] 中国农业大学百年校庆丛书编委会编：《百年纪事》。北京：中国农业大学出版社，2005年，第80页。

变革"，并且提出"认真地系统地学习米丘林生物科学，彻底地批判摩尔根主义在生物科学上的影响对于我国生物学界是迫切的需要"[1]。该文于6月29日在《人民日报》刊发，随后《科学通报》《生物学通报》等学术刊物相继做了转载。

由此可见，无论是1951年对乐天宇的调离，还是1952年4—6月政务院文化教育委员会计划科学卫生处会同中国科学院计划局召集的先后三次生物科学工作座谈会对乐天宇错误的批判，其更重要的目的仍然是为了进一步推广米丘林－李森科"新遗传学"，同时进一步批判摩尔根"旧遗传学"。

这次会议之后不久，教育部召开了全国农学院院长会议，会议决定在农业院校取缔"遗传学"和"育种学"这两个在理论和应用上都属于孟德尔－摩尔根学说范围的课程。中学教材随后也做出了相应的调整[2]。至此，孟德尔－摩尔根遗传学在中国被米丘林－李森科遗传学全面取代，对于中国学术界而言，这意味着中国将自己排除在主流科学共同体之外整整一代人的时间，而中国遗传学家对这一领域的可能贡献也因此而被贻误了。

"新遗传学"进入大学课程甚至取代孟德尔－摩尔根遗传学而作为主流遗传学课程被讲授，这是此一事件对当时在校大学生的最直接影响。从李博大学期间的成绩单可以看到，"新遗传学"所占的学时是很多的。如前所述，1950年1月，北京农业大学开始开设"新遗传学"和"进化论"，规定学生必修。李博也正是在那个学期修读了"进化论"课程，而"新遗传学"则是在1950—1951年度，即大学二年级时修读的。该课程为全学年课，占6个学时，除俄文（需修读13学时）和农耕实习（10学时）之外，这门"新遗传学"是李博大学时期修读的学时最多的一门课程。

尽管有此经历，但从李博后来的研究工作来看，在学术生涯起始阶段的这一教育背景来看并未对他后来的科研工作产生直接影响。其原因大致可以归结为两个：其一是李博在大学毕业后即从农学转向植物生态学，而

---

[1] 为坚持生物科学的米丘林方向而斗争.《科学通报》，1952年第3卷第7期，第464-470页。

[2] 谈家桢，赵功民主编:《中国遗传学史》。上海：上海科技教育出版社，2002年，第71页。

在当时，米丘林－李森科遗传学在中国生物学界影响至深的两个方向是农学（尤其是育种）和遗传学；其二则可能由于李博学术生涯最重要的导师李继侗先生的影响，而李继侗先生在学术史意义上对李森科遗传学的思考以及对学术史的重视后来也在李博的研究中得到了体现（见第三章）。

到农业一线实习

农学是一门实用性很强的学科，一方面，农学的很多内容都来自农业实践，另一方面，农学理论成果也可以直接用来指导农业实践或是在农业实践中得到检验。这种理论与实际的紧密结合也正是华大农学院在成立之初即确定的教学方法。当时的院领导显然注意到"很多学生只认为书本是文化，而不认识生产技术是更高级的文化"，因此在教学上实习要占很大的比例[①]。从当时李博在农业大学的成绩单来看，参与农业一线的实习活动不仅与课堂知识的学习占据了同样重要的位置，而且其中一部分还要记入成绩单，作为学习成绩的评价标准之一。

1950年4月初，全校一年级学生在卢沟桥农场开始为期半年的农耕实习。这是根据老解放区的教学经验，"面向农村、面向生产"和"教学研究生产三位一体"的方针而制定的四阶段教学计划的部分，要求学生通过农耕学习树立劳动观点，了解农村和农业生产，在这个基础上来进行专业知识的学习[②]。当时正值大一的李博也参加了这次实习，任农耕学习班第四班农村工作干事，并在实习期间被评为学习模范。

1951年7—8月，大二暑假实习的内容是参加天津专区治蝗工作。这

[①] 农学院的教育方针——院主任徐纬英在政治学习会上的报告摘录（1948年9月30日）。见：王步峥，杨滔主编，《中国农业大学史料汇编》（下卷）。北京：中国农业大学出版社，2005年，第987页。

[②] 中国农业大学百年校庆丛书编委会编：《百年纪事》。北京：中国农业大学出版社，2005年，第73页。

次实习为李博和他的同学们,特别是来自城市的同学们一个近距离观察农村的机会。在实习结束后撰写的暑期实习思想总结中,李博提到了当地农村的现状:

> 大多数农村已成立成人夜校,积极去学习文化,有的地方还成立了合作社、互助组,逐渐组织起来。但总的来说,还是分散落后的,因为农村过去的基础实在太差了。有的村子,全村没有一辆大车,有的村中没有一个卖杂货的小铺,连张纸也买不到。这和大城市的繁荣相差太悬殊了![1]

一个多月的实习工作,也让李博意识到以当时的背景下,"技术如不与行政相结合,与群众相结合,则将一事无成,什么问题也解决不了",而"人民需要的农业干部是既懂技术又懂政治,而且有很强的工作能力的人"。比如李博在他的思想总结中提到的一个事例:

> 天津杨柳青镇曾发生过棉蚜,政府马上派了技术干部帮助除治。但是杨柳青镇的住户多为商人或手工业者,虽然种田,但对作物的管理不重视,所以没有一个人去治蚜。这时,被派到杨柳青去的技术干部眼看着棉蚜在发展,束手无策。后来天津专区农场去了一位葛同志,他先后在该镇搞群众工作,通过各种方式使群众对治蚜重视起来,然后布置工作;进行工作时,再予以技术指导。这样,很快地把群众发动起来,七八天内把附近的棉蚜消灭了。这虽是一个很小的例子,但足可说明技术与群众结合的必要[2]。

1951年10月,在暑假实习结束后没多久,李博和他的同学们又奔赴江西参加了另一项社会实践工作:北京农业大学的200余名师生分别组成了两支土改工作队伍,由沈隽教授任团长、李崤为副团长的129名师生组

---

[1] 李博的暑期实习思想总结,1951年9月1日。存于内蒙古大学档案馆。
[2] 同[1]。

成全国政协土改工作第14团，赴江西赣县；由应廉耕教授为团长、杜若甫为副团长的145名师生组成全国政协土改工作第15团，赴江西信丰、安远参加土改工作①。李博即为第15团中的一员，并任第二队副队长。

两支土改工作团于1951年10月30日离京赴江西。至南昌后，李博被分配到信丰县，随后便与另外六名同学以及6名当地干部组成月岭乡土改工作组，任副指挥员兼月岭支部青年团宣委。1952年2月，参加月岭乡农会，任副主席，参加该乡土改工作。从访贫问苦到分配完成，李博参与了当地土改的全过程。工作至这一年4月告一段落，在接到学校通知后返回学校②。

这些农业实践乃至社会实践与他的专业学习一起构成了李博学生时代最重要的内容。

也正是在大学期间，李博遇到了后来成为他妻子的蒋佩华，当时他们是同班同学。除了课堂上的学习之外，包括1951—1952年土改在内的多项社会实践也都是一起完成的。作为新中国培养的第一届大学生，

图 2-2　1953年李博与蒋佩华的合影

李博与蒋佩华因为共同的理想以及日常学习工作中的相处而走到了一起。多年之后，忆及李博大学时代的学习生活，蒋佩华写下了这样一段话：

> 在校期间，他一直是我们的学习班长，学业优秀，朴实憨厚。他的文娱、体育都不行，但只要班里提出，他都欣然答应。记得在1952

---

① 中国农业大学百年校庆丛书编委会编：《百年纪事》。北京：中国农业大学出版社，2005年，第86-87页。

② 北京大学师生员工履历表，1953年9月12日。存于内蒙古大学档案馆。

年全校运动会上，3000 米长跑要他顶名，他跑下来，汗流浃背，面色苍白，病了好几天。次年毕业联欢会上，同学们起哄，要他唱歌，他走音跑调，却极认真，逗得大家开怀大笑。①

1953 年 7 月，李博从北京农业大学农学系毕业。作为一名农学生，此时的李博已经在植物生理学、土壤学等方面有了一定的基础，这对于他后来向生态学研究的转型在知识背景上积累了相应的基础。随后，李博被分配到北京大学并有幸跟随李继侗先生。从此，他的学术生涯开启了一个新阶段。

---

① 蒋佩华：往事历历在目。见：内蒙古大学生命科学学院编，《精神永存——纪念李博院士》。1999 年，第 8 页，内部资料。

第三章
李继侗先生的"研究生"

  李（继侗）先生还特别重视实践，重视野外调查研究，重视资料的累积。他常常教育我们，搞生态学要到自然中去，应多走多看，没有吃苦精神是不会有什么作为的。

  李（继侗）先生……对年青一代的成长，充满热情，总是希望自己的学生胜过自己。把帮助青年人进步看成自己的职责。

——李博：怀念李继侗老师 [1]

  李继侗先生是中国生态学的开拓者，而李博在生态学研究方法与治学态度等方面都在很大程度上受到李继侗先生的影响。当李博于1953年下半年来到北京大学生物系报到时，李继侗先生已在国际生态学界颇有名气。在几经辗转之后，李继侗先生自1952年开始在北京大学教书，并一手创建了地植物学教研室。

  北京大学所秉承的兼容并包的教育理念，在李继侗先生的教学活动中也得到充分体现，他在教学中营造出的教学与研究氛围尤其可贵：他并不拘泥教科书上的内容，而是将自己的研究心得融入教学实践；而对

---

[1] 李博．怀念李继侗老师．见：《李继侗文集》编辑委员会编，《李继侗文集》．北京：科学出版社，1986年，第417–418页．

学生们，严格要求的同时也鼓励学生们独立思考。这些都让年轻的李博受益匪浅。

严师李继侗先生

李继侗，1897年8月24日生，江苏省兴化县人。正像那个时代的知识分子一样，抱持知识救国之梦想，因知中国以农立国，但农林科学很不发达，因此萌生了学习农林科学的志向。1917年中学毕业后考入圣约翰大学，两年后，转学南京金陵大学林科，并得到奖学金资助学习费用。1921年，李继侗于毕业前夕赴青岛林场实习，并写出了《青岛森林调查记》一文，发表在学术期刊《森林》上。就在毕业这一年，李继侗考取了清华学堂公费留美，进入耶鲁大学林学研究院作研究生，于1923年获硕士学位，完成了论文《关于苗圃瘁倒病的研究》(Nursery Investegation with Special Reference to Damping-off)，1924年和导师图米（J.W.Toumey）教授共同署名发表；1925年又以题为《森林覆盖对土壤温度的影响》(Soil Temperature as Influenced by Forest Cover) 的博士论文获得博士学位，成为赴美留学的中国人在林学方面获得博士学位的第一人。这篇论文后被评为优秀的森林生态学论文，于1926年选入耶鲁大学林学研究院专刊第18号出版刊行。

李继侗在毕业当年便由美国返回祖国，先在南京金陵大学任教一年，1926年受聘于天津南开大学生物学系任教。当时，南开大学生物学系教授只有李继侗一人，因此，生物学系的几乎全部课程都由李继侗先生一人讲授，除普通生物学、植物学、植物生理及植物解剖学外，还要兼顾动物学方面的课程，无脊椎动物学、比较解剖学、遗传学和进化论等。

1929年，李继侗受聘于北平清华大学任生物学系教授，讲授普通生物学、植物生理学、植物生态学、植物解剖学及应用植物学等课程。他在教学中十分重视实验课，每次实验前印发的实验指导书都亲自编写或审核后付印，对学生悉心指教，受到师生好评，不少学生在他指导下成长为著名学者。

按照清华大学当时的规定，教授任教 5 年后，可以带薪赴国外考察或进行科研工作一年。依此规定，李继侗于 1935—1936 年去德国柏林大学进行科学研究一年。在国外期间，李继侗与陈焕镛代表中国参加了在荷兰阿姆斯特丹召开的第六届国际植物学大会。回国后，李继侗继续在清华大学任教，并于 1937 年春去淮河流域桐柏山地区进行植物生态考察与造林设计工作。但是，就在李继侗回国后不久，抗日战争爆发了。

1937 年 8 月，清华大学决定迁校，先到达湖南长沙，与北京大学、南开大学联合成立临时大学。1937 年年底，战火逼近长沙，学校决定再次西迁昆明，因此在 1938 年 2 月临时大学第一学期结束后，师生开始启程。

当时，由于内地交通困难，除女生和体弱男生乘粤汉铁路火车到广州，经香港、越南入滇外，男同学 200 余人组成了湘黔滇旅行团，在李继侗、曾昭抡、闻一多、黄子坚四位教授亲自率领下，历时两个多月，跋涉 3000 多里路程，由长沙步行到达昆明。临行前，他曾给家人写了一封信："抗战连连失利，国家存亡未卜，倘若国破，则以身殉"，全家人见信悲伤不已[①]。

在西南联大生物学系的教学中，植物生理学和解剖学由李继侗讲授，教学质量很高，并于 1940 年开始分头编写讲义。由李继侗执笔的植物生理及解剖学部分，作为全书的上编，后于 1950 年在北京大学出版部印行，成为当时国内颇为重要的普通植物学教材。这部教材的一个重要特点是，它较多地结合中国植物的实例进行讲解，而不仅仅承袭欧美学者的研究视野，因此很切合中国教学的实际需要。

西南联大的条件尽管艰苦，但对于植物学研究者们来说，南方的自然环境给他们提供了一个不同于北方的可供研究的自然环境。李约瑟在 1943 年访问昆明时，发现张景钺在进行植物学研究，吴素萱埋头研究细胞学，

[①] 李德宁，李德平，李德清，李德津：纪念我们的父亲。见：《李继侗文集》编辑委员会编，《李继侗文集》。北京：科学出版社，1986 年，第 419 页。

而李继侗则专攻植物生理学[1]。

虽是战时，但野外考察并未因此而中断。西南联大时期，李继侗先生带领学生们踏遍了滇西的荒山野岭，从事植被研究。他们在这里找到了大量此前所知甚少的植物，并进行收集、归类和研究[2]。这些野外的实践也为李继侗的教学提供了大量鲜活的样本。在昆明的西山，李继侗先生的课"就地取材，一丘一壑，一草一木，仿佛就在眼前，使听课者如坐春风，受益匪浅"[3]。

1945年8月抗战胜利，几个月后的1946年5月，西南联大结束，三家院校相继北上，清华大学师生于是年8月分批启程，10月全部回到北平，李继侗先生也在此时重新回到了阔别数年的清华园。

李继侗的子女们曾经回忆：

> 父亲常常提起植物生理学家温特教授。温特教授一生，自己发表的论文不多，但他的学生和子弟却发表了许多有价值的论文。这对父亲的思想有很大的影响。他曾说过："自己当科学家，未必就伟大，但如果能培养出一大批科学家，倒是很伟大的。"他立志为祖国培养科学家，渴望到70岁的时候能看到他的学生和子弟提出确有价值的论文[4]。

1951年，年轻的刘钟龄[5]来到北京大学生物系读书。因为父亲是中学生物老师，所以刘钟龄还是一个中学生的时候便已听说过李继侗先生的名

---

[1] ［美］易社强著，饶佳荣译：《战争与革命中的西南联大》。北京：九州出版社，2012年，第183页。

[2] 同①。

[3] 沈霩如：怀念李继侗师。见：《李继侗文集》编辑委员会编，《李继侗文集》。北京：科学出版社，1986年，第415页。

[4] 李德宁，李德平，李德清，李德津：纪念我们的父亲。见：《李继侗文集》编辑委员会编，《李继侗文集》。北京：科学出版社，1986年，第419-421页。

[5] 刘钟龄，1932年1月31日生于天津市，原籍河北省南皮县博古刘村。中国自然资源研究会常务理事、中国沙漠学会副理事长、中国自然辩证法研究会理事、中国"人与生物圈"国家委员会委员，《干旱区资源与环境》主编、《中国自然资源学报》编委、《应用生态学报》编委、《中国草地》编委等。

字了。作为北大生物系的本科生,刘钟龄不久便聆听了李继侗先生讲授的课程。那时的李继侗先生还在清华大学做教授,但也给北京大学生物系的学生们讲课。

李先生给我们讲植物学,我听他的植物学,确实感受到他讲植物学很有特色。他不是很呆板地照本宣科,而是把他作为一名植物学家对植物学的领略、自己对植物学的研究结果和经验、课本上没有的东西,都生动地讲出来了[①]。

李继侗在课堂上曾经举过一个例子:

北京有一种树叫栓皮栎,再往北到内蒙古附近还有一种树叫蒙古栎(俗名柞木)。到秋天落叶的时候,蒙古栎的叶子已经枯黄了,但是和其他的树不同的是:其他的树叶子枯黄了以后,一刮风就都落下来了,树上一片叶子也挂不住;但是栎树的叶子干枯变黄,一点绿色也没有了,风吹过一阵之后,虽然也会掉下来一些,但树上还挂着一部分,并不掉下来。经过一个冬天,直到次年快长新叶的时候,栎树的叶子才会完全落光。

这个现象在国际植物学的教科书上并没有写到,但李继侗先生结合这个例子给学生们解释栎树的起源。叶子在秋冬时节会掉落是由于这样一种机制,在秋后干枯的过程中,叶柄里会产生一个叶离层,细胞壁与细胞壁之间的果胶质就被溶解了,由于细胞与细胞之间的连接物质没有了,所以风一刮叶子就都掉下来了。在叶子开始枯黄的时候,叶离层在显微镜下可以观察得很清楚。但是栎树没有叶离层,李继侗先生做切片观察到了这一点,证明了栎树不容易落叶。因为在历史上,栎树的祖先是常绿植物,秋季不落叶,不需要叶离层,但是后来在第四纪这 300 万年

---

① 刘钟龄访谈,2014 年 1 月 2 日,呼和浩特。资料存于采集工程数据库。

里气候逐渐变得寒冷了,但是它没有形成叶离层,所以叶子掉不下来;一直到第二年,经过了一个冬天,风吹得很厉害了,叶子越来越干,变得脆了,最后就落下来了。

李继侗先生举这个例子来给学生们讲植物的起源与演化:各种各样的植物,它们的祖先不一样,现在的习性就不一样。这些内容在教科书上都是没有的,但他以自己的领会来讲解给学生们听,从而令学生们受益良多。

> 如果是念教科书的话,那就是书上怎么说就是什么,很呆板而且没有创造性。李继侗先生教书过程中充满创新性的内容,鼓励学生要思考问题。所以他的教学思想,他的学术思想,非常先进就体现在这些地方。①

作为一位世界知名科学家,李继侗同时也是学生与儿女们眼中的严师与慈父,同事们身边的良友。关于李继侗先生对青年人的严格要求,自北京大学跟随李继侗先生读研究生后又同李先生赴内蒙古工作的刘钟龄教授认为:

> 李先生要求青年人严格,但是爱护,一旦你改正了或是进步了,李先生就非常高兴。李先生很少表扬年轻人,批评比较多,但你一听就知道他是爱护的批评……他说青年人必然要有缺点,如果青年人没有缺点,要我们这些老头子干啥;他们的缺点应该到我们身上来找根源。我们是老师,我们不是警察,专门抓人家辫子,找人家毛病。看见他们的缺点是以爱护的态度来对待。他们自己本身没有责任,他们必然要有缺点,所以才要我们做教育……他看到有的老师对学生急躁了,或是说话有点刻薄、过分了,所以就讲这个道理。尽管他要求非常严格,但他的严格要求是讲道理的。②

---

① 刘钟龄访谈,2014年1月2日,呼和浩特。资料存于采集工程数据库。
② 刘钟龄访谈,2013年3月8日,呼和浩特。存地同①。

地植物学进入大学教育

1952 年，全国院系调整期间，清华大学生物系与北京大学生物系合并，划归北京大学领导，李继侗先生也在此时担任了北京大学生物系植物学教研室主任，负责植物学的教学与科研工作。

也正是在此期间，李继侗先生也将地植物学引入到大学教育中，同时，全国高校中的地植物学教育改革也是以李继侗先生的工作为重要示范的。

1953 年，教育部在青岛举行了全国第一次大学理科教学工作会议，会上确定了植物生态学和地植物学应列为大学生物学系的专业课程，植物地理学也定为生物学系和地理学系的专业课程。这次会议还委托北京大学由李继侗教授编订植物生态学、地植物学和植物地理学教学大纲；同时，会上也酝酿了在北京大学、南京大学、云南大学等高校设立植物生态学与地植物学专科的方案。

植物地理学、植物生态学和地植物学是植物学中有密切关联的三门学科。不过，相比于自然科学的其他领域，这三门学科在中国都起步较迟。1949 年之前，中国只有少数几所大学的生物设置植物生态学；植物地理学无论在生物系还是地理系都没有开设过；而地植物学则是一个陌生的名词。具体到学科本身，中国在 1949 年之前在学科分类与研究风格上大体走的是美国路线，而在 1949 年之后，随着中国全面向苏联学习，高等学校的教学也以苏联为标准进行了一系列的改革，其中最显而易见的改革便是采用苏联的学科分类与课程名称，将植物生态地理学分为植物生态学与地植物学，而在具体学科的界定上也接受大多数苏联植物学家的看法：植物生态学是研究植物或种属与环境相互关系的科学，地植物学为研究植被与环境的相互关系以及植被本身的各种规律的科学，而植物地理则为研究植物种属和植被的分布及其历史发展的科学[①]。

---

① 李继侗编：《植物地理学、植物生态学和地植物学的发展》。北京：科学出版社，1958 年，第 29 页。

1953年，中国科学院派出包括植物学家吴征镒等在内的访苏代表团，赴苏联考察生物科学和地理科学等相关领域的学科发展情况。在当时，苏联的生态学已经形成其自身的特色，并成为国际著名的三个生态学派之一[①]。其中，植物生态学、地植物学、植物地理学在苏联的生物、土壤、地理及相关的科学机构中更占有突出的地位，这与当时苏联的社会与政治背景紧密相关：苏联改造大自然计划的制定和实践中，植物生态学与地植物学家担负着重大的科学任务；苏联的集体农庄、国营农场、林业基地、草原牧场更需要植物生态学与地植物学的工作。代表团通过考察所了解的这些情况给了当时中国的生态学界很多启示[②]。

1953年的教育部会议也正是在这一背景下召开的。此次会议之后，根据国家教育部的部署，李继侗很快便提出了在北京大学植物学专业成立"植物生态学及地植物学学科组"的建议，得到了学校的支持，于1954年开始招收研究生，并接受来自全国各地的进修生，植物学专业的本科生到三年级时也可选读植物生态学方向。李继侗同时兼任中国科学院植物研究所植物生态学研究室的导师，由此开创了中国植物学史上第一次有目的、有方向、有计划地在高校与科学院培养植物生态学人才的科学阵地。

也是从那时开始，李继侗先生以他的专业眼光择定北方草原作为发展生态学的重要目标之一，从而确立了在中国开创草原生态学的方向。

边学边干的"研究生"

就在中国植物学教育发生如此转折的1953年，24岁的李博在从北京农业大学毕业后来到了北京大学生物系。按照生物系安排，先在生物系担任助教的工作，在李继侗先生的安排下与研究生一起修读了全部课题，并

[①] 三大学派的另两个分别为英美学派和西欧大陆学派。
[②] 刘钟龄：李继侗。见：《20世纪中国知名科学学术成就概览》生物学卷第一分册。北京：科学出版社，2011年，第156–167页。

于 1955 年 1 月成为李继侗先生的教学助教。这一时期是李博从农学到地植物学转型的重要时期。

从北京农业大学的农学系来到中国最高学府的生物系，这对李博来说是一个重大转变，或者更确切地说，这更像是一次新的挑战。

> 因为李博先生是从北京农业大学毕业分配到北大来的，北大是很严格的，认为他不是学生物出身，而是学农的，再来学生物也还有一点距离，因为跟直接学生物还不一样：学农学了很多具体的知识，但是原理性的、理论性的东西，可能还是生物系专业的更扎实。生物系的领导多少在观念上有点这种倾向，所以先让他在北大生物系先广泛涉猎一年。但是一年以后正式到李继侗先生名下作为李先生的助教，并协助李先生做研究工作，也做教学助教[1]。

无论是因为生物系的原因还是李继侗先生的安排，这件事已然在一定程度上反映了李继侗先生对年轻人的要求是很严格的。刘钟龄教授的经历也可作为旁证：

> 我记得我做他的研究生，这是 1956 年的事，开始做他的研究生时，他就跟我说，你做研究生是学生态学，但是我告诉你，生物学、植物学是重要的基础，你必须把植物学读好，植物学你在大学里读了不止一遍，现在还要再读，因为这是基础的基础。生态学必须以生物学为基础。你要念好植物学、生物学，给你一年的时间，我也不给你讲课，你自己去读，应该读的书主要由你自己去选，我可以点出几本书来，你必须读。这样让我打好植物学的基础[2]。

除了对基础讲的重视以及在教学中引入自己在研究的思考之外，李继侗先生也非常鼓励他的学生们充分交流与相互激发，这尤其体现在讨

---

[1] 刘钟龄访谈，2013 年 3 月 8 日，呼和浩特。资料存于采集工程数据库。

[2] 同[1]。

论班（Siminar）这一教学形式中。当时，李继侗先生每周都会组织一次讨论班，把他的研究生和学生大约十来个人组织到一起交流读书心得或进行一些讨论。除了北大的学生之外，当时慕名前来参加李先生的讨论班的也有包括中国科学院的地理研究所、植物研究所等外校学生。

> 那时候学校之间没有什么界线，为了求学，一点界线也没有。外校学生来我们学校求学，那是绝对欢迎的。我们出去到别的学校，那些老师也是非常欢迎的。

在讨论班上，李继侗先生要求每个学生准备一个很厚的本子，本子上专门记讨论班上的感受和收获；而讨论班的内容通常是李继侗先生提前一两个月布置好要读的书，由参加讨论班的学生去读，读完后准备一个中心发言，内容可以是对整本书的领会，也可以是对某一章节的理解。中心发言报告完之后，其他人跟主讲者讨论，有什么疑问，有什么感受，都可以提出来交流。他给这个起了一个名字叫"互通有无"。

> 为什么叫"互通有无"呢？因为你不可能什么书都读，他把这本书读了，他来做介绍，你听了以后，即使你没读这本书，也有关于这本书的收获；当然你又读了一本书，下周你来讲，那么他又有收获了，这就叫"互通有无"……他组织这样的学术活动也说明了学术思想要靠交流、要互通，用他的话来说就叫互通有无才能进步、才能发展[1]。

此外，李继侗先生经常会建议学生们去哪个学校去请教哪位老师，或者请包括生态学家阳含熙先生在内的外校专家学者来北大给学生们讲课，这也拓宽了学生们的视野。

多年之后，我们会在李博的教育理念中找到李继侗先生的影子，不过，对于当时的李博来说，李继侗先生的影响则更多体现在理论基础的建

---

[1] 刘钟龄访谈，2014年1月2日，呼和浩特。资料存于采集工程数据库。

立方面，这正是李博完成其从一名农学生到一名生态学研究者转型的至关重要的第一步。

李继侗先生学风严谨，对学生也同样严格要求。年已八旬的刘钟龄教授想起60年前的一次考试，仍然对每个细节记忆犹新。

> 李继侗先生要求我要念植物学，让我念一年。我念了一年之后参加国家考试，由学校的教授组成一个考试委员会，来当面考试。考试时用口试的方式，不用正式写一个详细的卷子，但是让你抽签，抓到题目以后用一到两个小时做一个准备。李先生很懂得在学科里抓重点。考试时我抽到的考题只有一个字：叶。让我来讲植物的叶子。植物的叶子在植物器官里是非常活跃、非常重要的，所有植物器官功能主要集中在叶子上，是一个制造地球所有有机物质的"工厂"嘛。我念植物学的时候，我总是一项一项、一条一条地讲，没想过把它再概括起来综合地讲一个叶子。所以我思考了一下，把我在叶子方面涉及的所有知识都概括起来写了一个详细的提纲。
>
> 作为年轻人，当时我的谦虚谨慎是很不够的，那时候还不懂得科学的深浅，20来岁嘛，我觉得我概括得很全、很完整了，所以回答的时候有点很得意的样子；而且我回答的过程中，旁边有一些年轻人旁听，听的时候也在点头，赞赏的表情。这样我就更有点自信、得意。
>
> 我答完以后李先生说，我问你几个问题。他问了几个很具体的问题，我基本上答不上来。他问了几个非常通俗、非常普通的问题，那里包含着深刻的植物学的道理。他说我问你，韭菜长好了以后，你把它割下来，它能不能继续长？第二个问题，你吃的包饺子做馅儿的那个韭黄，如果割下来，它还长不长？我想了半天，我觉得那个韭菜可能能继续长，这个没什么问题，这个韭黄有可能不长了。我就说，韭黄割下来，大概不长了——用了"大概"这两个字。这个是很不科学的，不知道嘛就不要说，你要说却用个"大概"，这不是科学态度。
>
> 另外，类似的问题问了几个，比如说白菜放在缸里放上咸盐、放上水，把白菜腌成咸菜，这个白菜叶子内部变化，你了解不了解。我

也没腌过咸菜,植物学也没有哪本书上写过这个变化,实在说不出来,我就说不清楚不知道。还问了松树叶子的功能等问题,我基本上都说不清楚。

最后李先生就说了,你觉得你植物学学得差不多了,我告诉你还差得远呐,这门学问需要你学一辈子,我让你念一年也是打个基础,你现在念了一年,打了点基础,基础还不牢固,我问你的这些问题你都解释不了,可见你基本知识的运用还差得远呢;而且你语言当中还"大概"啊、"可能"啊,这在科学面前是不允许说的,你的科学态度也不行,不端正。那天我的答卷不但没做任何表扬,还做了一系列的批评。

这个事我记一辈子,到现在我能很具体地跟你描绘,这就说明对自己的教育非常深刻。我是举的自己的例子,那么对李博先生同样啊。李博先生在世的时候,我们聊天的时候也说过类似的话,李先生对年轻一代是从严要求的。①

对自己的研究生如此,对不是研究生的青年教师也一样。在进入北大生物系一年后,李博成为李继侗先生的学术助手。不过,在最初的时候,李继侗先生并没有过早地让李博接触研究工作,而是在课程学习与实践方面都提出了相应的要求。

除了要修读全部的研究生课程并学好外语,李继侗先生还通过让李博带植物学实验来打好植物学基础。为此,李继侗先生把李博派到另一个专门教植物学教授的小组里,给那位教授当助手,一边帮那位教授带实验,一边跟在那位教授身边摸爬滚打了一年,如此在植物学方面打下的基础比单凭课堂或是自己读书掌握得更加深刻②。说到基础的重要性,李继侗先生曾经给李博打过一个比方,搞生态学工作不能随身带着挎兜,不认识植物就从挎兜里取出个分类学家来,不懂地貌就取个地理学家,这样是做不好工作的。这里其实也正体现了李继侗先生的教育理念,即对基础的重

---

① 刘钟龄访谈,2013 年 3 月 8 日,呼和浩特。资料存于采集工程数据库。

② 刘钟龄访谈,2014 年 1 月 2 日,呼和浩特。存地同上。

视。在他看来，作为教师，"不应把学生培养成各式各样的面人，而应把他们培养成和好的面团，从而能适应各种要求"。[①]

在李继侗先生的苦心教导下，李博不但认真完成了教学任务，而且学完了大学期间未曾学习过的地质学、地貌学、自然地理学等地学课程以及当时给研究生开设的英语及其他专业课[②]。这为以后李博在生态学领域的发展打下了坚实的基础。

开展工作前要学会查阅文献

在研究生课程的学习方面，按照李继侗先生的要求，大部分的课程以自学为主，但有一些课程因为尚无专门的教材图书，因此也需要坐在课堂里去学习。比如当时李继侗先生为研究生们设置的几门与学术史相关的课程。

从当时来说，还没有一本专门的生物学史，但李继侗先生要求生物系的每个学生都要学生物学史，而他的研究生则都要学生态学史。李继侗本人则在中国科学院讲授过一门生态学史的课程"植物地理学、植物生态学和地植物学的发展"，为此，除了他所熟悉的欧美学者的研究之外，他还广泛阅读了苏联学者的文献。课程结束后，李继侗先生将讲课的内容整理成一个稿子，最初是用打印件，发给他的研究生们每人一份。刘钟龄教授当时正是李继侗先生的研究生，他清楚记得先生将这份讲义交给他时曾要求他"把这本东西好好念一念，这是你进入生态学之门的敲门砖"[③]。

生物学史则是由当时另一位知名生物学教授，同时也是李继侗先生的师兄陈桢先生来讲授的。陈桢先生是中国知名遗传学家，1919 年（早于

---

① 李博：怀念李继侗老师。见：《李继侗文集》编辑委员会编，《李继侗文集》。北京：科学出版社，1986 年，第 417 页。

② 同①。

③ 刘钟龄访谈，2014 年 1 月 2 日，呼和浩特。资料存于采集工程数据库。

李继侗先生两年）考取清华学堂公费赴美留学，先在康奈尔大学农学系学习，1920 年转入哥伦比亚大学动物学系学习，1921 年获得硕士学位后，曾跟随著名遗传学家摩尔根研究。1922 年回国后曾先后任教于南京大学、清华大学、北京师范大学、中央大学等著名大学。与李继侗先生一样，陈桢先生在 1952 年院系调整后担任北京大学生物系教授。

尽管早年留学海外，但陈桢先生对中国古代典籍也非常熟悉，善于从中寻找鲜活的例子，课讲得也生动。有一次，陈桢先生在讲到人的智慧时，曾经提到人的智慧和人的精神、人的能力里有生物学的道理。很多人认为古代人信神、信佛，但陈先生却说未必如此，他认为古代的学者懂得人的精神是一种生物学的表现，而且在历史上，在我们的文化遗产中反映这种哲学思想与生物学结合的记载也很多，其中一个例子便是范缜所说的"神之于质，犹利之于刃；形之于用，犹刃之于利"。[①]

李继侗先生对学术史重视如斯。

> 每门科学都有它的传统，有它的总承性。科学上新的发展都是建筑在已有的基础上。旧日的科学知识也许在观点上不正确，在理论上有片面性，但它的观点和理论都有一定数量的科学事实为根据。我们不能把它全盘否定，自己重搞一套。因为一个人所见到的终归是有限的；仅仅根据自己的观察和试验，完全忽视前人的工作，则所得出来的结论是可以肯定的说，它本身就有片面性[②]。

正是在这部李继侗先生为他的学生们所写的学科史教材中，李继侗先生也写下了他对当时的米丘林－李森科遗传学的思考。

> 苏联李森科院士是当代科学界中杰出的人物，这一点是绝无问题的。他的最大缺点就是前无古人。最后不可避免地要失败。这种事例

---

① 刘钟龄访谈，2014 年 1 月 2 日，呼和浩特。资料存于采集工程数据库。

② 李继侗：《植物地理学、植物生态学和地植物学的发展》。北京：科学出版社，1958 年，第 ii 页。

在科学史上并不是史无前例的。在植物生理学中印度的 J. C. Bose 也是这样。在他的各项著作中从来不引用前人或现代其他人的工作。闭户造车求其出门合轨是绝不可能的。Bose 也是一位天才的科学家,在某些点上有他独到的贡献,而在植物生理学上所起的作用几乎等于零。

J. C. Bose 和李森科院士是在植物学史上前后相"辉映"的两个事例。但两个在效果上则有很大的差异。Bose 是抱一种与世隔绝的态度,他无视别人的工作,但他并不把他的观点强加于人。其结果只是影响了他自己工作的价值,这是一种出世的风度,浪费了他自己的天才和努力,于事无补。李森科院士则不同,在作风上大有我国宋儒程朱卫道的气概,尽其全力排斥异己。李森科院士在他的初期工作中对于植物发育理论上有一定的贡献,以后在农业实践上也有若干值得称道的工作。但由于他的作风,在苏联生物学的进展上造成不可弥补的损失。这是我们前车之鉴。[1]

事实上,遗传学并非李继侗先生的研究方向,但是在 1954 年前后,李继侗先生因教学需要而承担了这门课的讲授工作。为此,李继侗先生认真钻研米丘林著作,做出严谨的评价,并对苏联李森科的治学道路提出中肯而尖锐的批评,以此告诫青年要端正治学态度[2]。

作为重视学术史的一个具体体现,李继侗先生尤其强调要通过读原著的方式去了解学术史。据当时曾在李继侗先生门下攻读研究生的葛明德先生回忆,在 1957 年的时候,李继侗先生曾用了大量的时间与他讨论过有关米丘林和李森科的遗传学。当时,李继侗先生推荐葛明德一边读《米邱林全集》和李森科的《农业生物学》,一边同他进行相关问题的讨论。李继侗先生认为李森科将自己的一套东西称之为米丘林学派是没有道理的,应该如实地称之为李森科遗传学和李森科学派。李继侗先生还曾经对葛明德

---

[1] 李继侗:《植物地理学、植物生态学和地植物学的发展》。北京:科学出版社,1958 年,第 ii-iii 页。

[2] 汪振儒:李继侗先生生平与贡献。见:《李继侗文集》编辑委员会编,《李继侗文集》。北京:科学出版社,1986 年,第 4-5 页。

说:"你要知道米丘林的工作和观点,就要看米丘林自己的著作。从李森科的书里,你是无法知道米丘林的,而且会上当的。"①

李继侗先生对学术史,特别是前人工作的重视,以及善于从学术史中发现问题并吸取教训的做法,给李博留下了深刻印象。多年之后,忆及在李继侗先生身边工作的点滴时,李博尤其提到"他要求我开展工作前要学会查阅文献,要了解所研究问题的历史和发展动向""他指出除了从文献上学习具体知识外,更重要的是学习名家的思路和方法"。而上述李继侗先生以 J. C. Bose 和李森科为例以强调前无古人而导致失败的例子,也在李博的回忆中被再次提及②。

重视学术史,充分利用前人的研究文献,这一特点也在李博本人后来的科研工作中得到了体现。刘钟龄曾经提到自己读研究生的时候一度对已有的文献利用得不够,自己对某个问题已经形成了初步的认识,通过对实验结果的分析形成一个观点。李博则提醒他:

> 这个观点应该到文献中去查找,如果文献中已经有论述,跟你的观点接近,你应该说在人家认识的水平上进一步验证,或略有发展,而不要以为你这是自己的独创,认为你做了个实验,得到了一个结果,对这个结果做出分析,形成一个观点、认识,你认为这个认识就是最新的科学认识,那不一定,一定要认真地查找文献。

在刘钟龄教授的记忆中,这种例子不止一次,大约提出来有两三次。

> 后来我就形成习惯了,每次做完实验,分析结果以后,只要有一些观点上的东西,我一定要查文献。后来我带研究生的时候也是这么要求。在这一点上,李先生就比我严格。我有时候就马虎一点,甚至

---

① 葛明德:李继侗晚年对米邱林和李森科的评论。《中国科技史料》,1980 年第 1 期,第 22 页。

② 李博:怀念李继侗老师。见:《李继侗文集》编辑委员会编,《李继侗文集》。北京:科学出版社,1986 年,第 417 页。

很得意，觉得我形成一个见解，写到文章里。李先生说你好好查一查，别人很可能已经做出了。因为世界上从事科学的人太多了，你怎么知道这是你第一次发现的呢？往往人家早就有，顶多你可能验证了一下，或者说略有点新东西，在人家的基础上往前推了一点。①

模范青年教师

至少有一年的时间，刘钟龄和李博曾跟李继侗先生在同一间办公室工作，当时刘钟龄已经考上了李继侗先生的研究生。李继侗先生如此安排也有他的道理，一方面可以督促两个年轻人念书；另一方面也可以在有问题的时候随时交换意见，随时掌握两个年轻人的情况。而对于年轻的李博来说，这种共用一间办公室的经历则是一种重要的经历：不仅是在专业基础与考察实践上能力的培养，李继侗先生的言传身教也对李博产生了重要的影响，这不仅在学术思想与研究方法上，更包括做人与做事的态度上。

在李继侗先生去世后，李博曾在一篇文章中回忆道：

> 继侗师的治学态度是非常严谨的。他的手稿、笔记等无例外地都书写得异常恭整，在

图3-1 李博在北京大学工作期间的工会会员证

---

① 刘钟龄访谈，2013年3月8日，呼和浩特。资料存于采集工程数据库。

进行科学研究时，强调占有第一手材料，从来也不轻易发表文章。他经常勉励我们下苦功，要我们在科学工作中拿出"傻劲"来，专心致志，刻苦读书，埋头工作，不要急于求成。他很谦虚，从不隐讳自己在某些知识方面的不足，相反他常常用自己的不足鞭策我们前进，鼓励我们努力超过老一辈，并为我们每一点进步而欢欣鼓舞。记得有一次我参加教师俄文测验，得到了较好的成绩，他热情地握着我的手，勉励我更加努力地学习和工作，真使我深受感动[①]。

李继侗先生所说的"下苦功"三字，在李博的求学与工作经历中可以说得到了充分的体现。当时，李博每天学习工作的时间都在 16 个小时以上，每月工资除生活费外都购买了专业书。由于学习和工作都非常勤奋努力，因此在到北京大学工作的第二年便被校团委评为模范青年教师。

1955 年春，北大在德斋阁楼上分配了一间房子给李博夫妇，并借给他们两张单人床、一个书架、一个桌子和一把椅子。李博打电话告诉了当时在北京农业大学工作的妻子蒋佩华，妻子很高兴，于是在周末时去了北大。她后来回忆，当时因为是第一次去北大，所以一心以为丈夫一定会在公共汽车站接她，但到站之后却不见人影，只好一边问一边寻到北大。

终于跨进我们的小屋时，只见他正专心伏案工作。他见我进来，说："啊！你来了，先喝杯水，歇一会儿就早点儿休息。我要备课，写讲课稿，明天要试讲。"当第二天清早醒来后，我问他几点睡的，他笑笑说 3 点，并建议我们去食堂吃早点，吃完后我回北农大，他去系里工作。当时我心里着实有些不高兴，但我马上想到，北大生物系植物教研室众多教师，其中学部委员，一、二级教授多位，要听他试讲，对他是严峻的考验，我理解了他。我们很快吃完了早点，便欣然分手了。以后的几年，他一直处于这种高度紧张的学习工作状态，这

[①] 李博：悼念李继侗老师。《生物学通报》，1962 年第 1 期，第 49 页。

为他今后的工作打下了坚实的基础[1]。

因为基础扎实，李博在带实验课以及野外考察时也更能发挥作用。刘钟龄在北京大学做研究生的时候，曾跟随李继侗先生和李博都出过野外。

我从年轻时跟着李继侗先生做研究生，到野外实习的时候，有时候李继侗先生不在跟前，李博先生对我也有很多帮助和指导，实际上也是起到指导作用。虽然我们是同辈人，他只比我大不到两岁，但他有时候说到的一些意见对我很有帮助。比如我在野外做根系的调查，也就是把土壤挖开，看根系的分布，做法上比较简单，李博先生就比较精细，他用的方法、技巧都比我好得多，然后他就提醒我这个应该怎么做。我做研究生的时候还很年轻，也就是20来岁，那时候他就对我很有帮助。他作为兄长，比我大两岁，我就觉得他比我更成熟，我也更服气，那确实对我也是一种帮助、一种指导。[2]

---

[1] 蒋佩华：往事历历在目。见：内蒙古大学生命科学院编，《精神永存——纪念李博院士》。1999年，第5页，内部资料。

[2] 刘钟龄访谈，2013年3月8日，呼和浩特。资料存于采集工程数据库。

第四章
初涉考察

李继侗先生曾经说过"植物生态学研究不能脱离一线",这在他本人的学术生涯中得到了充分体现,而在对学生和青年一代研究者的指导中,这一研究思想也渗透其中。李博的经历便是其中最好的写照。在担任李继侗先生的助教最初时期,李博按照李继侗先生的要求修读了研究生的全部课程,一年后,李博在植物生态学方面已经具备了相应的理论基础,开始跟随李继侗先生赴野外考察。通过这些考察实践,李博也逐渐完成了从一名农学生向植物生态学研究者的转变。

北京植被考察

在李博后来填写的一些表格中,北京植被考察是一次重要的学术实践,一方面,据此完成的论文《北京市的植被》为他的"研究生"阶段最终画上了一个圆满的句号;另一方面,对于李博的生态学研究来说,这次考察则是一个重要的开端。

事实上,这项工作开始于李继侗先生对华北植被的考察。从美国学成归来以后，李继侗先生自 1932 年开始作野外植被考察，按照他最初的设想，他曾希望以十年时间对华北地区的植被做全面深入调查研究，完成相关的论著，但是抗日战争的爆发使得他的计划未能实现。直到 1954 年，新中国第一个五年计划开始时，根据北京市林业建设事业的需要，李继侗带领北京大学生物学系、地理学系，南开大学生物学系，北京师范大学生物学系的一批师生重新开始了北京市植被生态学研究。

1954 年的北京西山卧佛寺一带的小面积植被调查是第一次用苏联的方法来进行植被生态学的调查分析，不过，此时的李博尚未成为李继侗先生的研究助教，因此并未参加这次调查。直到 1955 年才加入其中。这项调查工作此后每年暑假都在继续，直到 1958 年完成并撰写了论文《北京市的植被》，也在李继侗先生指导下绘制完成了 1/10 万北京市植被图。

我国地区性植被研究工作在 1949 年之后得到广泛开展，但较为详细的植被研究报告和地区性植被图在当时还并不多见。由于植被与气候、地形、土壤等都有密切的联系，因此地区性植被研究及植被制图一方面说明了当地植被类型及其分布规律，另一方面也阐明了当地的自然环境，这也正是充分利用自然植物资源与合理利用土地的最主要依据。[1] 北京市的植被调查也正是在这一背景下历时四年完成的。

四年调查所涉及的范围西起东灵山和铁镴山，东至三河、平谷县境，北起长城，南达涿县、固安边境。总面积约 800 余平方千米，其中山地约占 1/2。考察地点并非随机选择，从北京的用地情况来看，平原地区都已作为农业用地，而自然植被只存在于山区，因此对北京植被的研究重点也就相应地放在山区[2]。

从李博留下的 1956 年的考察笔记可以看到，当时的考察活动时间上安排得很紧凑。这一年考察主要安排在 8 月中旬至 9 月上旬。8 月 15 日，丰沙线；16 日，榆林湾至江水河；17 日，江水河村；18 日，江水河至樊家

---

[1] 李继侗，李博，杨澄：北京市的植被。《北京大学学报》（自然科学），1959 年第 2 期，第 159 页。

[2] 李继侗，李博，杨澄：北京市的植被。《北京大学学报》（自然科学），1959 年第 2 期，第 160 页。

堡；24—27 日，田家沟……每到一地，李博都会认真记录下当地的海拔高度、自然气候条件、土壤条件、植被分布等。如果有关于某地的其他相关背景资料，李博也会抄录在笔记本上，以备日后研究之用[1]。

1955 年开始参加的北京西山植被调查是李博从农学转向植物生态学后的第一次野外考察工作，李继侗先生的严格要求对于进入学术生涯之初的李博也有着重要的影响。李继侗先生对学生的严格不仅体现在课堂上，在野外考察时也是一样：野外考察一律步行，每个人都要自己背行李和标本，李继侗先生自己也不例外。尽管已年逾五旬，但他走起山路来速度很快，有的同学还跟不上他。在考察期间，他还会按照林学家的训练，旅途和爬山时很少喝水。

在几年考察的基础上，《北京市的植被》一文在李继侗先生的指导下完成。这篇文章解决的其中一个问题是这一地区原始植被的性质。如前所述，研究重点在山区，但从这一地区的现实条件来看，山区植被已受到人类活动的破坏，从而改变了原有的面貌，现存植被绝大部分是次生的；而吴征镒[2]在 1958 年的研究也揭示了当地植物区系的过渡性质，这就给认识这一地区的原始植被带来了很大的困难。而早在 19 世纪下半叶，关于北京附近植被的性质问题便引起了争论。通过对北京植被现况的细致分析，该文认为：

> 当地山区原始植被的原始类型（演替顶极）是耐旱的落叶阔叶林，并混有暖温带的针叶林。但在 1600 米以上的山地，存在针叶林垂直带……北京平原区的原始植被（演替顶极）应该和低山区一样，也是耐旱的落叶阔叶林（主要是栎林）并混有稀疏的暖温带针叶林（主要是油松林）。这一方面因为低山植被基本上反映了平原区植被，另一方面也有古生物学证据[3]。

---

[1] 李博 1956 年的笔记本。李炜民提供，扫描资料存于采集工程数据库。

[2] 吴征镒（1916-2013），植物学家。中国植物区系和植物资源学的开拓者。长期致力于植物分类学、植物区系学和植物资源学的研究，取得了开创性的成果。1955 年，他被选聘为中国科学院学部委员。1979 年，当选为中国科学院主席团成员。

[3] 李继侗，李博，杨澄：北京市的植被。《北京大学学报》（自然科学），1959 年第 2 期，第 160-166 页。

在获得上述认识的基础上，论文也对北京市植被的利用与改造提出了初步意见，内容包括：①有水源的低山区，应大力培植落叶阔叶类的果树，改造荒山，增加山区收入，并多修小型水库，配合山区园艺事业的发展；②用经济价值较高的落叶栎代替现有的造林树种（侧柏、洋槐等），以加速山区的绿化，提高经济收益；③选择具有观赏价值的落叶阔叶树种营造风景林，扩大首都人民休息的场所；④石灰岩地区陡峻的山坡上，补种黄栌林，作为人民公社烤胶工厂的原料；⑤利用山区有利环境，培植有价值的资源植物，例如名贵药材、玫瑰花等。另外，在山地针叶林带范围内，应以经济较高的针叶树种代替现有的次生林。该文还尤其提出山区的农业及牧业不宜大力发展[①]。

就这篇文章来看，其中体现的生态学研究思路具有这样一些特点：首先，全面广泛的实地调查与理论紧密结合，并充分利用已有的相关研究；其次，研究与生产实践紧密结合，以研究为生产与生活中的现实问题提供参考；其三，在生态环境的保护与对资源的利用之间尽可能寻求一个平衡点。事实上，这些也正是李继侗、李博两代学者在生态学研究思想上的共同特征。

黄河中游水土保持综合考察

1955 年参加黄河中游水土保持综合考察，是李博在其学术生涯早期参加的另一次重要的学术考察。

黄河中游水土保持综合考察队是中国科学院于 1955 年成立的，院内参加的研究包括地球物理研究所、地质研究所、地理研究所、植物研究所、土壤研究所、农业生物研究、经济研究所，科学院外的参加单位则有林业部林业研究所、黄河水利委员会和山西省的有关部门；另外，北京大学、

---

① 李继侗，李博，杨澄：北京市的植被。《北京大学学报》（自然科学），1959 年第 2 期，第 167 页。

南京大学、北京农业大学、河北农学院和东北地质学院等高校也参与其中。仅就参与考察的研究队伍来看，此项考察活动本身也正体现集全国学术之力来解决现实问题、满足国家需要的思路。

1955 年的考察主要集中在山西省西部。5—11 月，考察队在山西省西部进行了 12 个县的自然条件、社会经济情况、水土流失规律以及当地群众在水土保持经验与措施方面的综合性调查。调查的范围东起吕梁山，西到黄河边，北至偏关县，南达石楼县。考察区总面积为 22651 平方千米，约占黄土高原总面积的 3.86%，区内黄河干流长 264 千米①。

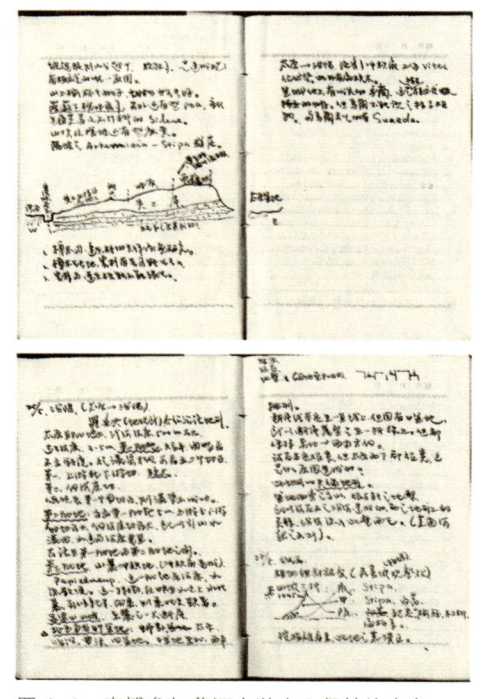

图 4-1 李博参加黄河中游水土保持综合考察队时的笔记（1955 年 5 月 25—27 日）

考察由中国土壤学家马溶之②任总队长，植物学家林镕③担任副队长，李继侗担任学术委员。考察总方针是在 15 年内减少 30% 的黄河泥沙并提高单位面积产量，同时必须与农林牧部门相结合。为此，中国科学院组织多个领域的科学工作者，通过野外考察、试验地研究和室内研究等方法，首先研究这一地区的自然情况及水土保持情况，以"提出水土保持的

---

① 中国科学院黄河中游水土保持综合考察队：山西省西部水土保持土地合理利用区划。《科学通报》，1956 年第 2 期，第 7 页。

② 马溶之（1908-1976），著名土壤学家，我国土壤地理学的奠基人之一。在土壤调查制图、土壤区划、土壤分类及地理分布、古土壤、第四纪地层成因、水土保持以及自然资源考察等领域进行了大量的研究工作和组织领导工作，为我国土壤科学事业的发展做出了重要贡献。

③ 林镕（1903—1981），植物学家。江苏丹阳人。早年毕业于法国，获法国国家博士学位。回国后，先后任北京大学、中法大学、中国大学等校教授，福建研究院动植物研究所研究员兼所长、北平研究院植物研究所研究员。新中国成立后，任中国科学院植物研究所研究员兼副所长。中国科学院学部委员。

区域规划和计划的科学根据，提出原则性、关键性的水土保持方法；研究自然因素与人为因素对水土流失的影响，总结劳动人民水土保持的经验。完成调查区 1/20 万合理土地利用规划图，重点地区完成 1/10000 规划图，提出具体的实施意见，提交有关机关或生产合作社试行"。①

从上述考察方针可以看到，考察队一方面要完成自然资源与水土流失情况的调查，另一方面则是综合群众已有的经验，提出相应的规划与实施意见。事实上，早在黄河中游考察队组建之前一年，当时的中国科学院副院长竺可桢曾参加黄河考察队赴西北考察，并对水土保持工作提出："水土保持工作应总结群众经验，但不能停留在群众经验的水准上，而必须在总结经验的基础上，进行试验研究，以求不断地提高"②。这种经验与科学研究相结合的考察思路在 1950 年中国开展的一系列自然资源综合考察中都体现得非常明显，而在 1955 年参加黄河中游水土保持综合考察队时，除了具体的调查方法与组织协调能力之外，李博学到并亲身体验到的也正是这样一种研究思路。

作为综合考察的重要组成部分，植被考察工作由李继侗先生负责。根据考察的总体计划，植被考察的主要任务是说明植被与土壤侵蚀的研究，找出保土植物。包括：①不同自然、人为条件下群落类型及其分布规律；不同程度侵蚀下，植被类型及其与水土保持的关系；②具有保水保土植物的种类和习性，特别注意困难条件下生长良好的植物。观察地上部分与地下部分的固土保水作用③。

在李继侗先生带领下，包括李博在内的北大生物学系 20 多位师生参加了山西西部的植被考察，地点包括中阳、弓阳、离石等县。每到一地，考察队都会先向当地政府部门摸清当地的生产情况以及农民在水土保持方面采用的主要办法。

---

① 马溶之 1955 年 5 月 22 日在综合考察队的报告，李博 1955 年的工作笔记。李燕青提供，扫描资料存于采集工程数据库。
② 竺可桢：参加黄河勘察队考察西北水土保持工作纪要。《科学通报》，1954 年第 8 期，第 36 页。
③ 同①。

6月1日，抵达此次考察的重点中阳县；到7月12日实习总结，植被考察组在中阳县的考察前后历时42天。按照李继侗先生的总结，在中阳的植被考察主要任务是绘制1/50000植被图，其用途主要有三：①供勘查队植被分区时参考；②发现对水土保持起作用的植物，找出固土植物；③了解当地植被发展规律及其与环境的关系[①]。因此，在随后的一个多月时间里，参加考察的师生们对当地的植被、土壤条件等进行了详细的考察和记录。根据考察，在李继侗先生主持下，完成了晋西地区的植被图及吕梁山地区的植被考察报告，讨论了植被对水土保持的生态功能和退耕还林还草还牧的对策。

相比于北京的植被考察，在山西西部的考察无论是大的目标设定还是调查的具体实施，都与当地的生产生活有着更为紧密的关联。因此，尽管水土保持本身是一个生态学的问题，但在考察的过程中，师生们除了要考察植被的固土保水作用，同时还要考虑的是如何更有利于当地的经济发展。因此，作为植被考察的负责人，李继侗先生在指导时在这方面非常留意。在6月21日的一次考察总结会上，李继侗先生结合前期的调查以及当地的实际情况认为山杏是有希望的保土植物，当地耕种的陡坡地，种树造林是不太可能的，因为当地人并不情愿，但是种杏是有可能的，因为它可以带来较好的经济收入。而且叶子多的木本植物可以聚集较多的地被层，也可以增加土壤肥力，从这种意义来看，山杏或杏子是合宜的保土植物[②]。

从李博当时的工作笔记以及后来的回忆文章中都可以看到，对于此次考察，李博不仅细致记录了考察区内的植被情况、气候条件、土壤情况等内容，也很留意李继侗先生的所思所言。而当李博在多年之后回顾李继侗先生的学术思想时，尤其提到的便是李继侗先生"明确主张科学研究要为国民经济建设服务，要解决生产中存在的一些重大问题"[③]。此次在黄土高

---

① 李博1955年的工作笔记。李燕青提供，扫描资料存于采集工程数据库。
② 李继侗1955年6月21日的总结，李博1955年的笔记。李燕青提供，扫描资料存于采集工程数据库。
③ 李博：怀念李继侗老师。见：《李继侗文集》编辑委员会编，《李继侗文集》。北京：科学出版社，1986年，第417页。

原考察，李继侗先生对当地掠夺式利用资源而引起的水土流失和人民生活贫困感到痛心，也正是在这次考察时李继侗先生的一句话令李博后来一直印象深刻："我们应该积极利用自然，应该向木本植物要油要粮，我们要努力使黄土高原的人民生活得更美好！"[①]

参加黄河中游水土保持综合考察，对于北大生物系师生是一次重要的野外实习；而对李博个人而言，除了具体的方法之外，李继侗先生以研究服务人民生活生产实践的学术思想更对尚处于学术思想形成时期的李博影响至深。在7月6日的一次同学总结会议记录上，李博记下了几天来的调查体会，除了对地植物学的认识之外，还有思想意识上的收获（劳动观点，为人民服务的态度）[②]。在其后来的生态学研究中，这也成为他的生态学思想的重要组成部分。

以自己所学为生产建设服务，同时，在生态环境的保护与对资源的利用之间尽可能达到平衡，作为李继侗和李博两代生态学人的共同特征，它的形成一方面与当时知识分子的责任感有关，另一方面则在很大程度上是由他们的专业背景决定的。

---

① 李博：悼念李继侗老师。《生物学通报》，1962年第1期，第49页。
② 1955年7月6日的记录，李博1955年的笔记。

第五章
草原的召唤

> 草原上阳光灿烂，碧空蓝天上白云飘游，绿色草原上牛、马、羊漫步……草原上的牧民日夜不闭户，见来人就满腔热情地请入蒙古包，拿出奶油、奶豆腐，煮奶茶、泡炒米盛情招待，那是一片纯净可爱的宝地！
>
> ——李博

20世纪50年代，中国科学界的一个重要任务就是对全国自然资源的普查，李博在1955年参加的黄河中游水土保持综合考察正属此列。从国家建设的角度来说，广泛的资源普查为自然资源的合理利用奠定了基础，而科学界基于调查提出的资源利用途径与方式的建议以及进行改造的可能性也成为科学界参与国家建设的重要方式。从学术意义上来说，这些资源普查则为研究者认识自然积累了丰富的资料，这也为随后的深入研究乃至理论的构建提供了必要的基础。

正是在这一大背景之下，1956年，李继侗先生带领北京大学生物系师生赴内蒙古呼伦贝尔草原开展草场资源调查。作为李继侗先生学术助手的李博也参加了这次调查，并在其中起到了重要的作用。这次调查也是李博第一次踏上内蒙古草原，正是这次的经历为他开启了一生最重要的事业——草原生态学的研究。

内蒙古植被研究

内蒙古位于亚洲大陆中心，是欧亚大陆干旱区的一个组成部分，植物区系和植被都有自己的特色。因此，阐明内蒙古植物和植被的特征、发生发展过程及其与邻近地区的关系，既是中国植被研究工作不可缺少的部分，也是世界植被研究的重要内容。

对内蒙古植物的采集与描述最初开始于17世纪末外国来华传教士和探险家的活动。1724年，德国学者梅塞施密特（D. G. Messerchmidt）从达乌里地区去外贝加尔，途经内蒙古东部的达赉湖一带，沿途进行了植物标本的采集，这是有记载的最早的内蒙古植被的采集工作，但他的标本并未保存下来。自1854年起，比利时教会团体在内蒙古境内设立了教会组织，神父Artselaer曾在旧察盟一带采集植物标本，并将所采标本送去彼得堡植物园。嗣后，俄国、日本以及欧美学者相继对内蒙古植被做了零星的调查。

中国学者对内蒙古植被的研究开始于1923年，植物学家秦仁昌随美国的甘蒙科学考察团赴巴音浩特，在贺兰山西坡进行了为期7天的植物调查和采集工作。

1949年以前中外科学家对内蒙古植物区系研究方面的工作已大体摸清内蒙古的植物种属，从而为后面的植被研究工作创造了有利的条件[①]。1949年之后，中国科学家对内蒙古植被的研究也纳入到有计划的资源调查与利用的阶段。1956年呼伦贝尔盟谢尔塔拉种畜场草原考察就是在这一社会与学术背景下开展的。

---

① 李博：内蒙古植被研究史。《内蒙古大学学报（自然科学版）》，1964年第1期，第1—14页。

呼伦贝尔大草原

1956年，内蒙古自治区畜牧厅决定在呼伦贝尔盟谢尔塔拉县新建一个种牛场，并将这个任务委托给呼伦贝尔农业局、畜牧局。因此，自治区和呼伦贝尔盟的农牧部门派人员赴北京邀请李继侗先生去当地进行前期考察，研究草地的承载力、能否建种牛场等问题。因此，在这年的6月，李继侗先生带领北京大学生物系的20余名师生来到了谢尔塔拉县。富景瑞先生，南开大学的刘汝箧也都参加了这次考察。此时的李博已经成为考察的主力，作为李继侗先生最主要的助手配合李先生的工作，并指导学生们的实习。

图 5-1 1956年，李博在内蒙古草原考察

谢尔塔拉种畜场场址位于巴尔虎高原东部，是大兴安岭西麓丘陵向蒙古高原过渡地区。海拔高度600—770米，自东向西倾斜。东部地势最高，向西地势渐低，成为开阔的波状平原。调查区南部有海拉尔河穿过，有着蛇曲的河道及很宽的河床，形成了草原上的特殊景观。

考察期间的生活条件很艰苦，师生们都住在帐篷里。由于纬度高、海拔高，因此当地气候寒冷、干旱，呈现出大陆性气候的特点。据海拉尔气象站1952—1955年的气象资料显示，当地的年平均气温在零下0.6摄氏度。草原

图 5-2 20世纪50年代，李博在内蒙古草原考察

上的 6 月，天气还比较冷，帐篷里当然就更冷。吃饭也非常不方便，就是弄了一个帐篷，请了一位炊事员，买一点粮食在那儿临时做饭。

当时的研究条件也很简陋，既没有大比例尺地形图，更没有汽车等现代交通工作，因此在草原工作主要靠步行，有时候也可能找到牧民租到马车。在草原考察的第一天，李博和学生们就走迷了路。

那时草原上的路都是人走出来的或是牲畜放牧走出来的自然形成的路，或者是个别的马车压出来的路，看上去既不明显，而且非常杂乱，所以在草原上很容易迷路。据当年曾一同参加考察的刘钟龄回忆，在草原上迷路的事发生过不止一次，包括李继侗先生自己也有一次在草原上认不清路了，只得一步步摸着往回走，等回到家已经很晚了。

而在谢尔塔拉的这次考察时，李博带着学生们在驻地以东记录样地，李继侗先生则留在驻地。那天的考察，李博和学生们在日落前向太阳方向折回，但是由于此时纬度偏高，日落方向并不在正西，而是偏北一些的方向，因此李博和学生们偏离了方向，一直走到天黑时还没有回到驻地。李继侗先生非常着急，于是找了一根高高的木头杆子，竖在帐篷外面。杆子上面挂了一个煤油灯，点亮了，可以让远处的人看到这个灯就知道帐篷在这个地方。顺着灯光的方向，李博和学生们终于在夜半时分回到了驻地[①]。

根据种畜场的需要，此次考察主要完成的工作就是摸清草原的类型、草原的生态分布、草原的植物组成。当时李博主要承担的工作是有关植物组成，包括植物群落分类研究；不但要在野外指导学生们的考察，还要根据考察获得的资料，在李继侗先生指导下，初步拿出一些分类的方案，包括分类的级别、分类的系统等。因此在出野外之前，先在中国科学院沈阳林业土壤研究所和黑龙江省哈尔滨博物馆等处查阅了植物标本和有关资料。

在一个多月的时间里，考察队共采集到种子植物 290 种，以菊科最多，计 24 种，占全部种数的 8.2%；豆科、禾本科、蔷薇科、百合科均在 10 种以上；此外还有毛茛科、莎草科、鸢尾科、唇形科与玄参科等。尽管考察报告因时间和深度有限，调查数据并不完全，但通过对这些植物的分析，

---

① 李博文集编辑委员会：李博教授生平。见：《李博文集》编辑委员会编，《李博文集》。北京：科学出版社，1999 年，第 3 页。

也可以对当地植物区系组成有一个初步的了解。同时，根据考察区优势植被类型的分布及组合特点以及它们所反映的生态条件，将该区划分出四个植被生态区，即线叶菊、杂类草丘陵草原区；羊草、针茅平原草原区；芨芨草、马蔺盐生草甸区；草甸、沼泽河滩低地区。报告分别对四个植被生态区的植被类型做出描述与分析。

除了对草原植被生态区以及植被类型做出了考察与分析之外，此次考察还在羊草、针茅平原草原区内选择了放牧利用程度不同的地段，进行了羊草草原放牧演替的初步研究。结果发现，放牧对草原植物的作用主要体现在两个方面：一是强度放牧会抑制那些可食性好、枝叶柔嫩、营养繁殖较弱的植物的发展，但对某些具适应或适口性不良的植物影响减少，因此当过度放牧时，前一类植物的数量会迅速减少或消失，而后一类植物可以安然存留甚至由于减少竞争而得到扩展。二是强度放牧会引起土壤条件的变劣，群落组成贫乏化与旱生化。但放牧与植被的关系也并非如此简单。事实上，正如苏联学者在1917年所注意到的，"草原植被是在动物界影响下形成的，它只有在经常的动物作用下才能保持其稳定的形态"，因此此次调查尽管已形成了一个初步结论，但更重要的是留下了一个更大具有研究价值的课题，即放牧对生境变化的影响。

内蒙古草原以放牧利用为主，因此研究草原的放牧演替不仅具有理论意义，而且实际意义是明显的，这主要体现在草场管理方面。

如前所述，此次考察最初的动因是为建立一个大型种畜场而进行前期调研，而考察结果表明了考察区内大部分天然草场是很好的，尤其是大面积的羊草草原，草质优良，是理想的天然放牧场和割草场。东部土壤肥厚，具有旱作条件下种植饲料作物和优良牧草的条件。因此在这块土地上建立种畜场是适宜的，具有巨大的生产潜力。但是，随之出现的便是管理问题。如何进行有效管理，才能使这片天然条件良好的草场最大限度地发挥其生产潜力，这是考察队在摸清草场基本情况之后重点要解决的实际问题。

从此次考察形成的报告来看，这种管理领域出现的问题主要集中在两个方面：一是在一些具体问题上，比如生产部门对饲料地的意义认识不足，"上级部门要搞，就找一些最坏的草场去开垦，表面上完成了任务，但得不到实效,其后果一定是环境条件的恶化与饲料任务的落空"。二是管理部门本身缺乏管理意识,这尤其体现在过度放牧问题上。"因为草场的天然条件很好,所以在当地管理部门中很少考虑草原的利用、管理问题。如果建立大型种畜场,而又缺少对草原建设及饲料生产的全面规划,长此以往,则会出现不良后果"。①

尽管此次考察各方面条件都很艰苦,但第一次踏上内蒙古大草原让李博对这里的一切都很着迷。关于这次经历,他曾对妻子蒋佩华说:

> 草原上阳光灿烂,碧空蓝天上白云飘游,绿色草原上牛、马、羊漫步,忽然一片乌云飞来,顷刻之间大雨降落,你马上浑身淋透,冷得要命。要不了半小时,雨过天晴,淋湿的衣裤晒干了,这就是大陆性气候!草原上的牧民日夜不闭户,见来人就满腔热情地请入蒙古包,拿出奶油、奶豆腐、煮奶茶、泡炒米盛情招待,那是一片纯净可爱的宝地!②

就在呼伦贝尔草原考察后不久,李继侗先生接到了一项重要任务,而这也改变了李博后来的学术轨迹,成为他学术生涯中一个重要的转折点。这就是内蒙古大学的建立以及北京大学地植物专门组的整体赴边。

内蒙古大学:草原上第一所综合性大学

创建 1947 年 5 月的内蒙古自治区是中国第一个民族自治区。50 年代,自治区先期创建了内蒙古师范学院、内蒙古畜牧兽医学院和内蒙古医学院

---

① 李继侗,李博,刘汝钺,富景瑞:内蒙古呼伦贝尔盟谢尔塔拉种畜场的植被。见:《李继侗文集》编辑委员会编,《李继侗文集》。北京:科学出版社,1986 年,第 245-279 页。
② 蒋佩华:往事历历在目。见:内蒙古大学生命科学学院编,《精神永存——纪念李博院士》。1999 年,第 5 页,内部资料。

等三所高等学校以及一批专业研究所，成为自治区培养高级专门人才的最初基地。嗣后，随着自治区经济建设以及各项事业的发展，对科学研究人才和管理人才有着更为迫切的要求。在这样的背景下，在自治区创办一所综合性大学成为必要。

早在1955年年初，自治区党政领导便开始酝酿创建一所综合性大学的计划，并很快向国家高等教育部提出了申请报告。由于自治区已有三所高校，而国家建设资金紧张，因此国家高等教育部回复暂不同意创办内蒙古大学。自治区人民委员会主席乌兰夫向周恩来总理汇报了此事，周恩来总理在了解情况后，明确指示国家高等教育部，要帮助少数民族地区发展经济和文化教育事业。在周恩来总理的直接关怀下，国家高等教育部很快批准了创办内蒙古大学的申请，并积极支持内蒙古大学的筹建，委派国家高等教育部综合大学司副司长于北辰参加筹建工作[1]。

在内蒙古大学从筹备到建立的整个过程中，从国家到全国各地当时已经发展得比较成熟的高校，尤其是重点院校都给予了非常大的支持。数字有时候会显得有些枯燥，但在很多时候，数字却可以一目了然地说明问题：

新建的内蒙古大学校址位于呼和浩特市新城南门外。校园面积与校舍设计任务书是按4000名学生的规模编制的。国家拨给建筑用地32万平方米，建筑总面积约12万平方米，分为教学、职工生活、学生生活三个区。1956—1957年，国家共拨给内蒙古大学的基建投资274万元。经过一年多的紧张施工，完成了校舍建筑面积近3万平方米。其中教学行政主楼1幢，家属住宅楼6栋，单身职工和学生宿舍楼各1栋，大礼堂、食堂等附属用房8栋，还修建了长210米、宽150米的操场。如此短的时间内完成如此巨大的工程，而且还要保证质量，这在今天几乎是难以想象的。

除了基建设施之外，筹备期间国家在教学仪器设备方面投资97万元，其中仪器设备63万元、图书资料31万元、体育器械3万元。利用这笔资助，学校得以购置了物理、化学、生物等专业一二年级专业课所需的仪

---

[1]《内蒙古大学五十年》编写组：《内蒙古大学五十年》。呼和浩特：内蒙古大学出版社，2007年，第1-2页。

器、设备、药品、标本等，为文科各专业配备了必需的教学设备，并且购置了图书174200余册。

1957年10月14日，内蒙古大学500多名师生参加了隆重的开学典礼。《内蒙古日报》在这一天的头版发表了社论，赞誉内蒙古大学是"内蒙古自治区的最高学府，也是全区基础科学研究的基地，是培养全区，特别是蒙古族和兄弟民族科学研究人才和高等学校师资的摇篮"，"是内蒙古人民的又一颗'掌上明珠'"[1]。

但内蒙古大学并不仅仅是内蒙古人民的"掌上明珠"，也是全国各地兄弟院校的"掌上明珠"。

北京大学、天津大学、北京俄语学院、复旦大学、兰州大学等高校调拨给内蒙古大学各种中外文图书达7万余册；南开大学、北京大学、山东大学、复旦大学、厦门大学向内蒙古大学捐赠了大量仪器、标本等。中山大学把在我国南方采集到的500多种动植物标本送给了内蒙古大学[2]。

硬件上的支援是一部分，从区外院校赴内蒙古支边的人才则为内蒙古大学的持续发展提供了更为有力的支持。内蒙古大学成立时，全校共有教学人员152人，其中，从自治区外高校支边来到内蒙古大学的共42人，分别来自北京大学、南开大学、复旦大学、中国人民大学、北京外国语学院、北京俄语学院、山东大学、南京大学、北京工业学院、厦门大学、中山大学、外交学院、东北人民大学等全国一流院校和著名院校。这些赴边工作的知识分子当中，在其学科领域的知名专家不在少数。除了李继侗教授之外，还有中文系主任张清常教授、物理系主任郑愈教授、生物系主任沈蕴如副教授、数学系主任刘世泽副教授、历史系主任胡钟达副教授等。在众多兄弟院校中，北京大学承担了援助内蒙古大学师资的主要任务，在内蒙古大学初建时的七个系八个专业中，四个系的系主任、六个专业的学

---

[1] 祝内蒙古大学诞生。《内蒙古日报》，1957年10月14日。
[2] 《内蒙古大学五十年》编写组：《内蒙古大学五十年》。呼和浩特：内蒙古大学出版社，2007年，第3页。

术带头人以及 50% 以上的教师及教研室主任都是北京大学援助的[①]。

李继侗先生及其带领的包括李博在内的北京大学地植物学专门组的教师们也正是这些赴边工作的知识分子中的一员，而他们的经历则成为 50 年代赴边支援少数民族地区教育的生动写照。

面向草原，旁及农林

早在内蒙古大学尚在筹建之时，李继侗先生便被国家高等教育部任命为内蒙古大学副校长，主管教学与科研工作。此时的李继侗先生已届花甲，筹备工作开始不久后突然中风而致半身不遂。经急救虽病情有所好转，但未能完全复原，因此，1958 年 4 月李继侗先生抱病赴呼和浩特就任内蒙古大学副校长职务。

在赴呼和浩特之前，李继侗先生与当时的北京大学副校长江隆基曾有过一次谈话，所谈的内容涉及赴呼和浩特之后北大研究团队的未来发展。经过几年时间，李继侗先生在北京大学建立的地植物组已经有了一定规模。当时，除了李博担任李继侗先生的助教之外，刘钟龄和孙鸿良是李继侗先生的研究生，正在跟随李先生工作，同时也是李先生很重要的助手；另外，地理系一位助教也跟李继侗一起工作；而几年来的读书班也吸引了不少周围院校的年轻人，大家一起学习、研究，已然形成了一个大约 10 余人的小型研究团队。因此，在动身赴呼和浩特之前，李继侗考虑到既然已经形成了这样一个研究团队，如果由于他赴内蒙古工作而解散实在很可惜，所以他也很希望能在条件允许的情况下继续带领这个团队工作。彼时，李继侗先生尚未患病，身体尚好，于是他向江隆基副校长提出一个计划：一周在内蒙古工作 4 天，余下 3 天回到北京，仍然主持北京大学地植物组的工作，等过几年这个组发展成熟了再丢掉这边的工作。

---

① 《内蒙古大学五十年》编写组：《内蒙古大学五十年》。呼和浩特：内蒙古大学出版社，2007 年，第 4-5 页。

听到李继侗先生的这个想法，江隆基副校长答应得非常爽快。据后来李继侗先生对他的学生转述的情况，当时，江隆基副校长不但很同意李继侗先生的想法，而且还建议说为了支持兄弟院校，可以考虑将北京大学的地植物组整体移到即将成立的内蒙古大学去，除了相应的研究和教学人员之外，江隆基副校长还建议可以将北大地植物组现有的设备以及积累的各种图书资料也全部搬到内蒙古大学。这次谈话中江隆基副校长还对李继侗先生说，"你将来培养学生，如果经费需要北京大学支持，我们也可以支持。"李继侗先生后来向学生提到此事时曾经说过，"你看校长对我们这一摊儿是这么理解，这么支持，咱们就更应该死心塌地地去到内蒙古工作吧！"①

据曾师从李继侗先生攻读研究生的刘钟龄教授回忆，在即将赴内蒙古工作的那段日子里，李继侗先生有时候碰到学生们就会说：

> 我们要到内蒙古大学去了，这是很好的一件事情，我在北京大学已经开始做草原生态的工作了，本来咱们生态学就把草原作为主要基地了，现在要到内蒙古去工作，这不是正好回了老家了吗？我这一辈子就准备送给内蒙古了。

按照刘钟龄的理解，这番话不仅表明了李继侗先生非常有决心，也非常欣然愉快地接受这个任务，其实也还隐含着另一重学术上的意味，即李继侗先生既已开始了草原生态学的研究，此番赴边工作也正可以与这种研究方向与学术兴趣上的转向相衔接②。

内蒙古地域广阔，而且有着丰富的草原资源。无论是在谢尔塔拉种畜场的调研，还是后来的萨尔图草原考察，实地的调查工作都使李继侗先生意识到草原的价值：从实用意义来说，内蒙古草原无疑是我们发展畜牧业的重要基地；而从学术角度来看，内蒙古草原为草原生态学研究提供了天然且优良的研究样本。同样，也是通过这些已有的研究，李继侗先生也显

---

① 刘钟龄访谈，2014年1月2日，呼和浩特。资料存于采集工程数据库。
② 同①。

然注意到，内蒙古草原无论是实用意义还是学术研究价值都未得到充分发掘。比如在对谢尔塔拉种畜场的调研中，李继侗先生及其研究团队就已经注意到，对于这种自然条件很好、具有巨大生产潜力的草场，当地管理部门缺少管理意识，而且没有相应的研究和理论指导，因此在草场资源的利用上一方面无法使草场资源得到充分利用，另一方面，过度放牧也会对草原植物的演替以及土壤条件造成不利的影响[①]。

基于这样一种认识，李继侗先生当时的想法正是以此次赴边工作为契机，将其生态学研究方向转向草原生态学。因此在内蒙古大学初创之时，他给生物系的定位就是"面向草原，旁及农林"。按照后来的记载，这一定位似与1958年的生物系的一次争论有关。这一年的5—6月，生物系关于教学实习基地的地点一事发生了争论：

> 经过反复讨论，生物系师生们接受了党委的意见，把实习地点由青岛改在了锡林郭勒盟种畜场，由学校党委书记带队，做好实习准备工作，保证了实习质量。经过这次实习，使生物系师生对内蒙古草原动植物有了基本的认识与了解，明确了"面向草原，旁及农林"的建系方针[②]。

曾亲身参与内蒙古大学生物系创建工作的沈蒻如先生对于此事则回忆道：

> 1957年8月，北京大学领导要我先到内蒙古大学生物系去主持开学和上课的任务。李继侗先生因为健康关系，到了第二年才抱病赴任，并把一手打造起来的北京大学生物系地植物专门组移植到内蒙古大学生物系……当李继侗先生到达内蒙古大学的时候，他的高血压病

---

① 李继侗，李博，刘汝鎔，富景瑞：内蒙古呼伦贝尔盟谢尔塔拉种畜场的植被。见：《李继侗文集》编辑委员会编，《李继侗文集》。北京：科学出版社，1986年，第245-279页。

② 《内蒙古大学五十年》编写组：《内蒙古大学五十年》。呼和浩特：内蒙古大学出版社，2007年，第35页。

已相当严重，行动不便，不能正常上班工作，有些业务和生活上的事情都由弟子代劳。遇有重大决策性的事情就在家中和校系的领导商谈。就是在这种情况下，李先生还对生物系建议和植物生态学专业的发展操心策划，充分利用内蒙古大草原的优良条件在锡林郭勒种畜场建立了实习据点……①

两种说法稍有出入，不过从上面已经提到的种种迹象来看，李继侗先生在此次实习之前显然已经注意到草原生态学研究的前景，并有意充分利用创建内蒙古大学这一契机全面开展草原生态的研究。

追随李继侗先生的脚步

北京大学生物系地植物专门组的这次整体迁移乃至这一"面向草原"的定位，或者说向草原生态学的全面转型构成了李博学术生涯的一个重要转折点，也为年轻的李博打开了将在日后延续一生的学术研究方向。

1957—1958年，包括沈蔼如、刘钟龄、孙鸿良等在内的北京大学生物系地植物学专门组的教师和研究生们来到了新创建的内蒙古大学工作。按照最初的计划，李博被留在北京大学继续从事教学和研究工作，所以未能一同前往，并为此而感到遗憾。

在北京大学，李博自1953年9月起开始任课以来，先后担任过的课程包括植物学实验、生产实习以及毕业论文，1957年10月开始讲授地植物学课程，内容包括课堂讲授及野外指导实习。因为修读了研究生的全部课程，并有李继侗先生随时指导，此时的李博在地植物学方面已经打下了扎实的基础，几年来带实验课也让他在实践能力方面积累了经验，因此在教学中已经可以独当一面。而在1957—1958年，随着北大地植物学专门组

---

① 沈蔼如：怀念李继侗师。见：《李继侗文集》编辑委员会编，《李继侗文集》。北京：科学出版社，1986年，第416页。

陆续整体迁移到内蒙古大学，李博成为北京大学这一专业最重要的青年骨干教师。

  但是李继侗先生中风之后身体恢复得一直不好，因此在内蒙古大学非常需要人才的情况下，李继侗先生向内蒙古大学的另一位副校长于北辰推荐了李博。于校长亲自来到北京大学要人，当时，北京大学征求了李博本人的意见。李博并没有过多考虑，甚至也没有与妻子商量就答应了。李博后来在说到这一决定时将之归因于李继侗先生的影响："李继侗先生以身作则。当时，支援边疆这种风气，他起的作用是很大的。我本来就是李先生的助手，在他的带领下，我就毫不犹豫地来支援内蒙古大学的建设"①。不过，因为当时李博在北京大学还带着地植物学的课程，因此在将全部课程结束后，李博于1959年2月来到内蒙古大学任教，并担任了生物系地植物学教研室室主任。

  就在来到内蒙古大学报到一个月后，李博接到了任务：参加中国科学院治沙队的考察工作，这是他来到内蒙古工作以后参加的第一项考察工作，其实也构成了李博早期有关荒漠与草原植被研究的重要组成部分。

---

  ① 李博在内蒙古电视台专题片《李博的草原情结》中接受访谈，1997年由内蒙古电视台播出。资料存于采集工程数据库。

# 第六章
远征沙漠

> 过去沙漠里的行人不得不把遇难者的尸骨当作路标。那时候的旅途上只有难熬的寂寞和绝望。今天我们的足迹踏开了征服沙漠的大道，我们的旅途充满了胜利的欢乐和希望……
>
> 在550千米的行程中，我们一个又一个地克服了沙漠的困难，一个又一个地揭开了沙漠的秘密，我们将在沙漠的历史上第一次写上巴丹吉林的考察记载，也第一次不用"荒凉"和"可怕"这些词句来描写巴丹吉林。
>
> ——纪录片《远征沙漠》[①]，中央新闻纪录电影制片厂，1959年

1959年，作为国庆十周年的献礼片，中央新闻纪录电影制片厂摄制的纪录片《远征沙漠》在全国各地上映。该片呈现了中国科学院治沙队赴巴丹吉林沙漠考察的经历，而解说词中流露出的征服沙漠的豪迈也成为一个特定时代的写照。

1950年开始，由于国家建设的需要，植物生态学与地植物学研究的一个重要方向就是大范围的自然资源调查，这也是当时中国科学界最重要的

[①] 拍摄、上映于1959年，系国庆十周年献礼片之一。资料存于中央新闻纪录电影制片厂影视资料部。

工作之一。1951年2月2日，中国科学院院长郭沫若在政务院会议上总结1950年中科院的工作时，"关于国家自然条件的研究调查方面"就被列为中科院研究工作的第一项成绩①。这也是与1956年提出的"任务带学科"的研究导向相一致的。

巴丹吉林沙漠考察也正发生在这一社会背景与学术史背景之下。此次考察是李博赴内蒙古工作以后承担的第一项重要研究工作。

向沙漠进军

1958年10月24日，新华社播发电讯稿，以"向沙漠宣战"为题报道了此前在兰州举行的十省区绿化沙漠现场会议：

> 正式向我国境内十六亿亩沙漠提出宣战。十个省、区的代表按照当地沙漠面积的大小，以共产主义的革命气魄，分别制定了1—7年的治沙规划。他们决心在党的坚强领导下，发动群众完成改造沙漠、利用沙漠、征服沙漠的英雄业绩②。

几天后的10月27日—11月2日，中共中央农村工作部、国务院第七办公室和国务院科学规划委员会联合召开的新疆、内蒙古、甘肃、青海、陕西、宁夏六省区治沙规划会议在呼和浩特举行。会议的任务是要"在短时间内制定出一个制服沙漠的规划方案，使占国土总面积十分之一的沙漠（包括部分戈壁），很快地成为为人类造福的地区，成为林业、牧

---

① 郭沫若：中国科学院1950年工作总结和1951年工作计划要点。见：王忠俊编，《中国科学院史料汇编·1951》。中国科学院院史文物资料征集委员会办公室印，1994年，第3页。此处转引自张九辰：《自然资源综合考察委员会研究》。北京：科学出版社，2013年，第48页。
② 向沙漠宣战 全国十省区制定降伏沙漠的宏伟规划。《人民日报》，1958年10月25日。

业的基地"①。此次会议为翌年成立的中国科学院治沙队拉开了序幕。

1959年开年,全面治沙规划方案便迅速变成了现实。1月16—23日,由中国科学院、中央和地方有关部门以及高等学校等40多个单位共同组成的治理沙漠的科学研究队伍——中国科学院治沙队在北京举行会议,提出当年科学研究工作的重点:研究沙漠中的植被情况与规律,研究沙漠中植树种草和飞机播种;研究引水灌溉沙漠、开发沙漠中的地下水源,以及在沙漠上空试验人工降水,研究沙地的农业利用以及沙漠绿化后对气候的影响,研究太阳能、风能和新技术在改造沙漠中的应用,以及研究沙漠的形成和沙丘移动规律等。这许多研究课题将归结为一个结果,即提出全面改造利用沙漠的具体措施②。治沙队由来自森林、畜牧、农学、植物、水利、水文、地质、土壤等10多个学科的科学研究人员和行政技术人员等共800多人组成。

内蒙古的治沙工作不久也陆续铺开。伴随着大批科学技术人员以及年轻的高校毕业生们相继就位,三盛公(蹬口)这个昔日里宁静的小镇开始热闹起来。内蒙古治沙综合试验站就设在巴彦淖尔盟盟府三盛公镇,它的北边是乌兰布和沙漠,南边和库布齐沙漠接壤,西边和西南靠近巴丹吉林沙漠和腾格里大沙漠,是内蒙古改造沙漠的基点③。

李博与陈山也是这时候来到三盛公的。如今已年逾七旬的陈山教授仍然清楚记得当时的情景:作为内蒙古师范学院④青年教师在南京大学跟随耿以礼教授进修植物分类学的陈山,原定的进修时间是两年,1959年年初时间未满,陈山便得到学校的通知返回呼和浩特。返校后被学校告知"让你参加中国科学院治沙队",具体的安排并不清楚,只知道是要参加科学考察。而就在陈山返校前,李博也已收到通知并做好了出发的准备,"他来我们生物系找我,说是你也是队员,我也是队员,我们一起

---

① 内蒙古及西北地区治沙规划会议提出让沙漠成为林业牧业的基地。《内蒙古林业》,1958年第12期,第5页。
② 全面改造利用沙漠 一支治理沙漠科学队伍组成。《人民日报》,1959年1月29日。
③ 探索沙漠秘密 开辟治沙道路 大批科学技术人员进入内蒙古沙漠。《人民日报》,1959年4月5日。
④ 1982年改名为内蒙古师范大学至今。

参加中国科学院治沙队的考察"。就这样，李博、陈山以及当时内蒙古大学生物系的一名大二学生张义科按照规定的时间来到了三盛公综合试验站报到。

> 到那里集中以后，我们就去兰州参加动员大会：交待任务，动员，每位按照省区组织的表态；几天后公布六省区的考察队员分别去哪考察。一看榜，李博先生、我、张义科三个人被分配到巴丹吉林沙漠考察队……当时大家非常兴奋。这个会开完以后，我们没有再回单位，而是又回到三盛公综合试验站，这就算是正式入伍了，然后就开始为考察做准备了①。

在此番组建的全部六省区考察队里，巴丹吉林沙漠考察队是最受关注的一支，因为在历史上，巴丹吉林沙漠还从来没有人正式全程穿越去做科学考察。

巴丹吉林大沙漠

巴丹吉林沙漠是中国第三大沙漠，世界第四大沙漠，位于内蒙古西部，雅布赖山以西，北山以北，弱水以东。面积约 4.43 万平方千米。1959 年的巴丹吉林沙漠考察事实上还包括内蒙古西部戈壁，考察区范围大致在巴音乌拉山－雅布赖山一线以西。北大山以北至中蒙国界，西面直抵马鬃山东端；以经纬度计，在东经 98°30′—106°、北纬 39°30′—42°，面积达 1721404 平方千米。

就巴丹吉林沙漠这个地区的植被来说，在 1959 年治沙队考察之前尚无文献报道，但有些研究涉及沙漠边缘地区的一些植物。

---

① 陈山访谈，2013 年 2 月 28 日，呼和浩特。资料存于采集工程数据库。

20世纪20年代，中国科学家秦仁昌教授曾越过贺兰山到达巴音浩特，沿途采集了一些植物标本，其考察地点靠近西部戈壁或巴丹吉林沙漠比较远的边缘，但还不是真正沙漠本身的植物的报道。

1934年，刘慎谔先生曾撰写过一部名为《中国北部及西部植物地理概论》的著作，对这一区域的植被性质做了阐述。作为一部经典著作，目前的植物学研究者也会以此书为参考。

1935年，美国的两位专家N. Roerich和G. Roerich父子受美国农业部的派遣来到中国西部搜集耐旱的牧草种类，准备通过引种一些耐旱的草种来对美国的西部干旱地区进行改良。中国植物学家耿以礼先生全程陪同考察。此次考察区域从锡林郭勒草原一直到百灵庙这一带，沿途采集了一些植物，发表了一些禾本科的新的分类群，蒙古冰草就是根据这次考察获得的资料发表的论文。

此外，苏联生态学家E. M. 拉甫连科于1958年访华期间也曾对内蒙古的草原和荒漠植被做过一些考察。值得注意的是，拉甫连科考察期间，李博也曾陪同考察，而在李博后来撰写有关内蒙古荒漠区植被的研究论文时曾提到拉氏的工作"对本区植被的研究具有指导性的意义"[①]。

尽管已有研究在前，但这些研究大多集中在这一区域的边缘地区，而没有直接考察和记录巴丹吉林沙漠的植物。而1959年治沙队进入巴丹吉林沙漠考察，则是将巴丹吉林沙漠视作一个地理单元来进行包括植被及植物区系在内的科学考察，这在历史上还是第一次；同时，1959年的巴丹吉林沙漠考察是一次多学科的综合性考察，20余人中包括了植物、动物、气象、地貌、土壤、水文地质组、畜牧等多个领域的研究人员。无论是考察队将要涉足的区域，还是考察所涉及的学科领域来说，此次考察都是前所未有的。

也正因如此，这次考察所获得的标本和资料都受到同行的注意。在考察队组建之初，国外媒体就对此做了报道，说中国组成庞大的科学考察队，对他们国家的荒漠地区，对西部进行考察。也是因为巴丹吉林沙漠考

---

① 内蒙古大学生物系治沙小组（李博执笔）：内蒙古荒漠区植被考察初报。《内蒙古大学学报》，1960年第1期，第33页。

察是如此引人关注,它也成为整个治沙队中唯一一支有纪录摄制组随队拍摄的考察队。所有这些再加上当时的历史背景,都让这些年轻的队员们备感肩上的担子之重。

挺进巴丹吉林

叮当,叮当,叮当……骆驼身上的铃声不断地响着,沙漠考查队的队伍在慢步前进,戈壁上的砾石逐渐在脚下消失,地面上的积沙越来越厚了。眼前隐约出现层叠的山群,但它们是这样的光亮,引起大家的疑问。这就是巴旦吉林山。队员们顿时兴奋起来,队伍呈现活跃状态。

蒙语"巴旦吉林"为"难行的沙梁",它是内蒙古境内面积最大的沙漠,沙丘的高大也是少有的。在封建王朝时代,这里一直是犯人的流入地。这里走几天也不会遇到水,更遇不到人家,被流放的人再也不会逃出这个地区。因此,在当地牧民中,关于巴旦吉林有着各种各样的传说,但是关于它的真实情况谁也不知道。至于这个地区的科学资料,知道得更

图 6-1 巴丹吉林考察队越过高达数百米的沙山(图片引自 1959 年 9 月 16 日《人民画报》)

少，还没有任何科学工作者从正面穿过这个地区。因此，即将进入这块神秘地区的我们，心中的激动是可想而知的。

沙山越来越近，骆驼的脚步放慢了，步幅缩小了，高大的沙山像一条条长城横在面前，我们的沙漠生活开始了！①

图 6-2　巴丹吉林考察队在沙漠边缘找到的毁于战争的古城黑城子（图片引自 1959 年 9 月 16 日《人民画报》）

按照李博过后的记述，1959 年 5 月，他就是以这样一种激动与兴奋的心情一步步走进了巴丹吉林沙漠。这片在今天已经成为旅游地的大沙漠，在当时还是一片未知的地域，既少人涉足，更无系统的科学记录。而作为科学工作者来到此地对于年轻的李博来说无疑是一次重要的考察经历。

同样是巴丹吉林沙漠考察亲历者的陈山在时隔 50 余年后对那次考察仍记忆犹新。按照陈山的回忆，巴丹吉林沙漠考察队包括 20 余名队员，除了各个领域的专业人员 10 余人之外，还包括中央新闻纪录电影制片厂的 5 名摄制人员、进行电台收发报及警卫工作 4 人，总务 1 人，炊事员 1 人。

---

① 李博：巴旦吉林沙漠散记。油印资料。

在后勤准备好骆驼以及各种考察所需物资之后，20 余名队员以及 60 余匹骆驼便出发了。

考察队长由中国科学院水文地质研究所的于守忠担任，队长下面有一个队务委员会，李博与陈山担任考察队的两名队务委员（队委）。

在总的行进路线上，考察队以巴彦浩特为起点往西北经巴拜嘎休、哈日奥日布特、拐子湖、建国营，再往西至石板井，然后再由建国营往东南经黑城至古鲁纳湖，继由古鲁纳往东南进入大沙漠，至巴丹吉林庙；之后又分为二支队，一队往西南去上井，一队往东北至黄草湖后，折向南穿过雅布赖山去雅布赖盐池。考察里程共计 1742 千米[①]。

从这一行程来看，在考察队进入巴丹吉林沙漠之前，先是在内蒙古西部戈壁进行了一段时间的调查。根据安排，戈壁考察的交通主要靠汽车，到了建国营之后，也就是即将进入沙漠之时，考察队改用骆驼。仅此一个细节也可以看到当时考察之辛苦程度：考察结束时全队抵达甘肃山丹，骆驼随即便在当地卖掉了，"卖得很便宜，一头骆驼才 100 多块钱。骑了两个月，有的骆驼背部都伤了，骨头都露出来了，牵骆驼的工人说实际上这些骆驼都废了"[②]。

对于这些来自不同专业领域的研究者们来说，进入沙漠考察的第一课便是学骑骆驼。

> 在沙漠里唯一的交通工具就是骆驼，人们称它为沙漠之舟是有道理的。开始骑骆驼的第一天，全队就有 1/3 的同志挨了摔，有的是一上骆驼就掉下来的，有的是在行走中被摔下来的，原因是除了向导和少数几个同志外，大家都第一次接触骆驼，还不了解它的脾气，掌握不了它。而骆驼和这些新的主人也是第一次见面，也有些惊慌，所以一路上有趣的场面不断出现[③]。

---

① 于守忠，李博，蔡蔚祺：内蒙古西部戈壁及巴丹吉林沙漠考察。见：中国科学院治沙队编，《治沙研究》（第三号）。北京：科学出版社，1962 年，第 96 页。

② 陈山访谈，2013 年 2 月 28 日，呼和浩特。资料存于采集工程数据库。

③ 牟森，孙景明：越过巴丹吉林沙漠。《人民日报》，1959 年 7 月 29 日。

从全队的工作分配来说，作为队委的李博主要负责的是考察路线的制订，每天走多远，在哪个方位，带着仪器，东经多少北纬多少，这些是由李博综合考虑全队的需要并与各专业组协调制订出来的。

据陈山回忆，当时的考察路线制订有两个最主要的依据：一是"横穿"的总要求，具体来说就是得从巴丹吉林庙经过。二是兼顾各个专业的考察需要。如前所述，巴丹吉林沙漠考察是一次包括多个领域在内的综合性考察，因此各专业之间既需要平衡又有所侧重。其中，土壤、地貌、植被、水文是最关键的几个专业组，因此在每天制订路线时也会首先考虑这几个组的需要。这项工作由李博负责协调，商量好后报经考察队长于守忠同意，之后大家散会各自休息，第二天一早就又出发了①。

另一位队委陈山则主要负责保卫，由于前述提及的种种重要意义，此次考察在安全保卫方面也做得十分谨慎。当时全队携带了十几杆枪，还有电台用于与治沙队总部以及科学院等联系，因此有很多需要保卫或者保密的事情。

当时考察还请了一位向导，名叫司乔因，蒙古族，喇嘛出身，是巴丹吉林沙漠原来的区长，对巴丹吉林非常熟悉。

> 考察队能够顺利地按计划穿过巴丹吉林沙漠，向导同志的作用是不小的。因为这里根本没有路，骆驼走过虽然留下足迹，但是一场大风便什么也看不见了。他们在基本掌握了方向之后，就凭记忆，凭眼力，看沙山的山头，就可以大致不错地按计划行军和宿营②。

沙漠中天气多变，而在李博后来的记述中，他和同行的队员们显然是充分领教了沙漠的这一特点。

> 天气逐渐热起来，还未到中午，沙面温度已升到70℃以上，午后，沙面温度最高到80℃！这时如将鸡蛋放在沙上，不一会就能烫

---

① 陈山访谈，2013年2月28日，呼和浩特。资料存于采集工程数据库。
② 牟森，孙景明：越过巴丹吉林沙漠，《人民日报》，1959年7月29日。

热。有一个同志赤脚爬上了沙山，下来时沙面温度已经升高，等回到帐篷时两脚都烫起了水泡！① 帐篷内的温度也很高，经常达40℃以上，我们不得不将帐篷的四角支起，让风慢慢地吹进来。这时候，才体会到沙漠的严酷，无怪群众对沙漠是这样的惧怕。

骆驼真是好家畜，在这样火热的天气下，可以继续数天不饮水，负重200—300斤前进。称它为沙漠之舟真当之无愧。②

在一天中，这样炎热的天气是不长久的，下午三点钟以后酷热渐消，代以习习的凉风，到了晚上，就必须盖棉被睡觉了。

有一天中午，西北方涌来了乌云，不久下起雨来。正被酷热折磨着的我们，兴高采烈地迎接雨水，准备洗一个痛快。不到5分钟，衣服被湿透了，但并不是想象的那么妙，身上淋雨之后，冷风流入骨髓，人人冻得打战，大家赶快穿起了皮大衣。沙漠气候真是变幻无常啊！③

巴丹吉林考察队进入沙漠的时间，选择的是初夏，不冷也不太热，而又躲过了风季，所以在沙漠里一个多月的时间，几乎没有遇到大风。但是在最后出沙漠的时候，却遭遇了一次暴风。那天夜里10点多钟，考察队还没有到达预定的宿营地。

不过，据陈山回忆，当时风沙实际上并不是考察队所面临的主要危险，比风沙更大的危险还是找不到水。

因为我们是按照地形图来走，每到一个地方先解决水的问题。我们是60多匹骆驼，30匹骆驼是驮水的，我们一般要驮3天的水。如果水源允许了，（有）3天的水，我们就继续走。走一天，如果又有水，我们又补充。④

---

① 陈山教授在接受访谈时也提到此事。见陈山访谈，2013年3月5日，呼和浩特。资料存于采集工程数据库。
② 李博：巴旦吉林沙漠散记。内部次料。
③ 同②。
④ 陈山访谈，2013年12月28日，呼和浩特。存地同①。

当时全队 20 余人除了各自负责的考察任务之外，也有一些分工，有人负责放骆驼，有的队员负责捡柴火，有的队员负责搭帐篷。大家各有分工，一到宿营地就各就各位。陈山是负责打井的，在沙漠里是用水的指示植物——芦苇或芨芨草——来找水，每次在驻地一般会挖两个井，一个井供做饭、烧水，一个井给大家用来洗东西，两个井距离远一点。

但是有一天，当考察队按照考察路线到达目的地以后打不出水了，于是只好全队休息。

  第二天早晨，向导很有经验，他到了高处，我跟着他走，他向四个方向看，然后说往西南走 20 里地能找到水源。后来我就按他指的方向带着几匹骆驼和牵骆驼的工人，带着水桶就出发了。果然走了 20 多里地，碰到羊群，有井了。我们先打水，把骆驼背的水桶都装满。蒙古族牧民非常好，就让我们进蒙古包去喝水、吃奶食。那时候的我们认为还是很值得骄傲的是，我说不能吃，我们 20 多位同志没水没吃的呢，我不能一个人先在这儿吃。我也告诉牵骆驼的工人说不能喝，要继续走。来回这就 40 多里地了，回来的时候看见了我们的帐篷，我就让牵骆驼的人继续走，我说我先歇一会儿，结果一坐下来就起不来了。这时离我们的帐篷也就还有几百米。正在这时候，我们的队医背着药箱来了，把我扶着带到帐篷。这就有水了，皆大欢喜。人多就智慧多啊。这样饿的人不能一下子吃多了。所以我们用最小的锅熬成汤就面片，一锅出来，一个人就半勺。20 多个人整整吃了一个下午，一个人也没伤着。[①]

就这样，考察队又度过了一个难关。找不到水的时候，由于连续 30 个小时没吃没喝了，有的队员已经有点打蔫了，甚至出现了某些病症，因此考察队便向总部拍了电报，当时中国科学院治沙总部已决定要派直升机来援救，第二天找到水后，考察队便赶快拍电报报了平安。

---

① 陈山访谈，2013 年 2 月 28 日，呼和浩特。资料存于采集工程数据库。

荒漠植被调查

巴丹吉林沙漠科学考察中,从植物组来说收获很大。当时植物组成员有3个人,除了李博和陈山之外,还有一名内蒙古大学二年级的学生张义科。在分工上,李博负责植被类型,首先确定建群种,植被分类上有多少类型,然后划定不同植被类型的界线。陈山负责植物的区系,也就是植物的种类,巴丹吉林沙漠到底有哪些植物以及它的科、属、种。张义科协助李博和陈山的工作,而没有特别的任务。

每天的考察,队员们都是骑着骆驼行进。由于有上述分工,李博和陈山所关心的也各有侧重。李博主要观察植被的变化规律。每遇到一种新的植被类型出现,比如到梭梭林了,就要先定下梭梭林开始的经纬度;再走一段时间以后如果有新的植被类型出现了,就赶紧跟地学组的人要求,定出经纬度,并在图上定位。植被不变的时候就骑着骆驼一直走,一有变化,李博就马上停下来。陈山的任务就是每当见到植物的时候便采集植物标本,只要是有花或有果或是花果俱全的植物,一旦遇到了就要采集,不怕重复,因为一个属里,种的差别很小,而在野外工作,有时候一不小心就可能把两个种认成一个种了。所以当时植物组的工作要求就是,凡见到有花有果就采3份标本(这样就可以由中国科学院治沙队以及两个参加考察单位——内蒙古大学和内蒙古师范学院各保存1份标本)。如果只有1份,就还

图6-3 巴丹吉林沙漠考察队植物组的3名成员(从右至左:李博、陈山、张义科,图片引自中央新闻纪录电影制片厂纪录片《远征沙漠》)

要停下来继续寻找。

尽管三个人分工不同，但作为一个研究整体，三个人既有分工也有合作。根据陈山教授的回忆，这种分工与合作是很默契的：

> 有时候李先生发现了"这还有一个开花的植物，咱们采了它"。好，我就采了登记。李博先生走了看类型，植被很稀疏了，不起建群作用了，就会提出是不是咱们这个界线就定在这儿。这时候我们就停下来，看看四周，几个方向再探一探，确定就到这儿，再走就另一个类型了①。

考察时间尽管只有一个多月，时间并不长，但大家的态度是严密、严肃的，而且有很多讨论，甚至有时候争论也比较激烈。大家从各个角度去发表自己的看法。在此次考察之前，植物组的三位成员都没有到过这个地区，再加上当时也没有相关的研究文献，所以确定类型的时候，大家讨论得较为热烈。定种的时候，由于是没去过的地方，而且学科要求很严格，所以很多植物就是记下了序号，记下了标本，回来以后进行鉴定。考察途中有一次，李博和陈山遇到了一种名叫霸王的植物，当时两个人都不认识这个植物：

> 他就问我这是什么东西呢，我说根据它的花的结构，像是蒺藜科的霸王，但是不敢确定，后来他也表示应该是霸王。像这类讨论是有的。一般定出什么种的时候，都是他听我的；因为种不是他的专业特长。但是我有时候也不能定。霸王在荒漠里也是一个建群种，如果不定出来怎么办，当时我们讨论完了就说先定霸王，回去鉴定，没有出入就对了。像梭梭就没有什么争论的，因为我们这儿就分布那么一个种。我们一起研究的时候多，但互相面红耳赤的情况是没有的②。

---

① 陈山访谈，2013 年 3 月 5 日，呼和浩特。资料存于采集工程数据库。
② 同①。

作为亲历者，陈山回顾这次考察时认为，通过这次考察，至少回答了这样两个问题：一个是植被上有哪些类群，以巴丹吉林沙漠为代表的荒漠地区到底有哪些类群；另一个是到底有哪些科、属、种的植物，通过这一次工作搜集到多少。巴丹吉林沙漠包括西部戈壁，在1959年考察后登记的标本总数为146种，其中至今正式发表的新种有两个，一个是肉苁蓉，一个是宽叶沙木蓼。这是学界公认的了，而且拉丁学名都确认了。后来在撰写《内蒙古植物志》时，有植物学家仍然还是特别重视这个地区的146种植物的标本。

早在参加动员会的时候，陈山就听人说起过肉苁蓉。据当地人介绍，有一种植物，肉质的，一米多长。关于肉苁蓉，蒙古民族传说它是野马滑精以后落在根上长出来的寄生植物。而在1959年的考察时，肉苁蓉从发现到被确认为一个新种也历经一番曲折。

1959年5月7日，陈山和李博骑着骆驼照例进行植被考察，来到了拐子湖林场附近的梭梭林。"到梭梭林以后，寄生植物就出来了"。在巴丹吉林沙漠考察的标本中，肉苁蓉是第38号标本。在发现之初，它是被当成原来的老种来记录的，拉丁文是 Cistanche salsa，这里写的种加词还是 salsa。直到考察结束后，内蒙古大学生物系马毓泉先生根据标本进行研究后将其确认为一个新种，其拉丁文学名最终被确定为 Cistanche deserticola Ma emend. Ma，是内蒙古的一个珍稀濒危物种。

经过一个多月的考察，1959年6月28日巴丹吉林沙漠考察队抵达甘肃山丹，随后乘火车抵宁夏中卫县。此后的一周时间

图6-4　1959年5月7日，李博（右）和陈山（左）在巴丹吉林沙漠考察中发现肉苁蓉（图片引自中央新闻纪录电影制片厂纪录片《远征沙漠》）

里，考察队在此进行了休整。

谁也没想到，有一天早晨正睡着呢，有的队员还没起床，通知赶快起床，竺老来看我们了。竺可桢，中国科学院的副院长、气象学家，大科学家。一个一个握手接见，竺可桢代表中科院领导慰问巴丹吉林沙漠考察队，你们辛苦了，还遇险了，克服了困难。肯定和表扬了我们[①]。

在巴丹吉林沙漠考察结束几个月后，李博又参加了库布齐沙漠考察以及磴口试验站的研究。通过这些考察和研究工作，李博得以积累了大量第一手材料，在此基础上形成的几篇论文后来都成为研究荒漠区植被的重要文献。

作为亚洲荒漠区组成部分的内蒙古荒漠区

20 世纪 50 年代末作为中国科学院治沙队成员参加的几次沙漠考察尽管结束了，但对于李博即将开始的草原生态学研究来说，这仅仅是一个开始，因为这片之前还没有人完整踏足过的内蒙古荒漠，无论是在草原研究还是荒漠植被研究中都扮演了重要的角色，这正是由它所处的地理位置所决定的。

内蒙古荒漠位于亚洲荒漠区的东部边缘，是该荒漠区的组成部分，而亚洲荒漠则是世界上最大的荒漠区之一。内蒙古荒漠往东延伸处与我国境内的草原相邻，向南向西则为河西走廊的荒漠，向北为蒙古人民共和国的戈壁荒漠。因此，从理论角度来说，对这一区域的考察与认识构成了亚洲荒漠区研究的一部分，对于研究亚洲荒漠区植被是具有典型意义的；而从

---

① 陈山访谈，2013 年 2 月 28 日，呼和浩特。资料存于采集工程数据库。

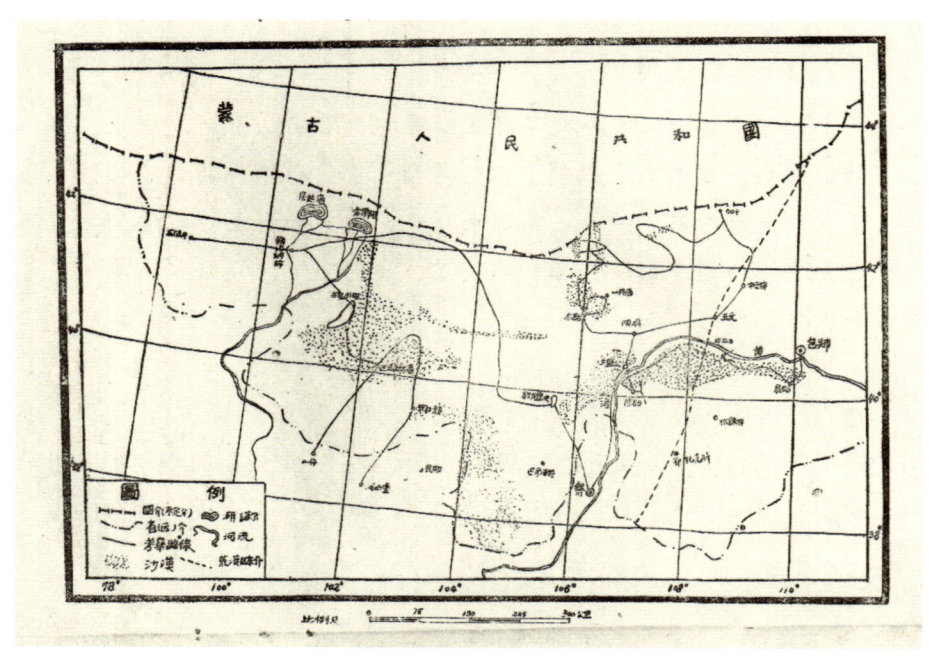

图 6-5　发表在《内蒙古荒漠区植被考查初报》一文中的"内蒙古荒漠区地理位置图"（图中单实线即为 1959 年考察路线）

实际角度来说，对于内蒙古荒漠及其植被的研究则为它的利用和改造准备了最基本的条件。

　　作为植物生态学研究者，对内蒙古荒漠区的研究开始于对该区植物区系的认识与描述，这正是李博在最初踏上这片荒漠时所做的最主要工作。

　　内蒙古荒漠区远离海洋，气候干旱，地表水极为缺乏，降水量少，因此就植物的生存条件而言可以说是非常严酷的，干旱、土壤盐渍化、沙基质的流动性等都对植物生长极为不利，因此植被稀疏，种类组成贫乏，并且创造了荒漠地带特有的一些生活型。在 1959 年的几次沙漠考察中，收集该区种子植物共计 213 种，分属于 44 科，127 属。对这些资料的分析显示，该区植物区系成分中除菊科、禾本科、豆科等到处都起较大作用的科之外，诸如藜科、蒺藜科、柽柳科等干旱地区所特有的一些科起着很大作用，而且经比较显示，该区植物区系成分与蒙古人民共和国戈壁荒漠的区系成分极为相似，由此首先证明了两者在起源上的一致性；而对考察区与蒙古戈壁荒漠的植物区系成分的比较则显示出，"二者都以藜科、菊科、禾本科、豆科、蒺藜科五科的数量最多，占全部植物区系成分的 50% 以上，这反映了亚洲中部荒漠亚区植物区系的特点"。①

植物生态学研究本身是一种兼具全球性与地方性双重特征的学科，一方面，研究者所面对的某一特定区域都是一个更大的系统中的一部分；另一方面，尽管地植物学经过百余年的发展逐渐形成了相应的理论以及不同的学派，但在实践中因面对的地域不同而呈现出差异性——事实上，不同地植物学派的形成也正与地区性植被的研究与开发利用紧密相关。这一特点在李博开始于 20 世纪 50 年代末的荒漠地区植被研究中也得到了充分体现。阐明我国沙漠地区及内蒙古的植被类型和分布规律，提出地带划分和分区方案，是李博在 50 年代多次荒漠考察之后做出的最重要的研究工作，也是李博在当时已有的研究基础上的重要推进。

划定荒漠植被类型

1959 年 10 月，中国科学院治沙队在北京举行了总结会。正是在此次会议上，地植物组针对内蒙古荒漠地区植被分类以及植被分区问题都做出了讨论。当时另一位著名生态学家侯学煜先生在会上报告的内容就是"植被分类问题"，认为植被分类首先要从植物群落出发，主要原则有三：一是建群种的生活型；二是生态环境特点，包括基质、地貌等；三是植被的地带性。当时的讨论结果是采用三级制（即类型、亚型、群系）的植被分类原则②。

以此为基础，李博等人在对几次考察所获得的资料做出深入分析后，针对中国西北和内蒙古沙漠地区的植被特点提出一种植被分类原则和分类

---

① 内蒙古大学生物系治沙小组：内蒙古荒漠区植被考查初报.《内蒙古大学学报（自然科学）》，1960 年第 1 期，第 33-34 页。

② 李博 1959 年的工作笔记。李燕青提供，扫描资料存于采集工程数据库。

系统。所谓植被分类也就是植物群落的分类，而在植物群落的概念中，除了植物本身之外，还有一定的地理意义。因此植被分类须在植物与环境统一的观点下进行，一方面要考虑植被本身的特点，同时也要考虑植被的生态条件。基于这一考虑，在对内蒙古荒漠地区植被进行植被分类的根据是：①组成群落的种类成分的生活型，主要是指建群种和优势种的生活型。②群落的结构特点，主要是层片结构。③群落与环境的联系特点。以此为原则，该区植被分类系统采用六级制，基本的分类单位是植物群丛，向上依次为群丛组、群系、群系组、群系纲和植被型。根据上述分类原则，还对各级分类单位的划分依据做出如下规定：

群丛：在小环境相同条件下，主要特征一致的一些植物的群落联合起来叫作群丛。这些植物群落的层片结构是相同的，而且各层片的优势植物也是相同的。

群丛组：在一个植被省的局部地段内的一定生态条件下，若干相似的群丛联合起来叫作群丛组。这些群丛的层片结构是相似的，建群种和亚建群种是相同的。

群系：在相似生态条件下，若干相关性的群丛组联合起来叫作群系。这些群丛组的层片结构可能不一致，但它们的建群种或共建种一定是相同的（有时在共建种很多的情况下例外。此外，有些群丛组虽具相同的建群种，但由于所处地带或生态条件不同，也不一定属于一个群系）。在植被常规过程中，群系是相对稳定的。

群系组：群系组是群系的联合。这些群系的建群组具有相同的生活型，它们在

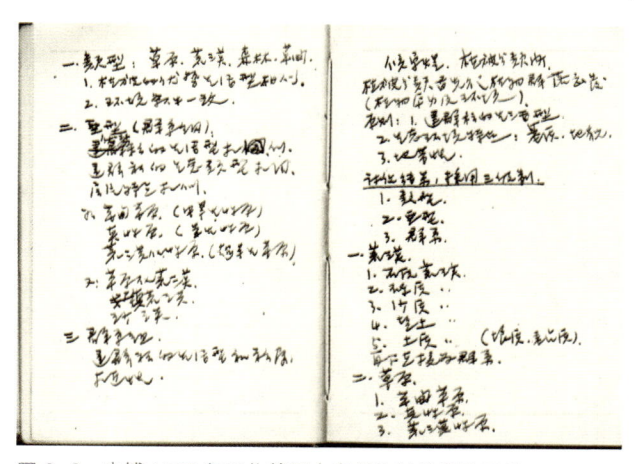

图 6-6　李博 1959 年工作笔记中有关植被类型的记录

亲缘关系上是相近的（同属或相近的属）。

群系纲：群系纲是群系组的联合，它们的建群植物具有相似的生活型，但在亲缘关系上不一定相近，它们在生态关系上却是相似的（要求相似的基质或水分条件）。

植被型：植被型是群系纲的联合，它们的建群植物具有相似的生活型，但在生态关系上不一定相似（不局限于某种基质条件和水分条件范围内）。就地带性植被而言，植被型往往分布在一定的经度带、纬度带、垂直带或其交错的地区。隐地带性的植被型的分布是可以跨带的。①

基于上述分类原则，中国西北及内蒙古沙漠地区植被被分为荒漠、草原、灌丛、疏林、草甸、沼泽、草原带的沙地植被、盐生植被等植被型，每种植被型下都做出相应的细分。

提出植被分区方案

在上述植被分类的基础上，对中国西北与内蒙古沙漠区植被分区方案的提出以及应用是李博在20世纪50年代一系列沙漠考察基础上完成的另一项重要成果。

如前所述，在中国科学院治沙队进入该区考察之前已有部分学者进行过考察工作，但这些考察因为条件所限而未能充分覆盖这一地区，因此对该区植被类型以及以此为基础的植被分区都尚无完整全面的资料。以内蒙古荒漠区为例，此前尽管诸如格列集巴赫、科马洛夫、刘慎谔等研究者根据各自的考察而提出过相应的植被分区原则与方案，但在植被分区上也主要停留在省以上的区划单位，且各学者之间的意见存在很大的分歧。但是

---

① 李博（执笔人）：中国西北和内蒙古沙漠地区的植被及其改造利用的初步意见。见：中国科学院治沙队编，《治沙研究》（第四号）。北京：科学出版社，1962年，第130-131页。

随着20世纪50年代末治沙队对中国荒漠地区的大规模考察的展开，一方面为了解荒漠地区植被积累了必要的资料；另一方面，中国在50年代由国家组织调查的这种形式更使得这些资料在研究者之间得到充分的交换与交流。李博等人有关中国西北和内蒙古沙漠地区植被分区的研究正是在这种背景下进行的。

植被分区是在植被分类的基础上以地理区域为对象进行的分类；也就是从植被的角度出发，按各地区的相似程度将其归入相应的分区单位。除了理论上的意义之外，就实际应用价值来说，这一工作也将为不同植被分区做出经济评价以及开发利用方案奠定基础。

最终确定的植被分区原则不但考虑植被本身的特征，还要考虑植物区系以及植被的生态关系。具体划分依据如下：①区（第一级）——以排水良好的平原或丘陵的典型地带性植被型为依据。每个区在组成植被的植物区系上（特征科）有一定的特点。此外每个植被区还有其相应的经度带气候和一定的土类组全。②带（第二级）——同一区内，根据距离海洋的远近（经度带）或热量的多少（纬度带）所联系的第二级植被分类单位的结合特点，以及它的植被区系（特征属，特征种）特点，再划分带。带的划分与土壤的亚类或土类以及它们的结合相联系。③省（第三级）——在带的范围内，根据不同植被群系的结合特点及植物区系特点（物征种）再划分省。每个植被省的气候、大地貌和土壤基质都有其特点。④以上区、带、省都可依据相应的自然条件所联系的植被特点，再分为亚区、亚带、亚省。⑤州（第四级）——在省的范围内，根据不同的植物群丛组的结合再划分州。植物群丛组及其结合的不同，往往取决于中地貌及其所联系的地方气候、土壤的差异。州是本区植被分区的基本单位，它的条件的总和是地区综合利用与改造措施的重要依据。⑥州以下还可再划分小区，主要以相应的植物群丛的组合为依据。

根据上述原则，内蒙古和西北地区共分出两个区，即荒漠区和草原区；在不同区内，又按照上述原则依次进行了细致的划分，并做出相应的经济评价。

植被分区方案的提出为沙区植被利用改造提供了依据。正如李博在论文中所注意到的,"由于各地区自然条件和植被状况有所不同,因而各地区利用植被固沙的措施和改造利用沙地植被的方案也有所不同"。在李博执笔的《中国西北和内蒙古沙漠地区的植被及其改造利用的初步意见》中可以清楚地看到这种因地制宜分区治理的思路。

(1) 草原区的沙地——如内蒙古小腾格里沙地等,大部分沙丘都是固定的,植物丰富。流沙面积很小,且多为人类经济活动引起,因当地大气水分和地下水条件较好,只要严格实行封沙育草,并加以人工辅助(如种草、植树),流沙可以很快地为植物固定。因此这里应以合理利用沙地地植被为主,兼顾生物固沙,并防止流沙再起。

(2) 荒漠区水分条件(大气降水与地下水)较好的沙漠——如内蒙古腾格里沙漠、库布齐沙漠、乌兰布和沙漠、河西走廊东部的沙漠以及北疆准噶尔沙漠等。这些沙漠大部分已固定,上面长满了植物,还有一部分是流动的,植被极稀疏。从天然植被生长情况来看,这里利用植被固沙是不太困难的,但需加以人工辅助。

(3) 荒漠区大气水分条件较差的沙漠——这里降水量一般在50毫米以下,包括两个地区:①塔里木盆地:在大沙漠边缘地下水位较高的草甸土上可以发展胡杨林及各种柽柳。在绿洲及河流两岸沙丘上,可栽植骆驼刺、沙拐枣等。②柴达木盆地:流动沙丘上可采用骆驼蒿、绵蓬、沙米,在沙漠边缘可采用柽柳等。

这类沙地目前不急于利用,应以保护现有植被及扩大沙漠边缘或湖盆、绿洲的植被为当前的主要任务。[①]

除了分区利用改造之外,论文也对在沙漠地区设立采种站以及胡杨林的利用与管理提出了具体的建议。

对荒漠植被的考察与研究从20世纪50年代末一直延伸到60年代早期。尽管这项工作最初的确是因国家建设需要而作为一项任务来完成的,但其

---

① 李博(执笔人):中国西北和内蒙古沙漠地区的植被及其改造利用的初步意见。见:中国科学院治沙队编,《治沙研究》(第四号)。北京:科学出版社,1962年,第138-144页。

在学术上的意义是明显的。从学术史意义上来说，这种方式的确带动了包括地植物学在内的一批国家建设所急需的学科的发展。从李博个人的学术成长来说，西部荒漠植被考察是李博在其学术生涯早期，特别是在李继侗先生因健康原因而不再出野外之后独立参加的最重要的考察活动之一。在研究内容上仍以植物区系分析为主，在此基础上又根据国家建设需要与考察区实际提出相应的资源利用与改造建议，一方面这正是当时背景下的知识分子利用自己专长为生产实践服务的具体体现，另一方面，正是这些早期的植物区系研究工作也为李博后来更为深入细致的研究奠定了一个宏观基础。

第七章
早期草原生态研究

当李博潜心于荒漠植被研究的20世纪50—60年代，来自政治运动的影响已经悄然来临。

1960年5月16日，学校召开党委扩大会议，宣布内蒙古大学的教学革命进入第二阶段，即学术批判和改革教学阶段。学术批判同时在蒙语、汉语、历史、哲学、生物、物理以及化学系或专业展开，其中生物系的学术批判围绕动物的"系统发生"和"分类系统"等问题展开，批判达尔文学说中的庸俗进化论观点等，虽未涉及地植物学专业，但在整个学校的大背景下，该专业受到影响几乎是不可避免的[①]。

从李博当时留下的工作记录以及发表的论文来看，在政治运动初起时，他的研究工作尚未受到明显的影响，或者说尽管身处这样一种政治氛围中，李博还是给自己的研究工作留下了相当的空间。

---

① 《内蒙古大学五十年》编写组：《内蒙古大学五十年》。呼和浩特：内蒙古大学出版社，2007年，第25-66页。

思考学科前景

李博赴边工作的最初岁月虽然正处于学术批判教育改革的背景，但作为地植物教研室主任，此时的李博更多思考的问题，除了具体的专业问题之外，还有学科本身的发展前景。

在中国，地植物学在20世纪50年代一度非常活跃。在整个学术界学习苏联模式的大背景之下，中国科学院曾派代表团赴苏联考察，回国后将苏联的情况介绍到国内，尤其强调地植物学的重要性。而在当时，地植物学的确是国家建设所急需的学科之一。大批国营农场和牧场的建立需要有土壤和植被的资料，这成为国家生产建设对地植物学提出的最直接要求。因此在1953年地植物学进入大学教育，成为高校生物系专业必修课之后，北京大学、南京大学、复旦大学等综合性大学生物系设立地植物学专业，中国科学院植物研究所则建立了生态地植物学研究室。而在实践方面，特别是50年代由国家组织的一系列大规模的资源调查，为地植物学提供了一个重要的实践机会。李博在1959年参加治沙队的考察正属此列。

这些工作在一段时期里给地植物学专业带来了充分的发展空间，不过到1960年的时候，李博和他的同事们已经注意到这种形势背后的危机，比如相比于其他领域的研究，地植物学在生产面前显得软弱无力，进一步发展的方向不够明确，因而有些高等学校的地植物学

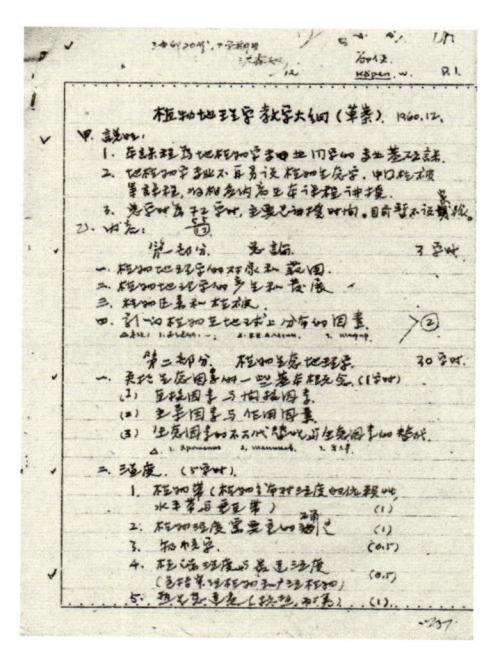

图7-1 李博在1960年12月撰写的"植物地理学教学大纲（草案）草稿"

部门也有"下马"的趋势①。如何看待这一现象,如何在这种大氛围下寻求突破,这是1960年的内蒙古大学地植物学教学改革的一个重要问题。根据这次讨论的结果,李博后来完成了题为"地植物学的产生、发展和展望"的论文。

图7-2 1963年7月,李博(前排右二)与地植物专业1958级毕业班合影

尽管这篇文章系"根据地植物学1960年教学改革中有关对地植物学认识的讨论结果写成",但其中所体现的思路,尤其是对学科史的追溯进而以历史观发展前景的思考方式,其实很具有李博的个人研究风格。

作为一门专门的学科,地植物学于18世纪末至19世纪初在欧洲开始形成,通过对这段历史的分析,李博敏锐地注意到地植物学产生于彼时彼地并非偶然,而是与当时欧洲的社会经济发展密切相关,即"资本主义工业的发展,急需寻找各种工业原料,并且随着工业的发展和工业人口的增长,急需扩大耕地面积,发展农业。因此,寻找土地资源和其他自然资源的任务被提到日程上来"。首先是植物地理学逐渐产生,成为欧洲植物学者对这种要求的最直接的呼应;同时,"资本主义寻找自然资源的探险工作的开展,给植物地理学积累了丰富的资料"。但植物地理学的局限在于,其"研究对象是整个地球上的植物和植被,因此一般自然现象的描述和比较分析,没有超出解释自然的范畴,而且缺少精确的工作方法",而当资本主义进一步发展,要求对植被资源进行细致的估算和利用,植物地理学中对植被的概括叙述和分析已远不能满足这些要求,而地区性植被开发要求更为深入细致的研究。正是在这种背景下,先是瑞典学者H. Von post于

---

① 李博:地植物学的产生、发展和展望。见:李博文集编辑委员会编,《李博文集》。北京:科学出版社,1999年,第23页。

第七章 早期草原生态研究

1851年首先用同样方法研究植被，随后有奥利亚学者 A. Kerner 于 1863 年注意到植物群落的分层构造和动态，而俄国学者则开展了土壤和植被的制图工作。与地区性植被开发利用有关的植物群落的研究便逐渐从生态植物地理学中独立出来，发展成为后来的地植物学[①]。

从上述对地植物学产生的历史追溯可以看到，作为一门专门学科的地植物学与地区性植被的开发利用密切相关，不同地区资源不同，相应的开发利用也各有差异，从而赋予了这一学科明显的地区性特征。而地植物学的三大学派——俄罗斯/苏联地植物学派、英美地植物学派、西欧地植物学派的形成也正是这种地区性的直观反映。对学科史的追溯使李博觉察到：

> 地植物学所要解决的矛盾主要是地区性植被的开发利用以及与此相联系的植物群落学规律的阐明。和植物地理学相比，地植物学的研究对象更为具体，矛盾更加突出，与生产的关系也更为密切。与此相应，它具有不同于植物地理学的一整套研究方法和内容……凡是自然植被大面积存在又急待开发利用的地区或国家，地植物学在这里就最为活跃，反之，地植物学则停滞不前。地植物学派的形成，总是与地区性植被的开发利用任务相联系[②]。

在李博看来，地植物学与生产实践，特别是与地区性植被开发利用的这种密切关系正是这一学科 20 世纪 60 年代在中国社会与学术背景下寻求进一步发展的重要突破口，而其中首当其冲的问题就是已有的理论与经验的本土化与地区化。如前所述，地植物学形成于欧洲，地植物学中有关地区性植被开发利用的经验大多在国外积累起来，国外的情况与我国的情况存在或多或少的差异，因此要将这些经验用到我国的实践也就需要一个过程。尽管 50 年代大规模的资源调查带动了学科的发展，特别是相关专业的建立与迅速发展，但从专业学者的眼光来看，"无论在批判的继承先人经

[①] 李博：地植物学的产生、发展和展望。见：李博文集编辑委员会编，《李博文集》。北京：科学出版社，1999 年，第 23–25 页。

[②] 同①，第 25 页。

验尤其是国外先进经验方面，还是在创造适应于我国当前情况的新方法、新理论方面，都做的还非常不够"，而彼时中国的地植物学"正处于在生产面前经受考验的时期，正处于冲出旧范围走上新领域的前夜"，地植物学工作者"在生产任务带动下，正和其他专业人员一起广泛开展土地利用规划工作和各种目的的定位研究工作""这是我国地植物学在新的道路上大发展的起点"。

在看到地植物学研究在国家生产建设中的作用的基础上，再结合内蒙古本地的情况及特点，李博和他的同事们所提出的适应生产的地植物学谋求新发展的可能出路有二：其一是自然植被的开发利用，重在"摸清家底"，而非仅仅偏重纯自然现象的描述，而且这一"摸清家底"的工作"一定要越做越细致，越来对生产起作用越大。例如，在牧场调查中关于饲料储量的调查以及载畜量的计算，治沙工作中有关种源分布的调查及贮量估算，以及各野生资源植物的分布情况、面积和蓄积量的调查等"；其二是应用在草原改良上，以建立和扩大稳定而高产的饲料基地，诸如"如何控制草原植物群落的营养条件，如何使它们更充分地利用环境条件而得到增长"等问题都将因此成为地植物学的重要课题。

不过，尽管李博为地植物学专业提出的发展对策中十分强调与生产实践的结合，但这些适应当地生产的地植物学研究课题的开展，其结果并不只是为地植物学赢得生存和生长的合理地位，同时，对于学科本身以及周边相关学科的推进也有其意义。事实上，在上述对策中所体现的是一种调查—利用—改良的逻辑线索，而通过这种从调查到利用再到改良的工作思路的演进。

地植物学从解决人类在地区性植被开发利用中植物群落与环境条件的一些表面矛盾进而要解决人类控制植被产量中植物群落与无机环境间的一些内在矛盾，由于这两类矛盾的性质不同，自然会把地植物学带入一个新领域，甚至分化出新的学科。同时，在地植物学解决矛盾的过程所联系的一些知识部门也将随之转变。如果说，在利用植被的阶段，地植物学所联系的学科主要是植物分类学和地学部门以及农林部门，那么，在控制植被的阶段，它将和数学、物理、化学以及植物生理学等学科发生紧密的联系。因此可以说，地植物学面临大变革的前夕，亦即面临大发展的前夕，发展的快慢有待我们的努力[①]。

由此可以看到，李博对于地植物学专业发展的思考一方面延续了其学术生涯之初，即已形成的与生产实践紧密结合的特点；另一方面，至迟从此时开始，李博对学科发展的思考与对前景的预期已经超越了学科的界限，而被置于一种更大的学术背景之下，同时，通过宏观与微观相互观照的方式实现了不同学科之间的贯通。

就在李博对学科发展前景做出如此思考的同时，他也在自己的研究中将上述思考变成了实践。其中，以草原的合理利用与改良为导向的研究构成了李博在这一时期很重要的工作之一，尤其是在内蒙古呼伦贝尔盟莫达木吉草原改良试验站开展的一系列考察与研究最具有代表性。

莫 达 木 吉

"莫达木吉"是鄂温克语，意为"辉河流域上游的白色湖泊"。呼盟莫达木吉草原改良试验站的前身是草原拖拉机站，建于1958年，后于1959年改名为草原改良试验站，顾名思义，其工作中心就是草原改良的科学研究。1959年和1960年，呼盟草原改良站在苏联专家的帮助下进行了一些工作。1961年夏天开始，李博以及内蒙古大学地植物学专门组的学生们每年都会来到这里进行教学实习和调查。

1961年6月7日，这是正式开始在莫达木吉实习考察的第一天，在这一天的工作日记中，李博写道：

[①] 李博：地植物学的产生、发展和展望。见：李博文集编辑委员会编，《李博文集》。北京：科学出版社，1999年，第27–31页。

早晨因等羊群转移未能出发，看图，同学们看俄文……从日程安排上可以看出，了解情况的工作已安排就绪，但如何开展定位工作尚无多大把握，要把全力投进去！①

正如李博一直以来的习惯，在即将开展研究之前也先进行了一些调研，以摸清当地情况，从而使研究以及相应的改良建议可以更有针对性。从暑期实习考察日程可以看到，在实习开始时还专门安排了两个半天的时间听取站上工作人员的介绍，一次是由改良站站长普日布介绍站上的工作；另一次是由站上负责人介绍当地自然情况及饲料贮藏的研究。而在整个调查期间，也有数次由当地领导或牧民介绍利用放牧地的经验。

通过这些介绍以及实地的调查，李博对呼盟的草场情况也有了一个基本的了解。从这些前期调研得知，呼盟是全自治区最好的草场，在全国也相当出名，出产三河牛与三河马。呼盟草原30万平方千米，游牧四旗草场面积达800万公顷。由于处于半干旱地区，因此呼盟当地为明显的大陆性气候，气温的年变化和日变化很剧烈，夏季温和，冬季漫长而严寒，春秋季短促，干燥多风，降雨量少。这些气候上的特点，李博后来在此地几次考察期间也深有体会。

结合当地的自然条件和社会经济状况，呼盟草原改良站在三年的时间里做了大量工作，但同时也存在一些具体的问题有待解决，其中最突出的有二：一是尽管此地草原很好，但水草不均，缺水草场多。有的草场使用不足，而有的草场则存在退化现象（包括质及量的退化），其中利用不足引起的退化为质的退化；二是自1958年建站以后由于当地人口增多（1958年之前莫达木吉仅有三口人），牲畜增多，辉河沿岸植被退化很严重，呼盟既有河流两岸植被均严重退化。因此，呼盟草原工作的重点是合理利用。事关草场规划，这也正是李博自50年代开始即已关注的问题。

在听取站内介绍的同时，实地的考察也在陆续进行。1958年6月8日，李博与参加实习的师生一起查看了试验地。李博在当天的日记中记述了当

---

① 李博1961年的工作日记。李燕青提供，扫描资料存于采集工程数据库。

时的情况：

> 天太旱，20厘米下始见润土，布下去的植物多未出土，只有新疆来的黑麦及部分小麦出了土。现在下点雨该多好呀！……站附近因靠近辉河，草场退化严重，十几里以外才有较好的植被，这是对今年研究工作颇为不利的一面。

在随后的一个月里，李博除了参与试验站的工作之外，还与师生们一起在站里进行了大量的试验工作，包括羊草草原的水分研究、光合作用、呼吸作用以及草场产量分析等。从李博的日记中可以看到，每天的工作都安排得满满当当。兹将日记引述如下，个中紧张忙碌约略可见一斑：

6月9日

下午，参观1、2、3号样条。3个样条均处于羊草草原中，其中混生stipa等禾草，因缺水大部分地仍未利用，去年枯草保存得很好，一片枯黄，新生绿草还不太明显呢！

一号样条布置了很多小样方，做再生试验及小区放牧试验，花了很多劳动，也有明显的结果，很值得好好总结。

回来顺路选择我们的样地，拟设在改良地附近。这里的植被亦具代表性，距站近，并有废弃的木桩及铁丝网可以利用。

夜起大风。

6月11日

白天自己没参加什么活动，在家准备科研项目。

呼盟草原利用中的问题：

主要是水草不够，水源不均匀，草场不能固定。因此水利建设是基本的。

利用无水草场的办法：

1. 开辟水源——引水或打井。

2. 夜牧。

3. 远牧（营地设在缺水草场与有水草场之间，隔日交替放牧）。

4. 冬天放牧，建冬营地。

5. 利用水分含量高的植物如 *Allium*、黄花菜。

6. 用作割草场（存在劳力问题）。

6月24日　星期六　晴

第一天正式工作，很紧张的一天。

早4：30起床（3人），5：00离站赴样地，6：00到达，安装仪器完毕，7时开始工作，每小时一次，每次观测4种植物：*Aneurolepidium chinense*、*Stipa baicalensis*、*Carex duriuscula*、*Poa spp.*

存在问题：

1. 扭力天秤搁置样品的空间太小，容纳不下较多的样品（一般不超过150毫克），容易引起较大的误差。

2. 水面蒸发观测方法问题。

3. 以蒸发表面为标准计算蒸腾量问题。

4. 二次称重间隔时间问题（现取5分钟）。

5. 重视问题。

下午取土样回站，准备分析水分。

6月27日　昨夜小雨　今天晴，多云

去阿木古郎（3人），留4人在家整资料。

8号、7号样条在阿木古郎与西30千米±处，为 *Stipa* 草原，混生 *Caragana microphylla*、*cleistogenes squarrosa*、*Artemisia brigida*。

今年特旱，草群一片枯黄色，细叶锦鸡儿淡绿色的枯丛，微微地使草群有点生气。

1. 针茅枯茎直立，疏疏分布，绿叶尚未从枯草丛中伸出；仔细看，枯草丛中有几根针状绿叶，上部已枯死了！

2. 闭穗及其他小禾草枯叶多□而大，平铺地面，新叶尚无生息，大部已枯死，挖一下，有的在枯叶鞘内部尚可见到细弱的绿叶，上部已枯死！

3. 细叶锦鸡儿高30厘米左右，稀疏均匀地分布着，多□□□，个别枝条枯死。

4. 拨开枯草，可见到下列植物营养体：*Allium-sp*，□□.（很多枝条已枯死），阿氏旋花，紫菀，二裂委陵菜（死），有时可露出草面。□□□，有个别 *Ephedra*。

有一种地衣（□状），灰绿色，假死状态，较多地分布在裸露的土面上。

细叶马兰个别分布，生长还好。

6月29日　晴　热起来

全体整理材料。

水分问题目的性较明确，工作方法也较熟悉，工作起来也较顺利，看来问题不大。

产量分析方面问题较多，到底往哪个方向去做？达到什么目的？目前心中无数，应积极解决。

群落的基本描述也应该补一下。

七一前后想把前一段工作全面整顿一下：

1. 阅读一些有关纪念七一的文章，提高大家对党的认识，对当前形势的认识。

2. 全部人员制订实习期间的红专规划，主要解决实习期间整个工作安排及每个人的学习、工作安排问题，使每人做到心中有数。

3. 将前一段工作分别进行小结，以小报告的方式进行，进一步明确每一个项目的目的性并找出工作方法上存在的问题及进一步的做法。

4. 建议团小组过一次组织生活，开展一次批评自我批评，整顿一下思想作风。

晚饭后与徐谈同学的思想状况，并征求在工作安排上的意见。

与站上的关系还不十分熟，还有隔阂，今后应努力搞好关系。

6月30日　晴

上午参加站上工作会议，其他同志继续整理资料。站上谈再生问题，因自己情况不熟，未提什么决定性意见，对站上帮助不大。此后谈草原载畜量问题。

下午：到实验地补做土壤剖面及样方。

△样方：在羊草群落Ⅰ，Ⅱ范围内进行，各做两个基本样方，20个记名样方。

土壤：Ⅰ，Ⅱ范围内各挖1个。

7月2日　星期天　晴

下午：开始阶段小结

（1）羊草群丛的群落学特征（李）。

（2）羊草群落的产量分析及光能利用问题。

7月3日　晴

上午继续小结

1. 羊草群落的水分状况。存在问题：

（1）取样不一致，蒸腾程度受影响，以后应一致。

（2）时间控制上有较大误差，不能控制5分钟。是否可按实记时，不要定时间。

（3）关于风速的记载，□□水面蒸发的做法等问题。

（4）时间问题。每次3人，每天6：00开始。

2. 光合作用及呼吸作用强度的测定。存在问题：

（1）指示液浓度问题。

（2）间隔时间问题。

（3）取样多少，应一致。

（4）仪器本身的调整问题。

下午安排7月份工作

晚：开会谈红专规划问题。

7月5日　晴　海拉尔

与普站长住一房，谈了一下工作。

站上工作人员之间存在不团结现象，这也大大影响了工作，这次工作中要特别注意。自己在这次工作中的责任也就大了些。

今天要在海市和各方面联系，暂时还走不成，看样子要明天出发至陈旗。

将同学留在站上是放心的，但有时又有些不放心。工作中出了问题怎么办？特别是他们还不善于独立工作，不善于想问题，□□有此缺点。

学校近来没来信，不知有什么问题。对下学期工作安排及准备问题也应尽早落实下来。

除了指导学生实习工作之外，李博也充分利用在草原考察的机会深入到牧区，了解当地的生产生活情况。

7月8日　晴

昨晚8：00至完工，这里是1000人以上的大居民点，苏木所在地，房子、街道比阿木古郎还大，只是街上沙子太厚，走路都很困难。

住在一个州里，一个山东老头在开店，可容20人左右，只有一座大屋，还算可以。这里水很缺，到很远的地方去拉水，没有饭，吃饭街上有一个饭馆。

上午去苏木政府联系工作。书记、苏木达都在夏营地。家中有一个秘书，准备向他汇报一下来此的目的及要求，确定在此工作的步骤和做法。谁知他说没有时间，叫我们下午再去。

下午，到了苏木政府之后，又赶上开会，他们又约我们明天再说，真真急死人！借了些报纸，回来读报，学习刘少奇同志纪念党四十周年纪念日的报告及有关文件。

晚饭后与胡其文同志漫步到海拉尔河河滨，观察植被情况，天黑了，未到河滨而返（关于植被的记载见后）。

7月9日　星期天　晴　完工

上午见到公社秘书，说完工解决不了交通工具。决定留工人在完工搜资料，我和胡启文、宝成二同志赴第一生产队。乘火车不到1小时就到了，离队部有8华里。至生产队，书记、队长均不在，只好再回去。到车站碰到队长，说交通工具可以解决，又回到队部（给水水源地），3人分别住在3个牧民家，对我还是第一次。

语言一点不通，人家把床铺让出来，真有点不好意思，也不知说什么好！

7月11日　乌固诺尔生产队

昨天骑马总算经得起考验，能和骑马老手在一起走，并习惯了马的奔驰。有一次被抛出了马鞍，坐到了马颈上，幸亏3人一起把马收住了，没有摔下来，否则要出事故！晚上回来，屁股被打破了，还不太严重。

晚上，与胡启文、宝成二同志谈天，有很大收获（关于营地问题）。

（春夏秋冬各营地情况，略）

今天骑马到哈尔根那□□看秋冬营地，带路人不太负责任，没有带到真正的冬营地，只知找蒙古包吃东西，有点气人！

中午在一个蒙古包吃东西，做的荞麦面条，用羊肉干煮的。这是第一次在蒙古包吃饭。蒙古老太太纯朴、诚实，但不太会做面饭。

下午回来遇雨，马飞奔前进，我又出了马鞍跑到马颈上去！而且，腿和屁股到处疼，真有点招架不了，但硬着头皮顶下来，一直跑到家。

晚，住呼和勒泰家。

从这些日记中可以看到，尽管这次深入牧区的时间并不长，但这段经历已使李博再一次意识到，草原工作不能脱离草原，更不能脱离牧区居民的生产实践，一方面要学习语言、骑马等牧区生活的技能，比如在7月10日的日记中，李博写到住宿在牧民家中时，因为语言不通又帮不上忙，所以想到"以后如常来牧区工作，一定想法把语言学通！"[1] 另一方面则要对牧区居民利用草原的经验给予更多、更充分的重视，"如果搞草原工作，应该对群众利用草原的经验有深入的了解，但这方面过去注意的很不够，整理出来的材料较少，可见中国的草场经营学还是不成熟的"[2]。

定量描述草原生产力与水分条件之联系

按照最初的设定，莫达木吉试验站实习的其中一个研究目标就是关于草原群落水分生态的研究。这一课题与草原植被的利用、草原区的开垦以及人工饲料基地的建立都有密切的联系，因此是实际生产急需解决的任务之一。

研究选择了当地分布最广的羊草草原作为研究对象。在所研究的群落中被登记的植物共42种。其中建群植物1种（羊草 Aneurolepidium chinense），优势植物4种（贝加尔针茅 Stipa baicalensis，糙隐子草 Cleistogenes squarrosa，少叶早熟禾 Poa paucifolia，寸草苔 Carex duriuscula），其他植物数量很少。在群落总产量中，羊草占85%—90%，丛生禾草共计约占5%，寸草苔占4%，这也就意味着群落中建群种和优势种的产量占总产量的95%以上，因此在此项研究中只选择了上述提到的5种植物作为水分生态研究的对象，它们在群落中所起作用极大，因此确定了这几种植物的耗水量就可以大体上计算整个群落的耗水量。

植物蒸腾强度的测定采用了俄国研究者 Л. А. 依凡诺夫等的快速称重

---

[1] 李博1961年7月10日的日记。李燕青提供，扫描资料存于采集工程数据库。
[2] 李博1961年7月14日的日记。李燕青提供，存地同[1]。

法。蒸腾强度耗水量的计算是按照 И. Н. Бейдемен 的方法进行的，即将单位面积上植物绿色部分产量乘以该植物的日蒸腾强度，得到日耗水量，再乘以每次测定所代表的日数，即得到某一时期的耗水量，并以折算的毫米数来表示。

对于上述方法，李博在后来形成的论文中尤其提到：

> 在野外条件下测定植物蒸腾作用的方法在当时尚未解决，而快速称重法的可靠性也存在不少争论。但由于国外已将快速称重法用于草原群落水分生态的研究，因此这项工作至少可与国外已有的工作进行对比，这对进一步认识我国草原的特点是有益的[1]。

其实，如果回顾一下快速称重法本身的发展历史也会发现，它也是经过不断调整而趋向成熟的。在这种方法于1918年首次公布之后不久，1919年，它的提出者就在进一步研究这一方法时发现，在剪下植物1分钟后称重，蒸腾的确发生了改变，但与之前设想的相反，蒸腾量不是减少，而是增加了。因此，蒸腾量是上升到高于剪枝前的蒸腾量以后才开始下降，而这一现象的发现也证明最初得到的数字是不可靠的，有必要去寻找避免这种不正常的蒸腾"突变"的方法[2]。因此，从这种意义上来看，李博等人此次在呼盟草原所做的工作一方面正如其论文标题所显示的是对"内蒙古呼伦贝尔盟草原区羊草、丛生禾草群落水分生态的初步研究"，另一方面也正是通过上述工作对一种尚处于发展中的研究方法进行的一次可能的验证与改进。

就应用这一方法而得到的具体成果来说，在莫达木吉进行的这次草原群落水分生态研究揭示了草原群落产量与水分条件间所存在的紧密联系，并对之做出了定量描述。

---

[1] 李博、曾泗弟、郝广勇：内蒙古呼伦贝尔盟草原区羊草、丛生禾草群落水分生态的初步研究。《植物生态学与地植物学丛刊》，1964年第2卷第1期，第72页。

[2] Л. А. 依凡诺夫等：自然条件下测定蒸腾的快速称重法，李恒译。见：中国科学院地理研究所编，《热、水平衡及其在地理环境中的作用问题》（第二辑）。北京：科学出版社，1961年，第23页。

探索草原生态定量研究方法

也正是由于对快速称重法的思考使李博意识到，在今后的研究工作中，应该把研究方法的研究放在重要位置上。从李博在这一时期的研究工作来看，这里所说的"研究方法"应该并不仅指上述提到的快速称重法，而包括对于草原生态学研究具有基础性意义的多种研究方法。同样完成于这一时期的另一项研究——对草原群落研究中样方面积大小的确定就是例证之一，这项工作是1963年在莫达木吉草原改良试验站完成的。

在野外进行群落数量特征的研究，其所涉及的对象是庞大的或无法确知的整体，由于不可能对如此庞大的总体逐一进行调查，而只能选取一定的地段进行群落数量特征的统计，最小取样面积与数目以及最适取样形状的确定也就成为进行植物群落数量特征研究的基础。

在李博等人在莫达木吉开展此项研究之前，关于群落样方面积大小的研究工作，西欧国家进行得比较多；苏联学者在1958年时总结了英美的有关文献，并在着手进行一系列的研究。中国地植物学工作者曾沿用国外的经验数字。例如，在草原上测定各种数量指标多采用1平方米或4平方米的样方，而李博等则认为"机械地搬用经验数字不一定适合，因为无论在不同的植物群落类型中或甚至在同一植物群落中测定各种不同指标所需面积的大小都不一样"。1963年进行的这项研究，其目的在于确定多大面积的样方才能适于测定所研究的草原群落的各类、植物频度以及产草量等。而正像李博等人在论文中所说，这类样方面积大小的确定，不仅会影响到工作效率，而且还会影响到数据的正确性。[1] 因此，这项研究不仅是草原群落研究的基础性工作，也是地植物学研究者实现理论本土化的一个具体内容。

这项工作的进行地点位于莫达木吉草原改良试验站以北6000米的地段，其地带性植被为典型草原（真草原）中的羊草、丛生禾草草原群落，

---

[1] 杨宝珍，李博，曾泗弟：关于草原群落研究中样方面积大小的初步探讨.《植物生态学与地植物学丛刊》，1964年第2卷第1期，第111页。

其中以羊草+贝加尔针茅+糙隐子草+硬质早熟禾+寸草苔群丛所占的面积最大，分布范围也最广。因此，这一工作选择该群丛作为研究对象，从种数面积曲线、频度和草群产量三方面研究其群落最小面积。

从研究思路上来看，这次工作最重要的一个特征是将已在国外发展得较为成熟的方法引入到对考察区植被的研究中，在对这些方法做出验证的同时，也提出适合于本地区的研究结果。

种数面积曲线是用法瑞学派常用的作巢式样方求得的，样方大小最初为1/100平方米，然后逐渐扩大，依次为1/16、1/8、1/4、1/2、1、4、9和16平方米，在均匀一致的地段上选择比较标准的样地，进行4次重复。

各种植物频度测定采用Raunkiaer的方法，用不同面积大小的样圆，依次为1/16、1/10、1/4、1/2和1平方米，每种面积统计40次。工作开始前先选择具代表性的均匀地，规则取样（每隔10米左右取样一次）。

植物产量测定也是在事先选好的地段上用1/8、1/4、1/2、1、2及4平方米等不同面积和不同形状（正方形与长方形）巢式样方进行测定，按种齐地面剪割，烘干后计算其干重。重复8次。[①]

最终形成的结论包括三个重要内容：①根据种数面积曲线确定，羊草、丛生禾草草原的群落最小面积为1/4平方米，用频度法测定也得到近似的结果。②在羊草、丛生禾草草原类型中进行频度测定，样圆面积不宜大于1/4平方米，也不宜小于1/10平方米，否则不能正确反映群落中种的配置特征。最好采用1/10平方米的样圆，样圆数目不少于10个，一般情况下以20个较为适宜。③用种数面积曲线和频度法求得的群落最小面积用于草群产量测定显得过小。在羊草、丛生禾草草原中为了经济目的测定草群产量时，可用1/2平方米的样方代替过去常用的1平方米的样方，形

---

① 杨宝珍，李博，曾泗弟：关于草原群落研究中样方面积大小的初步探讨。《植物生态学与地植物学丛刊》，1964年第2卷第1期，第111—112页。

状最好用长方形，重复不宜少于6次①。

在1983年6月编印的讲义《草原植物群落的调查与分析》中，这一工作也被收入其中，作为应用种—面积曲线法的一个例证②。

政治运动的影响

在20世纪60年代的最初几年，随着李博从以资源普查为中心的植物区系研究向定位研究的转变，他对草原生态的研究也开始向纵深方向拓展。而从上述工作可以看出，李博在这一时期的草原定位研究是在基础与应用两条线索上同时推进的：在基础性研究方面，是将已经相对成熟的理论或方法应用到对内蒙古草原的研究中，在对研究方法做出探索的同时，由此形成的成果也成为学科整体发展的一部分；在应用研究方面，以草原的合理利用与改良的实际生产需要为导向，在解决实际生产问题的同时推动学科本身的发展。

但是，就在这些研究工作逐渐展开之时，政治氛围对科学研究的影响已然显现出来了，而用于政治活动的时间也开始占用越来越大的比例。比如在1961年莫达木吉的暑期实习期间，全体师生在忙碌的实习间隙也开展了多次政治学习，内容包括"怎样做一个建设时期的革命者座谈"。而在这一年7月22日的笔记中，一个重要的内容就是"制订实习期间自己的红专规划"。

李博自己曾经在1961年7月8日的日记中写道：

一个人没有远大的理想，没有一往直前的奋斗目标，是很危险的。时间不等人，一天天飞快地过去，不抓紧它，它会将你远远抛在

---

① 杨宝珍，李博，曾泗弟：关于草原群落研究中样方面积大小的初步探讨.《植物生态学与地植物学丛刊》，1964年第2卷第1期，第117页。

② 李博编：《草原植物群落的调查与分析》。1983年，内部资料。

时代的后面！……有一些人，迷迷糊糊地过日子，得舒服一点就舒服一点，得清闲一点就清闲一点，只想到自己目前的生活，没想到自己一生的前景，多么危险！……看得远还得抓得紧，不抓紧目前的时间就谈不到美好的将来。①

但是政治运动的影响最终还是波及了他的研究工作。1961年7月16日，尚在莫达木吉带领师生进行实习考察的李博接到系里来信，除了学校的放假安排之外，李博在日记里尤其提到的是："地植物专业已取消，是否成立'专门组'尚未肯定。"几天后的7月19日，再次接到系里来信，得知"分院和内蒙古大学要大大收缩，尤其分院将由1000人收缩到80人！"②

政治氛围对科研工作更为严重的影响始于1964年。这一年，毛泽东主席发表了"学制要缩短，教育要革命"的讲话。5月12日，于北辰副校长向全校教职工传达了讲话精神。学校在对几年来的教学工作进行调查的基础上要求在教学中贯彻少而精的原则，再次强调精简内容，压缩课时。另外，"五反""四清"、批判现代修正主义等接连不断的政治运动，使《高教六十条》的贯彻越来越难③。

尽管政治形势如此急转直下，在学术研究的空间被越来越多挤占的情况下，李博仍然利用有限的条件与机会继续有关草原生态的研究。

图7-3　1964年3月李博在哈尔滨

---

① 李博1961年的工作日记。李燕青提供，扫描资料存于采集工程数据库。
② 同①。
③ 《内蒙古大学五十年》编写组：《内蒙古大学五十年》。呼和浩特：内蒙古大学出版社，2007年，32–33页。

1964年和1965年的两个夏天，李博像以往的夏天一样在野外考察。这次是国家科委组织的综合考察队，地点位于锡林郭勒盟阿巴哈纳尔旗的锡林郭勒种畜场。此次考察的目的是为在我国北方草原地区建立现代化草原畜牧业样板而进行的前期考察，要求在两年内基本摸清该地区的自然条件和社会经济条件，为草原样板的建设和发展提供基础资料和科学依据。李博所在的植被、草场组（也被称为草原组）是综合考察队下面的专业组之一，其任务有三：一是初步查清考察地区的植被及植物资源；二是查清考察地区的草场资源；三是了解当地草场利用中存在的主要问题，并提出今后合理利用与改造草原的意见。

从后来形成的报告可以看到，此次考察仅草原组便有内蒙古草原研究所、中国科学院植物研究所、南京大学、内蒙古大学、内蒙古农牧学院、内蒙古师范学院、锡林郭勒种畜场及现代草原畜牧综合试验研究中心八家单位参与其中，前后参加人数达70余人。野外工作时间为1964年6月1日至8月10日、1965年6月6日至9月7日。在前后共计五个多月的时间里，草原组的考察成员在采集植物标本、做样方的同时，也对放牧场和打草场的利用、野生植物的经济价值、适口性等进行了访问调查。

《内蒙古锡林郭勒种畜场地区的植被与草场资源》就是草原组在此次考察之后形成的重要成果之一。报告共分为三个部分：第一部分叙述了考察区的植被类型及其特征；第二部分介绍天然草场资源及其利用情况，并对今后合理利用草原提出了一些看法；第三部分是考察区植物名录，以报告附录的形式发表，每种植物下面均注明其生

图7-4 1975年10月，《内蒙古锡林郭勒种畜场地区的植被与草场资源》封面

态、生物学特点和经济用途。其中第一部分"植被类型及其特征"即由李博执笔完成。

但遗憾的是，当这份报告最终形成时却因政治形势的影响而未能付梓出版，直到 1975 年 10 月，它才以内部出版物的形式由内蒙古自治区草原研究所印制出来。

李博的学术生涯，也正像这部研究报告的命运一样。

1966 年"五一六通知"之后，内蒙古大学的教学秩序再次被打乱。长期致力于民族、宗教理论研究的马克思主义民族理论专家、副校长牙含章成为内蒙古大学在"文化大革命"中第一个被打倒的校级领导。8 月，在学校主持工作的校党委副书记、副校长于北辰，副书记田心，党委宣传部长、政史系主任林阳相继被打倒，一大批学校职能部门干部和教师也牵涉其中。随着这场运动的逐渐推进，这所刚刚起步不久的大学很快就陷入了一片风雨飘摇之中[①]。

"文化大革命"初起之时，李博便被打成"白专道路典型"，并被强令到锅炉房劳动。这些劳动很可能对他的健康状况造成了影响，并在 1969 年患上了慢性肾炎[②]。

从随后几年的日记中可以看到，尽管李博并未完全停止工作，但这些工作大多集中于在各地的农业技术推广站或是县、乡等农业一线调查农业生产情况。例如在 1971 年 9 月 10—30 日，李博赴乌盟调查，内容包括：①推行农业新技术过程中，两个阶级两条路线的斗争；②新农药的应用，特别是在大面积农作物上的应用，及群众对应用新农药的反映；③新农药的土法生产情况和存在问题；④旗县社队今后开展农业新技术工作的打算；⑤目前存在的困难和对协作组的要求[③]。10 月 7 日，参加科技局汇报会；10 月 13 日参加巴彦淖尔盟农科所座谈；12 月，赴伊克昭盟考察农牧业情况等。而李博所钟情的草原生态研究则在很长时间里都再未出现在他的工

---

① 《内蒙古大学五十年》编写组：《内蒙古大学五十年》。呼和浩特：内蒙古大学出版社，2007 年，第 68-75 页。
② 李博填写的干部履历表。未标注年份，但应为 1969 年之后。存于内蒙古大学档案馆。
③ 李博 1971 年的工作日志。李燕青收藏。

作日志中。

李博后来曾在自己的一份工作总结中写道：

> 遗憾的是，在自己精力最旺盛的时期（36~43岁），由于"文化大革命"，工作中断了七八年。"文化大革命"后重新工作以来，自己感到不论是理论基础、实验手段、工作方法都大大落后了，与国家和时代的要求都有很大距离，有待加倍努力赶上去。[①]

[①] 李博1979年11月4日填写的"科学技术干部业务考绩档案"草稿。存于内蒙古大学"1957年建成的教授住宅旧址"。

第八章
重返草原

1973 年，当李博作为中国科学院黑龙江省土地资源考察队成员重新开始他所钟爱的草原生态研究时，已经人过不惑。这次考察也是李博重返草原的开端。正像大多数经历过那个年代的人们一样，此时的李博也因为那些已然流失的日子而感到遗憾。生态学是一门理论与野外实践并重的学科，而阔别草原数年时间，这对于研究者来说已经是极大的损失，更不必说与国内外同行的交流中断，因此正像李博自己已经注意到的，在理论基础、实验手段与工作方法上都产生了很大差距，而弥合差距的几近唯一的方法便是加紧工作，追回失去的时光。

黑龙江省土地资源考察

黑龙江省土地资源考察是国务院下达的科研生产任务，直接为黑龙江省大规模开垦荒地及合理利用土地资源服务的。这次考察总的指导思想是贯彻"备战、备荒、为人民"的指示以及中央要把黑龙江建成国家大商品粮基地的安排。中国科学院和国家农林部也提出了要对全国荒地资源进行综合评价及合理开发利用研究的任务。黑龙江省的荒地资源多，自然成为考察的重点。考察工作当时在省革委会的领导下，由省荒地开发利用协作领导小组及其办公室主持进行。由于考察工作涉及多学科，因此参与单位众多，包括中国科学院北京地理研究所、南京土壤所、综合考察委员会以及吉林省、内蒙古自治区、黑龙江省的研究机构在内的10余个单位、20多个学科的专家和当地干部群众20000多人均参与其中。这次考察的大部分时间尚处于"文化大革命"之中，因此考察的其中一位亲历者在多年后回忆往事时也不免感叹，在当时的环境下，能开展这样一次大规格、多学科具有较高技术含量的考察研究，实属不易[1]。

此次考察自1973年开始到1977年结束前后持续7年时间，考察地域包括黑龙江省和内蒙古的呼伦贝尔盟。呼盟是"文化大革命"期间划归黑龙江省管辖的，该盟在内蒙古时经济实力列全区第一，划归黑龙江省后成了全省倒数第一，为了加快呼盟经济发展，省里决定加大对呼盟的扶持，因此，查清这里的荒地和草原资源也就成了极为重要的基础性工作。

李博也在1973年参加了考察工作。中国科学院地理所业务处在1980年写给内蒙古大学科研处的一封证明信的抄件表明，李博在这次考察期间担任大兴安岭地区分队及嫩江地区考察分队的副队长，并主持植被草场组的工作，这项工作一直持续到1977年。同样根据这份抄件，植被草场组是以李博、孙鸿良、曾泗弟三人为主[2]。

考察中所形成的成果自1974年开始相继发表，这些成果包括：《大兴安岭地区荒地资源考察报告》(1974)、《大兴安岭地区植被考察报告》(1974)、《新巴尔虎右旗草场考察报告》(1975)、《呼盟陈巴尔虎旗天然草场资源及其利用改造问题》(1975)、《呼盟牧区天然草场资源及其利用改造问题》(李博、孙鸿良、曾泗弟，1975)、《呼盟、大兴安岭地区资源的地植

---

[1] 孙德友：持续五年的荒地资源考察。见：李兆栋，刘群利主编，《难忘激情岁月：北大荒地勘测规划纪实》。哈尔滨：黑龙江教育出版社，2009年，第105页。

[2] 中国科学院地理所业务处写给内蒙古大学科研处的证明信抄件，1980年3月27日。存于内蒙古大学"1957年建成的教授住宅旧址"。

物学评价》（李博、孙鸿良、浦汉昕，1976）、《大兴安岭兴安落叶松的基本特征》（1980）、《呼伦贝尔牧区草场植被资源及其利用方向的探讨》（李博、孙鸿良、曾泗弟、浦汉昕，1980）、《松辽平原的针茅草原及其生态地理规律》（李博、雍世鹏、刘钟龄、孙鸿良、曾泗弟，1980）、《呼伦贝尔及大兴安岭北部植物名录》（李博、孙鸿良、曾泗弟、浦汉昕，1982）。其中，除《大兴安岭兴安落叶松的基本特征》《呼伦贝尔牧区草场植被资源及其利用方向的探讨》《松辽平原的针茅草原及其生态地理规律》等几篇发表在专业期刊上之外，其余大部分成果均以内部资料的方式由中科院黑龙江省土地资源考察队刊印，这在当时的学术活动中是比较普遍的一种发表方式。尽管大多数从未公开出版，但正是这些纸张已经开始发黄的油印资料承载了一个时代的记忆，也记录了这些重回草原一线开展工作的研究者们在那个特殊年代的坚持。

分析上述提到的论著文本，可以看出李博在此次考察中所展现出的研究思路及其扩展。

首先，此次考察，尤其是地植物学者在此次考察中的一个重要任务是，查清宜垦地的类型、数量和分布，并对考察区土地资源的利用方向、各类宜垦地的适宜作物、栽培制度、生产潜力和开发利用的难易程度等做出综合评价。

其次，正是在对土地资源的调查中，由李博带领的植被组研究人员提出一种"根据植被类型及其分布规律进行土地利用分区"的方案，并对此方案的理论依据作了分析及阐述，这正是植被组在此次考察中所取得的重要成果之一。

这项工作主要反映在1976年11月刊印的研究报告《呼盟、大兴安岭地区土地资源的地植物学评价》，其署名为"黑龙江省土地资源考察队呼盟及大兴安岭分队植被组"，这也是一种具有时代特点的署名方式。从该文脚注可以看到，参加植被组野外工作的单位先后有：中国科学院地理研究所、内蒙古大学、内蒙古农牧学院、黑龙江省土地勘测队、黑龙江省畜牧研究所、黑龙江省林科院、大兴安岭地区林业局、呼盟林业局、呼盟草原站。该文由内蒙古大学生物系地植物教研室和中国科学地理研究所综合室整理执笔①。

这份文献中对"根据植被类型及其分布规律进行土地利用分区"的方案做出了细致的论述：

> 地带性植被的类型和分布，常常为地区水热条件所制约，它们在一定程度上反映了地区气候条件的差异。植物群落及其生态组成（生活型、层片、生态种组）既可帮助我们辨认较大范围的气候、土壤等生产力要素的特征，又可指示其局部的变化。越是发展阶段较高、人为干扰较少的原生植被，其指示意义就越可靠。
>
> 根据植被类型及其分布规律的研究，可以断定农牧业的适宜范围，以及搞什么样的农业、什么样的林业和什么样的牧业，三者怎样结合，怎样综合发展。例如，呼伦贝尔草原的东部，地处森林草原地带，草群繁茂，中生杂类草比重大，它们富含碳水化合物，蛋白质和脂肪含量低，这里适于养牛但不适于养羊；而呼伦贝尔西南部的干草原地带，草群较为低、稀疏，牧草富含蛋白质和灰分，有利于养羊。又如，贝加尔针茅草原及多杂类草的羊草草原大量分布地区，可以在旱作条件下建立优质高产的人工草场，因而有利于畜牧业的集约经营；而克氏针茅草原大量分布地区，如无灌溉条件，就不易建立人工草场，在现有生产水平条件下，只能充分利用天然草场，发展放牧畜牧业。
>
> 综上所述，植被类型及植被地带的研究，与农林牧等生产等业是密切相关的，根据植被类型及其分布规律可以进行土地利用分区和评价土地资源。②

按照这一分区方案，由李博所负责的植被组根据考察区的植被及其组合状况的差异并考虑到土地利用规划而将呼盟和大兴安岭地区划分出七个

---

① 黑龙江省土地资源考察队呼盟及大兴安岭分队植被组：《呼盟、大兴安岭地区土地资源的地植物学评价》。1976年，内部资料。

② 黑龙江省土地资源考察队呼盟及大兴安岭分队植被组：《呼盟、大兴安岭地区土地资源的地植物学评价》。1976年，内部资料，第2-5页。

植被地带，包括：兴安落叶松林地带；兴安落叶松蒙古针阔混交林地带；蒙古栎林地带；蒙古栎、山杏、线叶菊森林草原地带；白桦、线叶菊、贝加尔针茅森林草原地带；羊草、大针茅典型草原地带；克氏针茅、丛生小禾草干草原地带。这七个植被地带实际上也是不同的土地利用区，各地带的土地利用方向、适宜作物组合及耕作措施，均有其特点，因此研究报告在上述划分的基础上，进一步阐明了各植被地带的土地利用方向。

也是在这次考察中，由李博所领导的植被组对松辽平原草原的植被地带界线提出了新见解，这一成果正是"根据植被类型及其分布规律进行土地利用分区"的一个具体体现。按照中国科学院地理所提供的证明信认为，这一方面有益于澄清某些关于植物地带分异的基本概念上的混乱，另一方面也补足了一些野外资料的缺欠，因此既有理论意义，又对生产有现实指导作用[①]。

这一见解主要体现在《松辽平原的针茅草原及其生态地理规律》一文中，该论文根据黑龙江省土地资源考察以及对内蒙古、宁夏综合考察队等历次对松辽平原的考察和有关文献写成，包括李博、雍世鹏、刘钟龄、孙鸿良、曾泗弟等内蒙古大学地植物组的几位教师均参加了研究。文章以针茅群系为研究对象进一步阐明了以植被为自然条件，特别是气候条件的指示者进而引证植被在自然区划及农牧区划的意义。

"根据植被类型及其分布规律进行土地利用分区"方案的措施及研究成果证明了植被用于土地资源评估的可行性，为环境评价提供了一个新途径。而这种以植物作为指标进行土地资源分区评价的思想，在李博 60 年代的研究工作中已有体现。在 1963 年 9 月的一份论文手稿《地植物学为畜牧业服务途径的探讨》中，李博提到：

> 植被类型学和植被地理学（主要是制图和区划）的研究是畜牧业布局和确定不同地区畜牧业发展方向的重要依据……每一植被类型都有自己特殊的结构特征，它往往决定着这一植被类型的利用特

---

① 中国科学院地理所业务处写给内蒙古大学科研处的证明信抄件，1980 年 3 月 27 日。存于内蒙古大学"1957 年建成的教授住宅旧址"。

点和途径，因此植物群落结构的研究是草牧场经营事业中不可缺少的一环①。

再次，对林区资源的使用以及宜垦荒地开垦提出基于实地考察与已有理论的建议。

黑龙江土地资源综合考察的重要任务之一是对考察区宜垦地资源的调查摸底，但是作为地植物学者，李博所带领的植被组所做的并不仅止于开列出宜垦地资源清单，而是在此同时也对荒地开发可能引出的其他问题，特别是生态问题提出警示。考虑当时的社会背景，这种冷静的思考就显得尤其可贵。

> 在开发之前，荒地是一个自然历史体，它在漫长的发育过程中形成了一定的结构，并在其各结构要素间建立起动态平衡体系——生态系统。开垦荒地破坏了天然植被，必然会引起一系列的连锁反应，深刻影响了生态系统内物质和能量的交换过程，使当地气候、土壤、生物、水文等生态因素发生改变。也就是说，旧的生态系统破坏了，各结构要素都在起变化，并积极调整它们之间的物质和能量交换过程，力趋建立起新的生态系统。这种改变的性质如何？有什么后果？是我们所关心的。一般讲，开垦后会提高土地生产力，收到人们所预期的效果。但有时却适得其反，开垦后会引起水土流失、风蚀等严重后果，而使土地生产力迅速降低。因此，要深入研究在人类活动影响下生态系统的动态及其后果，才能为大规模改造自然及合理开发土地资源提供可靠的科学依据。②

而在对大兴安岭林区的调查中，这种对生态问题的思考体现得更为明显。这篇题为《大兴安岭兴安落叶松的基本特征》的论文，共分5个部分，

---

① 李博：《地植物学为畜牧业服务途径的探讨》。李燕青提供，扫描资料存于采集工程数据库。
② 黑龙江省土地资源考察队呼盟及大兴安岭分队植被组：《呼盟、大兴安岭地区土地资源的地植物学评价》。1976年，内部资料。

即"兴安落叶松林的分布与发展""兴安落叶松的生态生物学特性""兴安落叶松林的种类组成和结构""兴安落叶松林的基本类型"以及"兴安落叶松林的经济意义和利用问题"。从文章结构可以看到，正是在对兴安落叶松林的生态生物学意义上的深入研究基础上，李博对其经济意义和利用问题提出了建议，而在生态环保意识尚未深入人心而更多强调向自然索取的背景下，这些建议的意义是显而易见的。

已有的研究表明，大兴安岭林区是中国最大的原始林区，而兴安落叶松林则是该区最主要的森林类型，因此成为我国最重要的木材来源；同时，它对于涵养水源、保持水土都具有重要的作用。而在 20 世纪 70 年代的这次考察也让李博注意到，林区年采伐量从当时来说尽管尚未达到森林资源本身所允许的规模，但原始森林已遭到很大破坏，兴安落叶松林的面积在不断缩小。正是通过对这些现象的观察，使李博意识到兴安落叶松林在管理与利用上还存着不少问题。

（一）营林更新速度大大落后于采伐速度……森林更新是森林永续存在的基础，营林措施的主要目的之一就是保证森林更新，但目前普遍存在重采伐、轻营林的倾向，许多林场只采不育，如果大兴安岭林区的营林面积前些年还不到采伐面积的 30%。大面积采伐基地上，到处是枯枝朽木，林地卫生条件极差，原始树种更新不良，不少地段为价值较低的次生树种所代替，林相参差不齐，大大影响了以后的利用。

（二）森林火灾与乱砍滥伐。大兴安岭林区火灾相当严重，又因兴安落叶松富含树脂，下木及地被层比较发达，燃烧性高，受害更大。由于火灾造成的损失简直难以计算。一次大火往往延续几个月，可烧毁上万甚至几十万公顷的森林！

滥砍、滥伐、滥烧，也是一大问题。据调查估计，林区人口平均每人每年约烧掉原木 2 立方米，加在一起这是一个很大的数字。林业人口是增长很快的，如大兴安岭地区，70 年代初不到 50 万人，10 年来几乎增长了一倍。如按 100 万人计算，每年仅烧柴一项就得 200 万立方米木材！至于农区邻近，森林破坏速度更大，据调查估计，每开垦1万亩农田，破坏森林的范围达15万亩！因此，林区的居民点附近和靠近农区的森林边缘地区，森林破坏速度很快，有些地段已成为光山秃岭，并不断地向林区蚕食渐进！今后如不采取有效措施制止，则会引起严重后果。

（三）综合利用程度很低。目前，对兴安落叶松林的利用，主要限于用材方面，在林地生物学总产量中，实际利用的还不到一半（有时仅达30%），另一半白白焚毁或任其腐烂，这是一项很大的浪费！在11亿立方米的木材总蓄积量中，废弃物按50%计算，计有5.5亿立方米（枝、叶尚未计算在内），如用于造纸，可出高级道林纸1.4亿吨；用于提制人造丝，可产8800万吨，相当于2.7亿亩棉田一年的产量。[1]

无论是荒地开垦，还是大兴安岭林区开发与利用，李博以及他所领导的植被组在20世纪七八十年代所观察的这些管理方面的问题在此后数十年也一直是我国土地资源开发与管理所面临的问题。而作为生态学者的李博，他所做的并不只是指出这些问题。从上面引述的文字可以看到，李博所主张的生态平衡思想并非仅只借以自然维持，而是在保护的同时通过管理以实现合理利用。同样来自这次考察而完成的《呼伦贝尔牧区草场植被资源及其利用方向的探讨》一文所体现的也正是这种合理利用的思想。

所谓"合理"，就是合乎科学道理，合乎自然规律，从而也合乎人类利益。过去，每每提到国外先进指标是一亩地养一只羊，以表示我们差距之大。其实，这样说是太笼统了。就呼伦贝尔草原草场来说，若要求一亩地一只羊能否做到？回答是否定的，因为这不符合自然规律，不可能达到预期的目的。[2]

---

[1] 李博：大兴安岭兴安落叶松林的基本特征.《内蒙古大学学报》，1980年第11卷第1期，第76页。

[2] 李博，孙鸿良，曾泗弟，浦汉昕：呼伦贝尔牧区草场植被资源及其利用方向的探讨.《自然资源》，1980年第8期，第33页。

文中更以澳大利亚的经验为例,指出"天然草场不能无限制的利用,在缺少有效的改良措施之前,只有严格控制载畜量,才能保证持续利用"。

　　天然草场是一个放牧生态系统。大家知道,在不同放牧生态系统中,其能量流动与物质循环的速度和规模是不同的,而且生产力有一定的限度。如人为增加食草动物的数量,过度的啃食草场植被,势必打乱了生态系统平衡而导致草场退化。根据美国科罗拉多州的试验,当牲畜采食量超过地上产量的40%~50%时,就会引起产量降低,草质变坏,从而导致生态平衡的破坏。只有在一定限度内实行轻牧,报酬才是最高的。

　　因此,只有维持天然草场的生态平衡的条件下(亦即保证可更新资源的正常更新)生产尽多的畜产品,这才是天然草场合理利用的正确原则。但是,这绝不是消极的原则,因为按照这一原则,天然草场生产力还有大幅度提高的余地。

　　过去,往往不管草场情况如何,盲目地追求牲畜头数的发展,等到草场因负荷量过大而退货了或畜群饥饿瘦弱,一遇灾害大批饿死了,才感到草的重要;而谈到草场改良,又不分地区、不分条件地笼统规定改良指标,势必达不到预期的目的。今后应在摸清草场资源的基础上,因地制宜地规定适当的发展指标和利用,改良措施,使天然草场既能保证持续利用,又能充分发挥它们的生产潜力。现在提倡搞农牧业区划,其目的正是要因地制宜,充分发挥土地资源的生产潜力。[1]

黑龙江省土地资源考察是李博在经历过动乱岁月后参加的第一次最重要的考察。从上述对考察所形成的研究报告与论文的分析可以看出,就内容而言,与以往资源调查工作相似,这些成果依然体现了研究与生产实践

---

[1] 李博,孙鸿良,曾泗弟,浦汉昕:呼伦贝尔牧区草场植被资源及其利用方向的探讨。《自然资源》,1980年第8期,第34页。

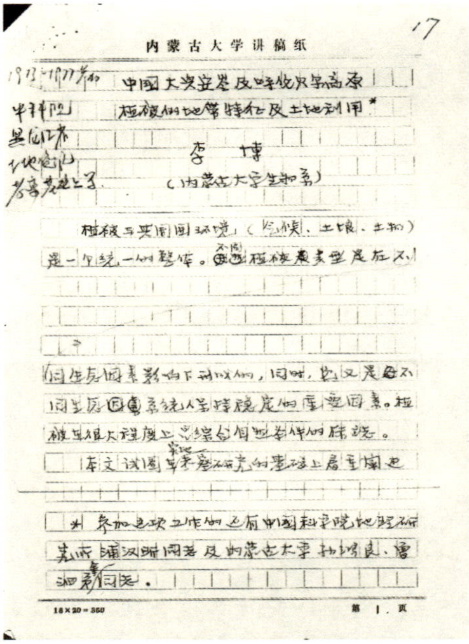
内蒙古大学讲稿纸

17

中国大兴安岭及呼伦贝尔高原植被的地带特征及土地利用*

李 博

（内蒙古大学生物系）

18×20=360 第 1 页

图 8-1 李博在 1973—1977 年黑龙江省土地资源考察基础上撰写的论文《中国大兴安岭及呼伦贝尔高原植被的地带特征及土地利用》手稿

的紧密结合，即在摸清某一具体地区植被情况的基础上提出利用改造的建议。从这种意义上来说，这项工作仍然是“文化大革命”之前研究工作的延续。在方法论意义上，这次考察以及最终形成的成果成功地将植被作为指标，进行土地资源与环境的评价，进行生态分区，为以后植被分区、资源评估、动态监测打下了基础。同时，这些工作也为李博后来从学术意义上的生态学研究向生态系统管理的转向积累了相应的资料，而李博在这些研究报告与论文中所阐明的有关生态平衡以及管理方面的思想，对其后来基于可持续发展框架下形成的生态系统管理思想构成了重要的基础。

业界同人再聚首

当李博在呼盟与大兴安岭地区重新开始他的草原生态考察之时，中国的生态地植物学界与草原界也正在慢慢恢复活力。

1973 年 10—11 月，中国科学院植物生态学与地植物学工作会议在昆明举行，这是继 1962 年在北京举行的首次全国会议之后第二次举行。此次会议由北京植物所、云南植物所、云南省科委负责筹备，原计划的参会名额为 50 人，但正式参会代表增至 65 人，列席 20~30 人，人员来自 17 个省市、47 个单位。

这次会议的一个重要任务是学习十大文件，领会十大精神，落实有关任务。会议分三个阶段：第一阶段进行革命大批判、交流、总结经验；第二阶段进行工作经验交流；第三阶段为制订科研规划（设想）。尽管会议内容仍然带有当时的时代特征，但在随后的几天会程中，代表们围绕着生态地植物学的问题展开了热烈的讨论，所涉及的问题不仅包括生态地植物学领域的研究，也有关于学科本身发展的探讨与总结。朱彦丞的"云南生态地植物学工作总结"、侯学煜的"植物所生态室工作总结"、曲仲湘的"环境保护和植物生态学"、姜恕的"农业生态系统"、仲崇信的"种内生态学研究"、朱震达的"荒漠植被研究规划"，从李博详尽细致的笔记上可以看到，这些报告在当时都引起了与会学者们的关注与讨论。

在会议结束之后，李博更利用此次出行的机会接连访问了昆明植物所、云南大学生物系、中山大学生物系、复旦大学生物系。从李博当时留

图8-2　1973年11月10日，中国科学院植物生态学与地植物学工作会议代表合影
（第三排右五为李博）

第八章　重返草原

下的笔记来看,李博在这一轮参观访问中重点考察的内容包括机构与人员设置、专业设置、课程设置、研究方向与在研课题等[①]。

1977年8月19日,李博从黑龙江考察结束回到呼市。在随后的几个月里,李博先后赴北京、乌鲁木齐、西安、成都等地参加生态地植物学相关领域的学术会议,也在此期间与学术同行以及兄弟单位进行了交流[②]。

在20世纪70年代末,中国草原学会的成立与《中国草原》的创刊成为中国草原科学史上的两件大事,标志着中国草原的研究进入了一个新的历程。两件事最重要的共同之处,或者说它们的其中一个最重要的功能就是加强同行的交流,促进研究成果的传播。一直坚守在草原生态研究第一线的李博也参与其中,这也成为他重回学术界并积极活跃于其中的最直接体现。

中国草原学会成立于1979年,会议于这一年的12月28日至次年1月5日举行。该学会由中国农业科学院草原研究所主持筹备,当时任草原所副所长的陈山任筹备组的其中一位负责人。据陈山教授回忆,当时农业部副部长蔡子伟曾就学会人员征询意见,陈山推荐的理事长人选为贾慎修先生和任继周先生,两位先生都是草原界的前辈;而在副理事长的人选上,陈山则推荐了许令妊、祝廷成、梁祖铎、李博等几位先生,"但是蔡部长说,内蒙古已经有许令妊了,李博就不能再上了,而且草原所也在内蒙古。就这样,那次草原学会成立时,李博先生是理事,副理事长就没上。但是从了解他以及合作的角度,我当然得提议李博先生"[③]。

也是在1979年,草原界的专业期刊《中国草原》创刊了。李博参与了创刊的过程。

> 当时我们约好了,祝廷成先生从东北师大过来,我带着我们所情报资料室主任郎炳耀从锡林浩特——我们所当时已迁到锡林浩特——到北京会合。当时李博先生在北大开会,我就到他开会的地

---

① 李博1973年的工作笔记。李燕青提供,扫描资料存于采集工程数据库。
② 同①。
③ 陈山访谈,2013年3月5日,呼和浩特。资料存于采集工程数据库。

方把他叫出来一起商量。我们几个人在中国农业大学招待所策划这个事情。草原所是后成立的所,比较年轻,教授们都是鼎力相助啊。后来《中国草原》创刊号上,李博先生是副主编嘛。当时我们这个刊物从无到有啊。①

参加撰写《中国植被》

1980年出版的《中国植被》也是中国植物生态学与地植物学研究者在十年动乱之后出版的第一部也是最重要的专著之一,而编撰这部专著的计划则是在1973年举行的那次中国科学院植物生态学与地植物学工作会议上制定的。在随后的几年里,相关的工作紧张而有序地展开:1976年的专门会议制定了编写提纲,建立了编辑委员会,会上决定组织全国有关力量完成这项任务,并成立东北、华北、西北、青藏、南方五个大区的编辑协作组,分头组织各大区有关力量开展工作;1976—1977年,各大区分别召开了多次专门会议,组织各省区进行资料的研究整理和必要的补点,并完成各大区的植被资料汇编;1977年10月至1978年7月,编辑委员会集中全国有关力量在各大区的研究总结基础上,完成全书的编写,并召开了两次专门会议反复进行讨论和修改,最后审查定稿。

从李博当时留下的工作日记也可以看到,那段时间对李博来说异常忙碌。仅从1976年的工作日志来看,这一年的2月、4月、6月、8月,李博曾多次赴京参加与此书撰写有关的会议,并详细记录了会上的发言与意见②。

《中国植被》于1980年出版。作为中国的植物生态学与地植物学研究者在1949年后30年来对植被研究的系统总结,该著着重论述了中国主要植被类型及其地理分布规律,并对它们的形成、发展和分布的背景条件以及主要建群种、优势种的地理成分和区系分析做出较为详尽的说明,既全

---

① 陈山访谈,2013年3月5日,呼和浩特。资料存于采集工程数据库。
② 李博1976年的工作日记。李燕青提供。

图8-3 1988年8月,《中国植被》一书获颁1987年国家自然科学奖二等奖

面概括了中国植被的基本特点,也为进一步开展植被基本理论和实际应用的研究提供了扎实的基础。

李博是《中国植被》的12位编委之一[①],同时还承担了该书第5、10、13、23、27章的主持或撰写工作。吴征镒先生后来评价李博在此书中的工作曾写道:

> 他主持或参与编撰的中国草原植被与中国植被分类系统等章节,就是对我国植被分类系统和草原生态学研究各界的科学总结,也达到当时的国内国际学术水平。[②]

赴美访学

也是在《中国植被》出版的1980年,李博第一次踏上了美国的土地。经历过动乱岁月之后,学术界重新回到了正轨,在以各种方式与国内同行进行更多交流的同时,自70年代末,随着一批学者相继出国访问,中国

---

① 《中国植被》由中国著名植物学家吴征镒主编,编委包括(按姓氏笔画顺序排列)王献溥、刘瑛勋、朱彦丞、李世英、李博、何绍颐、张新时、陈昌笃、周以良、周光裕、林英、侯学煜。

② 吴征镒:《李博文集》序。见:李博文集编辑委员会编,《李博文集》。北京:科学出版社,1999年,第i页。

学术界也重新回归国际学术共同体。与欧美学者越来越多的接触与交流为中国学者开启了一片新视野，而在生态学界，与苏联学派不同的研究方法与内容也很快被中国学者注意到并迅速介绍进来。李博也是当时较早出国交流的学者之一。

由于在草原生态方面的研究受到美国有关学者的关注，1980年6月，李博收到美国爱达荷大学的邀请函，将提供费用请李博以客座教授的身份去该校进行学术交流，并希望10月中抵达。收到邀请时的李博已年过50，英语又有很长时间没再使用，而赴美访问要完全用英语进行学术交流，其难度是显而易见的。为了弥补自己在英语上的欠缺，李博在赴美前的几个月里加班加点地练习。李博的妻子蒋佩华后来回忆那段时间李博所付出的辛苦与努力时说道：

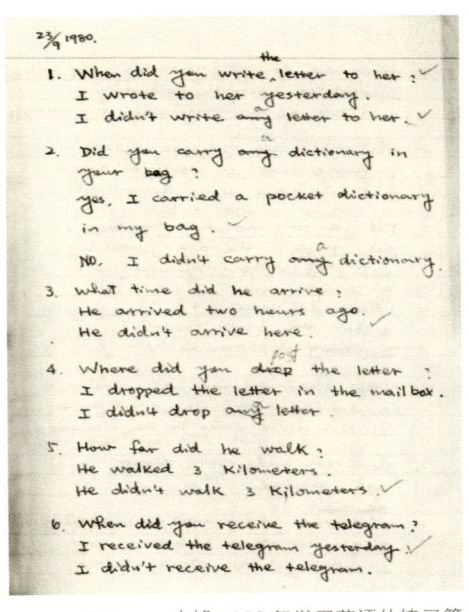

> 学校租给他一间小屋，他一个人靠收录两用机、英语磁带开始了3个月的攻关。每天奋战17个、18个小时，一边攻读英语，一边赶写讲座稿和论文。饭做好了，我让孩子去叫他，吃完后马上就走。临行前，我不安地问他："你到底行不行？"他回答说："凑合，勉强能对付。去美国后我会继续猛攻英语，你放心，我会抓紧这次大好的学习机会，坚决完成任务。"①

图 8-4　李博 1980 年学习英语的练习簿

1980年10月25日，李博抵达美国，开始了为期8个月的访问考察。

---

① 蒋佩华：往事历历在目。见：内蒙古大学生命科学院编，《精神永存——纪念李博院士》。1999年，内部资料。

第八章　重返草原　129

草原之子　李博传

图 8-5　李博（左）在美国爱达荷大学访学

那段时间对李博来说是紧张而忙碌的。在爱达荷大学，李博参加了草地资源系有关草地生态学及草地管理方面的教学、科研活动。先后听过10门有关专业课程，参加了有关课程的实验及野外考察；查阅了近20年来美国草地生态学方面的文献资料，了解美国草地科学研究的动态；参观了林学院草地资源系、林学系以及农学院、理学院（生物系、化学系）等系科的实验室及教学、科研设备；参观了电子计算机中心；参加了草地资源系多次系务会议及博士生、硕士生的考试和论文答辩。先生在院、系做过几次学术报告会，并介绍了我国草原研究情况。

除了在爱达荷大学的活动之外，利用平时节省下的有限经费，以最为

图 8-6　李博在 1980—1981 年访美期间拍摄的照片（回国后被制作成幻灯片，李博利用这些照片为生态学专业的学生介绍美国生态学的研究进展。从左至右依次为：1981 年 6 月 4 日拍摄的美国某地水文测定集水区；1981 年 4 月 18 日拍摄的在野外进行生态学实习的美国大学生；1981 年 6 月 21 日拍摄的肯塔基草地）

经济的旅行方式——乘坐美国的长途车灰狗（greyhound）——走遍了美国20余州，参观了华盛顿大学、俄勒冈州立大学、科罗拉多州立大学、堪萨斯州立大学、肯塔基大学等有关学院及系科，美国农业部科教局设在怀俄明州和北达科他州的两个草地研究站，有关大学的三个草地研究站及三家私人公司及其研究机构；还考察了美国西海岸和落基山森林以及蒿类草地、矮草草原、混合草原、高草草原及落叶、阔叶林区的牧场和农场，拍摄了很多照片。1981年6月，在离开美国回国前夕，李博作为中国代表出席在美国肯塔基召开的第14届国际草地会议，并宣读了论文《中国草原植被及其利用》。

回国前夕，李博专访了美国一家种子公司。对此，1981年7月1日美国媒体 The Spokesman-Review 做了报道：

中国教授访问北爱达荷州种子公司

波斯特福尔斯市，爱达荷州。一位来自内蒙古的草原生态学专家周二造访了位于波斯特福尔斯市的杰克林种子公司，这家国际公司升起一面中华人民共和国国旗以向他致意。

内蒙古大学的李博教授自10月以来成为爱达荷大学访问教授。在返回中国前夕，他在杰克林公司逗留以考察这家公司培育的草以及其他作物种类。

"我们向他展示了我们的开垦区，"杰克林公司引导员（tour guide）约翰·索尔说。"他查看了我们在侵蚀防治（erosion control）、草原开垦以及饲用作物中使用的草样本。"

索尔说中国教授的造访是商定好的，因此该公司会保证将样草交付给中国人。

"我参加在肯塔基州赖星顿举行的国际草地会议时发现李博在本国访问，"他说。"我们想知道他们的专家中是否有人收到过我们寄送的样本。他们没有收到过，因此我们想安排直接将样本交给他们。"[1]

---

[1] Chinese professor visits North Idaho seed firm. The Spokesman-Review, July 1st, 1981.

在美国的学术访问给李博留下了深刻印象。事实上,在李博刚刚踏上美国的土地后不久,他便写下了自己对这个大西洋彼岸国家的印象:"忙碌的,竞争的,蕴藏潜在危机的。"尽管如此,李博对这个陌生的国家也有一些很好的印象,比如"效率高""讲商业信用""人对人有礼貌,谦和""对自然的爱护""对公共卫生的维护""守法""兼容并收,没有包袱,各民族、各方面来的人各有所长。最不保守"。[1]

除了这些最初的印象之外,对于李博的学术成长而言,美国之行无论从何种角度上来说都可谓一个重要的转折点。当时的中国生态学界在很大程度上仍然处于苏联学派的影响下,但随着中美关系的解冻与中国的改革开放,中国的生态地植物学者有机会出访美国,接触到与苏联学派不同的理论与研究方法,在拓展了研究视野的同时,也使中国学者越来越多地获得与国际同行对话的条件。这也正是赴美学术访问对李博的意义。正是通过此次访美交流,李博也在思考中国的草原研究与国际科学界的差距。他在回国后总结访美经历时尤其提到了这一点:

> 我这次是到 Idaho 大学林学院草地资源系进行访问进修的,并参观了美国主要的草原地区及有关的学校和试验站。我认为在这一学科中我们的主要差距在下列几方面:①研究手段上落后,尤其在生理生态学及实验生态学方面,美国有些大学的设备比我们先进得多,因此工作走在我们前面,值得学习。②数据处理落后:美国草地研究中普遍应用电子计算机处理数据,快速而准确,我们的科技人员则缺乏这方面的知识和技能,应尽快赶上去。③美国草原的管理、改造方面,有许多值得学习的,例如维持生态平衡的指导思想、改造劣质草地的措施、人工种草及种子区域化以及牧草育种等。有鉴于此,建议以后派遣三方面的人赴美学习:
>
> (1)草原管理、改造及人工种草方面的技术人员(交流学者或进修生)。

---

[1] 李博访美时的笔记。存于内蒙古大学"1957年建成的教授住宅旧址"。

（2）草地植物生理生态学研究人员（进修生或研究生）。

（3）数量生态学及计算机应用（进修生或研究生）[①]。

基于这种对差距的认识，李博在回国后便在这些方向上开展了大量工作，这不仅反映在李博本人在 20 世纪 80 年代以后的研究工作与具体成果上，在他的教学活动中也得到了充分的体现。

[①] 李博：赴美访问进修汇报及对今后工作的几点建议。1981 年 7 月 20 日。

第九章
从空间制图到动态监测

一门学科的发展在很大程度上依靠其方法的不断改进。对来自不同学科领域的研究进展保持关注，并及时地将这些学科领域的新方法、新的技术手段引入到自己的研究中，这是李博数十年学术生涯最重要的特点之一。李博在20世纪80年代率先将遥感技术以及GIS技术引入到草原生态研究，就是这一特点的最直接体现。

传统的草原植被资源研究方法，例如植物区系调查、植被制图、多学科的综合考察，特别是20世纪70年代生态系统及生态系统定位站的研究，使草原资源的研究一步步向深推进。但由于资料分散、草场资源考察时间长、草场资源变化快等因素，传统方法已显不足：花费大量人力物力、调查精度不高、不能及时了解草场资源动态，因此急需快速、精准的新技术。而遥感技术以及GIS技术等新方法与技术在草原生态研究中的引入，其优势主要体现在对草场资源调查，快速准确地掌握草场动态，正是实现草场资源科学管理的最重要的基础。

一幅卫片开启的新视野

1984年，在中国草原学会举行的第一届全国草原生态学术讨论会上，李博宣读的论文向与会者们展示了一种新方法在草场资源调查与制图中的应用，这就是遥感技术。

"遥感"简单来说就是指"不直接接触研究对象物的一种调查研究方法"，"遥感"这一术语是在1962年前后才出现的，而到20世纪70年代，利用遥感技术对地球资源进行研究，在世界许多国家已成为一种相当普遍的现代化技术手段[①]。除了将国外的经验引介至国内[②]之外，在70年代末，遥感技术广泛的应用可能与前景也被中国多个不同领域的研究者注意到，在讨论应用的可能与可行性的同时，也进行了一些初步的试验[③]。

在大抵相同的时期，李博则开始思考将遥感技术应用到草原生态学研究中的可行性，并很快付诸实践，这缘起于1981年在山西省的一项研究带来的启发：1981年在山西省利用遥感技术对农业自然条件进行调查，取得了很大的成果。尤其是利用卫星影像的多时相进行不同方案的光学处理，提取所需要的信息，用目视解译的方法能够将乔、灌、草准确地区分开。由此提出进一步的问题是：这一方法能否对草做出进一步的细分？能否利用这一方法在内蒙古这样大范围的草原地区进行草场资源调查？对这些问题的探索最终成为一个国家"六五"科技攻关项目——"遥感在内蒙古草场资源调查中的应用研究"。该项目由北京大学和内蒙古大学共同承

---

① 陈述彭，李涛：遥感技术的发展和普及。《人民教育》，1978年第1期，第35页。

② 陈述彭，李涛：遥感技术的发展和普及。《人民教育》，1978年第1期，第35-43页；徐荣增：遥感技术简介。《铁路航测》，1976年第2期，第27-34页。

③ 林昌庚：我国森林调查规划赶超世界先进水平的讨论意见。《林业勘察设计》，1977年第4期，第3-6页；戴昌达等：遥感技术在土壤资源调查制图中的应用。《自然资源》，1978年第1期，第30-40、117-120页；戴昌达等：应用遥感资料进行荒地资源综合考察的初步研究。《科学通报》，1978年第11期，第687-691、704页。

担，除这两所大学之外，北京师范大学、东北师范大学、华东师范大学、南京大学、内蒙古师范大学、内蒙古农牧学院等10家院校与研究单位也参与其中。李博与北京大学陈凯教授担任项目负责人，李博同时还担任了草场组组长。

作为这一项目的前期工作，1983年，由北京大学等五所高校组成的教育部高校草场资源遥感科研协作组与内蒙古大学进行了反复讨论，并在内蒙古高原选择了两幅卫片进行了遥感应用试验和试点工作，准备在此基础上进行大面积草场调查与制图。《从一幅卫片的解译谈谈遥感在草场资源调查与制图中的应用》一文就是在这一背景下完成的。该文以李博所参与的海拉尔幅草场图的编制为基础，对草场类型解译的原理与方法做出了探讨。

1983年的试点工作所选取的试验区位于内蒙古高原东部，为大兴安岭西麓低山丘陵与内蒙古高原接壤区域。这里地势东高西低，自然景观分异明显。试验所采用的工作底图是1983年6月3日扫描的1∶20万标准假彩色合成相片，同时参考了1975年5月24日同一地区1∶25万标准假彩色合成相片及相邻的1978年10月7日扫描的1∶50万牙克石幅标准假彩色合成相片以及1/20万地形图。地面工作除试点期间收集的资料外，还利用了1975年李博等人在同一地区的考察资料及当时所编制的1/20万植被图。

从李博的论文中可以看到，这次试点对于即将大规模展开的内蒙古草场资源调查的意义主要在两个方面：其一，是对原理与方法的初步的探索，其中最主要的两种方法是卫片的目视解译与地学分析。

（一）直接目视解译

卫星影像是空间的景观模型是所有地表要素的共同载体，因此，它的颜色、色调、纹理和图斑结构都反映了草场所有要素的综合信息。但在生长季节，在盖度较大的草原地区，绿色植物对太阳辐射的反射特征可成为草场地物光谱的主要特征。虽然有绿色植物具共同的光谱反射特征，但在不同草场类型之间，其波谱特点有明显区别，这些差异最终表现为卫片底片透过率的差异,从而出现不同的影像特征。这是草场目视解译的主要基础。

(二)卫片信息的地学分析

由于卫片影像反映的是复合信息,只凭色调很难区分同色异物或同物色异的研究对象。但与它们的生境联系起来则易于分开。因地貌形态在卫片上往往一目了然,而地貌类型及其组合是草场分异的基础条件,因而也是明显的解译标志。

不同草场类型的季相变化是不同的,利用不同时相的卫片识别某些类型,是地学分析的另一方面。

(三)遥感信息的光学处理与影像增强

以上两种途径是卫片目视解译的主要方法,但在条件允许时,辅以光学处理或计算机处理等技术试验,进行影像增强和信息提取,则可大大提高解译精度。

从这里也可以看到,此时的草场资源遥感研究,除了依赖经验之外,计算机辅助分析也开始被应用到研究中,但尚未大范围使用。

其二,也正是通过此次试点,遥感技术应用于草场资源的调查、评价与制图的可行性得到确认。与常规方法相比,遥感方法在草场资源调查与制图中的优势是明显的:一是草场类型的轮廓和分布格局比常规制图要精确;二是对人为影响下草场的变化情况——例如草原退化难度、土地沙化情况、土地利用情况等可以认识得更具体和明确;三是速度快,利用卫星图片作中小比例尺,省去了用大比例尺进行地面调查的难度,只要通过典型地区的调查分析,掌握规律,可以很快地直接在卫片上作图,加快编图速度的同时,也节约了投资[①]。

---

① 李博:从一幅卫片的解译谈谈遥感在草场资源调查与制图中的应用。见:甘肃草原生态研究所编,《中国草原学会第一届全国草原生态学术讨论论文集》。1984年,第198-201页。

用遥感技术完成内蒙古草场资源调查

1983 年的试点工作中已经呈现出的这些明显优势使得应用遥感技术对面积广阔的草原进行动态监测成为可能，其工作方法也由此确定下来。

技术上的可行性与工作方法的积累，为内蒙古草场资源调查的全面展开打下了坚实的基础。调查工作首先从东部四盟开始。在收集整理东部四盟的卫星图片 43 幅后，1984 年 7 月开始了分组野外考察；1985 年年底完成了呼伦贝尔盟、兴安盟、哲里木盟和赤峰市近 45 万平方千米 1∶35 万或 1∶50 万以草场资源为主的有关自然资源和条件的 12 种 38 幅图件及相应的报告和数据；1986 年 2 月起着手准备编制全自治区 1∶100 万或更小比例尺的图件，后根据自治区科委的要求调整为以盟市为单位作图；1986 年 2 月起，以盟为单位，成立 5 个考察队，分别到锡林郭勒盟、乌兰察布盟、伊克昭盟、巴彦淖尔盟、阿拉善盟进行考察，到 1986 年年底完成；1987 年年初，在完成自治区各盟市的调查研究后，考虑到全自治区的需要，又编制了全区 1∶100 万或 1∶150 万的 8 种图件，同时对遥感技术及应用方法进行了讨论与整理。经过四年多的时间，"遥感在内蒙古草场资源调查中的应用研究"项目完成对全区 118 万平方千米及各盟市遥感考察与专业系列图的编制任务[①]。

对于参与项目研究的近百位研究人员来说，那是忙碌而紧张的四年，没有假期，而寒暑假更是研究项目组进行集体攻关的最好时机。来自东北师范大学的李太叶担任草场产量测试组组长，在参与项目研究时已身患癌症晚期，但仍忍着剧痛坚持工作，在从上海工作回到长春几天便因病去

---

① 具体成果可参见李博、陈凯：《〈遥感在内蒙古草场资源调查中的应用研究〉项目研究成果简要报告》。见：内蒙古草场资源遥感考察队编著，《内蒙古草场资源遥感应用研究》（三）。呼和浩特：内蒙古大学出版社，1987 年，第 9 页。

世[1]。而对于更多项目组的研究人员来说，这四年更像是一场没有假期、没有休息日的硬仗。

在分组调查中，李博参加了兴安盟草场资源调查。在最初阶段的四盟市中，兴安盟是颇具特色的一

图 9-1　1984 年，李博向内蒙古自治区领导介绍草原遥感应用项目进展

个。使用遥感技术应用于草场资源调查有助于人们快速准确地掌握相应的情况，但卫星遥感对于盟、市、地区等行政单位的草场和土地等自然资源的考察可提供什么样的成果，是否可满足盟、市级农业区划、生产布局、资源管理与国土整治的需要，在当时还缺少经验。而兴安盟地形复杂、面积适中，因此被选为样本，将各种专业图与资源数据以盟为单位整理出来，以尝试对上述问题做出回答。野外考察于 1984 年 7 月进行，之后是各组分头进行室内资料整理，到 1985 年 7 月修改定稿之时，全部工作历时一年时间。考察成果包括：全盟 1/40 万草场类型图、气候图、地貌图、流域下垫面类型图、地表水资源图、地下水丰度图、土壤图、植被图、土地利用现状图及生态区划图以及根据这些图件所计算的各类资源数据及相应报告。

同时，作为项目负责人以及草场组组长，除却大量的组织协调工作，李博所执笔的几部研究报告也成为草场资源遥感应用的重要文献。

李博的妻子蒋佩华回忆道：

这个项目启动时，当十几辆吉普车和大型面包车满载着人员、仪器设备迎着初夏的朝阳从内蒙古大学整装出发时，我一下子感觉他的

---

[1] 陈凯，李博：《遥感在内蒙古草场资源调查中的应用研究》项目工作总结。见：内蒙古草场资源遥感考察队编著，《内蒙古草场资源遥感应用研究》（三）。呼和浩特：内蒙古大学出版社，1987 年，第 5 页。

魄力胆识大了。这个项目干了整整四年。在结束前夕,他和项目的主要专家一直通宵达旦地赶写总结、审查图纸、报告等。一次,在他连续工作了三昼两夜之后第三夜的凌晨4点,我朦胧中听到有人喊我,我急忙起身下楼打开门栋大门,只见李博站在门口,他哑着嗓子对我说:"我脑子不转了,回来睡一会儿。你7点前叫醒我,我还有许多工作要做。"清晨,我做好早点准时叫醒他,他迅速吃完,便又投入了紧张的工作。①

这项历时四年的研究工作,编写了近百篇论文和专题报告,将遥感技术成功地应用于干旱、半干旱区大范围草原调查、制图与资源评价,完成了内蒙古118万平方千米草场资源,包括地貌、土壤、植被、水资源、气象类型、草场类型、土地利用、生态分区8种专题地图的编制,并应用GIS技术建立了内蒙古草场资源空间数据库,将我国的草地资源的调查、评价与制图在方法精度上和学术水平上迈上了一个新台阶。

从学术史以及李博本人学术成长轨迹的内在逻辑线索来考察,1983—1987年的这次大范围的草场资源遥感研究,作为最早将遥感技术应用到草场资源调查与制图的实践,其最重要的意义至少表现在两个方面。

一是对方法的探索,包括两个方面。一是草场资源遥感研究方法,在1983年的试点中,李博通过一张卫片的解译已经对草场遥感制图所依据的原理和具体方法做出相应的阐述,而经过此次大范围草场资源遥感研究,这一原理与方法得到了更为充分清晰的阐释。二是草场资源估算方法,包括各类草场面积的测定、产草量计算以及草场载畜量的计算。

二是研究基础的积累。对内蒙古草场资源的遥感调查与制图,包括各盟市草场类型图的编制,一方面作为具体的成果为了解草场资源提供了直观依据。通过"内蒙古草场资源遥感应用研究"项目所完成的一整套系列图件、资源数据以及研究论文等成果,是内蒙古自治区建立40年后第一套比较完整、配套的自然资源研究成果,对盟市仍及全自治区的农业区

---

① 蒋佩华:往事历历在目。见:内蒙古大学生命科学院编,《精神永存——纪念李博院士》。1999年,内部资料。

划、草原管理、生产布局、国土整治、环境保护、资源监测等事业都提供了可靠的基础资料，从而建立起了全区草场资源数据库。另一方面，这些成果也为日后开展草地畜牧业动态监测提供了背景值，成为实现动态监测的重要基础。

这些研究成果也很快在国际上引起关注。1984年在兰州举行的国际沙漠化土地整治学术讨论会上，有关"内蒙古草场资源遥感应用研究"的报告引起与会代表的兴趣，澳大利亚生态学家佩里（R. A. Perry）教授则建议在内蒙古召开一次草原遥感应用研究方面的国际学术会议，得到不少学者响应[1]。这一建议在三年后实现，1987年8月15—20日，内蒙古大学、人与生物圈国家委员会、中国科学院草原生态系统定位站联合主办的"国际草地植被学术讨论会"在呼和浩特举行，50余名外国专家和近千名国内专家参加了会议，李博任会议副主席，并做大会报告《遥感在中国草场

图9-2　1987年8月，李博在国际草地植被学术讨论会上做大会报告

---

[1] 李博，陈凯：《遥感在内蒙古草场资源调查中的应用研究》项目研究成果简要报告。见：内蒙古草场资源遥感考察队编，《内蒙古草场资源遥感应用研究文集》（三）。呼和浩特：内蒙古大学出版社，1987年，第17-18页。

资源调查中的应用进展》(Present Development in the Application of Remote Sensing to Grassland Resources Survey in China)。

就在"内蒙古草场资源遥感应用研究"项目结束后不久，1988年4月，李博就任中国农业科学院草原研究所所长，同时保留在内蒙古大学的教职。两头兼顾使得原就很少有自己时间的李博愈加忙碌起来。与在内大的工作相比，草原所的工作除了科研之外，李博也将承担更多的管理工作，这对他来说将是一个新的挑战。李博在接受这项任命之前，曾对妻子表达了担心做不好工作的忧虑，但最终还是承担下了这份工作和责任。

> 1986年秋，农业部的一位领导找李博谈话，要他出任中国农业科学草原研究所所长。李博毫无思想准备，回答说，我是教师，从来没有做过领导工作，搞教学科研行，当领导干部不行。1987年末，组织又找他要他出任此职务。当时他对我说，我实在没有干过行政官，怎么办？我说只好听天由命了。1988年4月，农业部下文，任命李博为中国农业科学院草原所所长。他向组织表示他仍是内蒙古大学教授，他将尽最大努力做好所长工作，同时请求组织，一旦有合适人选马上免去他的任职。此后，他便天天准时去草原所上班，狠抓队伍建设，调整、配套学科设置，改善科研设备，加强野外实验基地建设，使科研等各项工作有很大起色。在这期间，会议多了，事情多了，找的人更多了，几乎食寝不宁。但他课照常上，硕士生、博士生照常指导，科研项目照常进行。白天忙工作，晚上忙教学科研，常常开夜车到一两点钟，或半夜起来干到凌晨四五点钟。李博明显老了，头发全白，并开始秃顶，我焦急不安，只有尽量在家为他安排个宽心的环境，以求提高他休息和工作的效率。①

正是在草原所期间，李博创建了遥感室，并主持了农业部重点工程项目"我国草地畜牧业动态监测试点"北方片的调查研究工作，从而将此前

---

① 蒋佩华：往事历历在目。见：内蒙古大学生命科学院编，《精神永存——纪念李博院士》。1999年，内部资料。

已经开展的草地资源遥感研究推向了深入，而由此形成的数据与报告则为他的草原生态系统管理思想提供了更为准确即时的依据。

北方草地畜牧业的动态监测

20 世纪 90 年代，国外卫星遥感与地理信息系统（GIS）已进入大范围实用阶段，而在国内应用不多。80 年代后，由李博主持完成的"遥感在内蒙古草场资源调查中的应用研究"成功地将卫星遥感和 GIS 技术引入草地资源调查评价中，为开展农业部重点工程项目"我国草地畜牧业动态监测试点"在 1991 年的启动做了技术条件上的准备。

中国农业科学院草原研究所主持了该项目北方片（青藏高原除外）监测试点工作。李博在项目中担任了项目领导与协调组副组长以及项目负责人。

根据农业部的要求，这一项目北方片所负责的任务是负责

图 9-3 1992 年 4 月，李博（右）率国家科委组织的中国草地遥感应用代表团出访澳大利亚

建立我国北方（青藏高原及甘肃省除外）草原畜牧业动态监测系统，即建立一个适用我国北方草原区草畜平衡动态监测及雪灾、火灾、沙化等草原灾害评估与发布系统。

上述任务及其实现可以说是对我国北方草原以及草原畜牧业所面临的问题的应对：首先，随着气候的变化，草地生产力年际波动极大，例如青海环源地区，从 1962—1971 年的 10 年间，年降水变动于 309~671 毫米，

丰欠年相差1.2倍；与此相应，草地产量也变动于64600~163800千克/平方千米之间，丰欠年相差1.4倍多。而在内蒙古高原中部荒漠草原地区，如以湿润年份产草量为100%，则干旱年份只有25%，前后相差4倍多。草地生产力的波动极大影响了草地畜牧业生产，丰欠年之间的载畜量可以相差几倍，因此及时监测草地产量变化也就成为草地宏观管理的最重要的基础。其次，草原气候变化无常，经常导致牧业灾害，例如内蒙古在1947—1987年的40年间共发生白灾16次，黑灾11次，暴风雪14次以上，几乎年年有灾。其中损失400多万头（只）牲畜的灾害年3个，300万头（只）以上的4个，240万头（只）以上的3个。通过建立草原灾害评估与减灾预警系统，无疑会减少灾害可能带来的影响。再次，草原退化、沙化面积不断扩大，例如内蒙古奈曼旗，1949年沙化草场面积10100平方千米，1974年扩展到35000平方千米，平均每年扩大860平方千米；退化也有类似情况，使风蚀风积过程与水土流失过程加剧、草原环境质量持续降低[①]。

自1991年项目开始实施，在不到两年的时间里，项目组已经完成了草地畜牧业动态监测技术系统的总体设计，完成了地面监测点的布置及已有资料的总结，建立了各主要草地类型的估产模型。这个项目最终建立起的草地动态监测的技术系统可在7~10天内完成北方牧区10省221个县（旗）的草地估产与草畜平衡计算，为草地的宏观管理提供了重要的技术支持。

为了取得更多经验，在完成技术总体设计之后，先在内蒙古锡林郭勒盟进行了试点。从后来形成的研究报告可以看出，选择此地作为试点完全是出于一番精心的考察。

（锡林郭勒盟）地势开阔，以禾草草原占优势，主要经营草地畜牧业，在我国北方草地中具很大的代表性。本试验区面积20万平方千米，东部邻近大兴安岭西侧山前丘陵，气候半湿润，往西雨量渐减而气温渐高，由半湿润过渡到半干旱和干旱，并依次出现林缘草甸黑土带、草甸

---

① 李博，史培军：开展草地畜牧业动态监测研究 实现草地信息管理现代化。见：李博等著，《中国北方草地畜牧业动态监测研究（一）》。北京：中国农业科技出版社，1993年，第5页。

草原黑钙土带、典型草原栗钙土带、干草原淡栗钙土带及荒漠草原棕钙土带。正因为本区生境多样性高，对检验本技术系统的性能与适用性是较为理想的场地"①。

图9-4　1994年7月，李博（右）在新疆考察

经过精心设计与认真实施，在锡林郭勒盟的试点取得了成功，也获得了相应的经验。在综合分析了试点所获得的数据后，李博等人一方面看到"所获结果是可信，与当地草畜平衡的实际情况基本吻合，说明本技术系统在北方草原区是适用的，并达可运作状态"，另一方面也注意到该监测系统"如实现北方草地的业务化运行，还需做大量工作"。其中，李博等人尤其注意到"试点区是中国北方温带草原的代表，尚未涉及黄土高原等半农半牧区和阿拉善、新疆等荒漠地区，本系统的估产模型与参数不可能到处适用，对建立整个北方草地的监测系统还需做大量工作"②。

在锡林郭勒盟的试点为建立北方草地动态监测的运行系统奠定了基础。但正如李博等人在试点中注意到的，试点尚未涉及荒漠地区，因此，作为"北方草地畜牧业动态监测"研究的重要组成部分，1994年7月30日至8月23日，李博赴新疆考察。考察组由中国农业科学院草原研究所、北京师范大学、内蒙古大学、内蒙古草原勘测设计院、新疆畜牧科学院草原研究所组成。考察组先后考察了乌鲁木齐、准格尔东部、阿尔泰、克拉

---

① 李博，史培军，陈晋，等：开展草地畜牧业动态监测研究　实现草地信息管理现代化。见：李博等著，《中国北方草地畜牧业动态监测研究（一）》。北京：中国农业科技出版社，1993年，第216页。

② 李博，史培军，陈晋，等：开展草地畜牧业动态监测研究　实现草地信息管理现代化。见：李博等著，《中国北方草地畜牧业动态监测研究（一）》。北京：中国农业科技出版社，1993年，第226页。

玛依、塔城、伊宁、昭苏、阿克苏、喀什、库尔勒、吐鲁番、哈密等地区，行程 7900 千米，完成调查样地 110 多个，测产样方及光谱测定样方 500 个。这次考察的目标是对新疆各主要草地类型的地面光谱特征及地上生物量进行实地考察，并对各地区草地利用情况与存在问题进行了解。这项针对荒漠区的研究也成为建立完善"北方草地畜牧业动态监测系统"的重要依据。

规划中国草地生态监测网络

从内蒙古草场到中国北方，李博在与他的研究团队在利用遥感技术进行草地生态监测的研究一步步推向更广的范围。也就在"北方草地畜牧动态监测"研究稳步推进的同时，李博也在已有工作基础上提出了更为深远的思考。

在一份时间为 1996 年 8 月 16 日的手稿，李博提出了一项"中国草地生态监测网络建设规划"。从这份手稿中可以看到，李博对于建设这一覆盖全国的草地生态监测网络的每一个环节几乎都做出了细致的思考，因此，无论是建设目标还是具体的实施步骤，李博都给出了很具体的建议；同时，李博此前所完成的"内蒙古草场资源调查"与"北方草地畜牧动态监测"等工作则成为这一规划的重要基础。

二、网络建设目标

1. 总目标：在实现我国草地区域生态区划的基础上，针对各生态区的主要草地类型建立草地生态监测站和监测点，形成全国性的监测网络，并制订统一的监测指标体系、监测技术、评价方法与记录格式，在此基础上建立草地生态监测信息系统，实现各监测点之间以及监测点、监测中心与管理部门之间的信息快速传输，并经监测中心综合分析，提出变化趋势预测，为草地管理和环境管理部门及时提供草地资源与环境动态信息，为管理决策提供科学依据。

2. 近期目标（1995—2000）：作为第一步，先建立起北方草地监测网点的监测站与草地生态监测中心。监测站主要利用已开展监测工作的站、点，大约可选择20个左右，制订统一的监测指标体系、监测技术、评价方法与记录格式，做到规范化监测。同时，建立草地生态监测中心，负责三方面的任务，一是综合分析各站点的监测信息，做出趋势预测；二是利用遥感、GIS与GPS技术进行区域监测，把各监测点的数据应用到面；三是把上述信息及时送到用户手中，使各级资源与环境主管部门了解实时情况，便于管理决策。

3. 远期目标（2001—2010）：在上述工作基础上，设立监测点，使全国草地区域22个生态区60个左右生态小区均设有监测点。同时，完善草地生态监测中心，与各站、点建立计算机网络，使监测中心与各监测站、点可以及时通信。

三、站网建设规划

1. 总体设计：本监测网络采用三级结构，即监测中心，监测站，监测点。全国设一个监测中心（北京或呼和浩特）、20个监测站（代表不同生态区域）、50个监测点（代表不同的生态小区）。

2. 近期建设规划（1995—2000）：作为第一步，先建立起草地生态监测中心与北方生态监测站。

草地生态监测中心可利用中国农业科学院草原研究所已建立起来的草地资源动态监测系统（该系统已投资250万元人民币与30万美元），农业部环能司已打算在呼和浩特建立草原遥感分中心，如利用该技术系统，在设备上可减少大量投资，并已培养了技术骨干，可以用于本项监测任务。如果经费充足，也可在北京新建监测中心。

北方草地生态监测站可在现有草原监测站、草原定位站、草原自然保护区或草原观测点的基础上建立，以节省资金，节省人员编制，但同时要考虑不同草原类型与代表性。考察到上述因素，建议先设立16个生态监测站，其分布为：

森林草原区	2个（呼伦贝尔、松嫩平原）
中温典型草原区	3个（锡林郭勒、呼伦贝尔、松辽平原）
暖温典型草原区	3个（乌兰察布、甘肃、宁夏或西鄂尔多斯）
高寒草甸区	1个（四川）
高寒草原区	2个（青海、甘南）
荒漠区的山地草原	2个（天山、阿尔泰山）
荒漠区	3个（阿拉善、北疆、南疆）

3. 远期建设规划（2001—2100）：一是完善与补充草地生态监测站，包括南方草山草坡监测站的建立，使全国草地生态监测站达22个左右，并与草地生态监测中心建立联网关系。二是在各生态监测站下面设立若干生态监测点，在统一方法与指标体系下开展定期监测任务。这些监测点一般不设专职机构，而由有关单位委派一定人员开展此项工作，全国草地生态监测点可保持50个左右。

四、指标体系建设规划

1. 草地生态监测指标体系的建设，近两年内完成设计，2000年之前建设完备，不应有远近之分。指标体系一旦建立，各监测站、点均需按此执行，不能随意变更。但应参考森林、农田等监测指标体系，便于全国监测结果的汇总。

2. 草地生态监测应看作资源持续利用与管理工作的一部分，又是环保工作的一部分，不能仅仅看作是一项研究任务。但其中许多问题需要研究，监测结果也是一项研究成果，对全球变化、生物多样性保护等项目有重要意义。

3. 监测指标体系要根据监测对象的性质、范围和监测目标而设计。总的讲应具备如下性质：①变化敏感，易于监测。②可变性、定量。③时空可比。

在空间上可分物种、样地、景观、区域等5个尺度。对监测点而言以景观以下的尺度为主，监测站可到区域尺度，监测中心则顾及全国。

时间上则以天、月、年、10年与长期等尺度进行计量，如植物的生理过程以小时与天为计量单元，生态学过程则以月与年计量，类型变化则需长期观测等。

内容上，应包括草地生物、土壤、水文、气候等自然因子以及土地利用、温室气体变化等人为因子。

4. 物种水平的监测：各监测站、点可选择少量濒危物种或珍稀物种进行定时观测，具体对象可根据各站、点的情况与观测人员的力量而定，不要求每个点都开展此项工作。

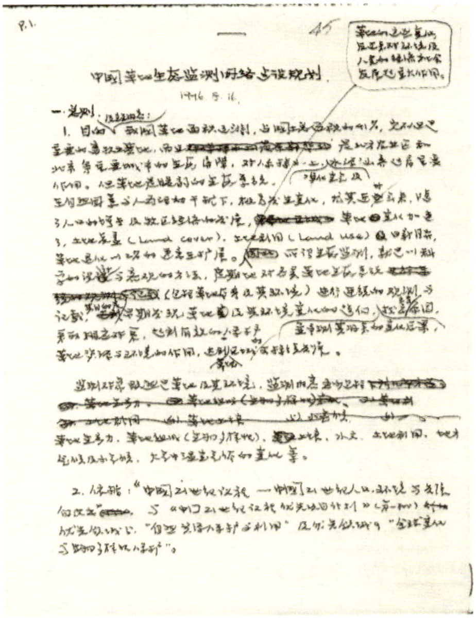

图 9-5　李博于 1996 年 8 月 16 日撰写的《中国草地生态监测网络建设规划》手稿
（李燕青提供）

5. 样地尺度的监测是站、点监测的基本内容，固定样地的大小可根据需要而定，日常地面观测可设 10 公顷到 100 公顷的固定样地，考虑到与航天遥感信息便于比较，每个代表类型的观测区域应不小于 2 平方千米。

6. 本规划制订后，应马上组织力量提出监测指标体系的框架，经过反复酝酿，第二年可形成指标体系初稿，再经两年试用，与"九五"结束前定稿，以法规形式定下来，交各监测站、点执行。①

此外，该手稿中更对"网络管理""信息系统建设""仪器装划""培训与技术援助"等均做出详细规划，从而使其既有实施的可行性，也具有可持续性。

将遥感技术、地理信息系统等技术方法引入到草原生态研究中，这是李博学术成长轨迹中的一个重要的转折点，而所有这些方法的引入，其最

---

① 李博：中国草地生态监测网络建设规划。1996 年 8 月 16 日，手稿。李燕青收藏。

第九章　从空间制图到动态监测　　*149*

终指向的目标仍然是李博一直专注的草原生态研究，以及在此基础上的生态系统管理——以监测信息为决策部门提供依据。

在 1995 年的一篇文章中，李博在谈到"提高草地牧区的综合生产能力，并建立有利于持续发展的法规和综合管理体系"时，其所建议的其中一项重要措施就是：

> 建立持续发展畜牧业的信息系统……利用计算机技术、遥感技术等建立草地畜牧业信息系统是持续发展科学决策的基础，也是可持续发展的支撑条件。利用这一系统可实现草地资源的动态监测与宏观管理。一方面，我们应该了解各类草地的性质，现实生产力与潜在生产力，它们的时空分布以及开始利用的限制因素和难易程度，做出宏观规划，有步骤地进行开发；另一方面，建立草原动态监测网络，及时监测和预报草地变化与草地灾害，提供管理部门决策[①]。

而写于 1996 年 8 月的这份"中国草地生态监测网络建设规划"也正是上述思想的具体体现。

无论是北方草地畜牧业动态监测项目的实施，还是同一时期李博主持的"我国北方草地畜牧业优化生产模式的研究"项目，以及李博在此前后数年反复提出的建立草地畜牧业管理信息化的建议与规划，从最为直接的角度来说，固然为应对北方草地畜牧业所面临的问题提供了有力的方法与手段，但在一种更广的视野，或者说从当时国际与国内的生态环保理念发展来看，其实还有更深层的意味。正如李博本人在"中国草地生态监测网络建设规划"中写道的，"草地生态监测应看作资源持续利用与管理工作的一部分，又是环保工作的一部分，不能仅仅看作是一项研究任务"。从这种意义上来说，李博及其合作者们所完成的工作正是中国学者对处于变化中的生态环保理念的呼应，也成为全球为应对生态危机而采取的行动之一。

[①] 李博：我国草地资源现况及开发利用问题。《国土报》，1995 年 10 月 10 日。

第十章
走向管理的草原生态学

早在1980年，国际自然保护同盟在其文件《世界自然资源保护大纲》中提出"必须研究自然的、社会的、生态的、经济的以及利用自然资源过程中的基本关系，以确保全球的可持续发展"。1981年，美国学者布朗（Lester R. Brown）出版《建设一个可持续发展的社会》，提出以控制人口增长、保护资源基础和开发再生能源来实现可持续发展。1987年，挪威首相布伦特兰夫人在她任主席的联合国世界环境与发展委员会的报告《我们共同的未来》中，把可持续发展定义为"既满足当代人的需要，又不对后代人满足其需要的能力构成危害的发展"，这一定义得到广泛的接受。1992年6月，联合国在里约热内卢召开的"环境与发展大会"，通过了以可持续发展为核心的《里约环境与发展宣言》《21世纪议程》等文件。

基于可持续发展框架下的草原生态研究乃至向生态系统管理的转型是李博学术思想的一次重要演变。促成这一演变的原因既有李博对国际学术动态的关心与捕捉，也有他对草原生态所面临问题及其与人口、社会发展之间矛盾的敏锐觉察。

草原退化

尽管草原是一种可更新资源，但它的承载力是有限的。随着人口的增加，对草原利用强度不断地加大，草原已出现大面积退化。如何制止草原退化使其最终达到永续利用，是草原生态研究者所面临的任务。而李博在草原生态学管理上的学术思想首先就来自他对草原退化问题的觉察以及对退化原因的认识。

在1986年的中国北方天然草场改良技术交流会议上，李博在论文《草原改良的生态学基础》中对草原退化问题做出了专门的讨论。按照该文给出的数字，作为中国主要的草原牧区之一，内蒙古"全区退化草场面积已超过1/3，以水草丰美而著称的呼伦贝尔草原，退化面积已达12.4%，鄂尔多斯高原退化草场面积已达50%。新疆细毛羊的大本营天山北麓紫泥泉地区，近年来草原产量下降20%~50%；宁夏盐池一带的草场是滩羊的故乡，自60年代以来草原生产力不断下降，目前不但产量降低，而且沙化面积已达50%以上；就连号称世界屋脊的青藏高原，不少地区的草原也在退化，如西藏安乡县草场近16年来产量下降58.3%！"[1] 到1992年，李博再次注意到，"全国草原退化面积以每年1000~2000万亩的速度在扩展"，而文中再次给出上述几个地区的草原退化数据，两相对照显然是令人忧虑的：内蒙古全区退化草原面积占全区可利用草场面积的35.57%，其中严重退化面积接近总面积的20%；呼伦贝尔草原退化草原面积达23%；鄂尔多斯高原退化草原面积达68%[2]。

与草原退化紧密相关的是草原生物多样性受到严重威胁以及由此而给牧区经济发展带来的影响。

要有效制止并预防草原退化，首先要了解草原退化的原因。早在20

---

[1] 李博：草原改良的生态学基础。见《中国北方天然草场改良技术交流会议资料汇编》第4-15页。

[2] 李博（执笔）：我国草原生物多样性保护。1992年，内部资料。

世纪 60 年代的研究以及相关成果中,李博已经注意到自然因素以及人为因素对草原退化的影响。1997 年,在《中国北方草地退化及其防治对策》一文中,李博对草原退化的原因做出了系统的总结,认为造成草地资源退化的因素很多,包括自然因素,如长期干旱、风沙侵蚀等;人为因素,如过度放牧、滥垦、开采等。通过对不同学者在不同时期对草原退化的研究成果的回顾,以及不同时代气象资料的分析,他认为人为干扰,即过度放牧、开垦等人为因素是导致草原退化的根本原因[①]。

数十年的生态学研究以及深入草原牧区的考察实践更使李博敏锐地察觉到问题的关键所在,就在同一年举行的中国科学院第八次院士大会上,李博在其学术报告《我国草地资源现状、问题及对策》中指出:"草原退化、沙化、盐碱化是牧区的社会问题和管理问题,而不是技术问题"[②]。人力驱动力作为导致草原退化的主要因素一旦被确认,管理也就成了应对草原退化的必然选择。

以管理应对草原退化

事实上,以管理应对草原退化的思想很早便在李博的研究思想中显现出来。例如在 20 世纪 50 年代参加的一系列荒漠资源考察以及 70 年代的黑龙江土地资源考察中,当李博以实地调研注意到这些地区已然出现的生态退化迹象后,他在研究报告中提出的建议里便包含有通过管理改善生态问题的内容。而在 80 年代,伴随着中国的改革开放与经济建设的推进,一些地区片面追求经济效益而牺牲了生态环境的做法使得这些地区的生态环境面临着严重的挑战。

---

① 李博:中国北方草地退化及其防治对策.《中国农业科学》,1997 年第 30 卷第 6 期,第 1-9 页。

② 李博:我国草地资源现状、问题及对策. 见《李博文集》编辑委员会编,《李博文集》。北京:科学出版社,1999 年,第 380-382 页。

作为生态学者的李博在此时进行了大量思考，而这种思考的最终呈现方式不仅有在学术期刊上的论文，另一个重要的途径就是在专业或公众媒体上撰写文章，提出对策。与学者们在书斋里的讨论相比，这种在公共场合发出的声音显然具有更大的影响力。

兹将李博发表于《中国环境报》1986年9月30日的文章《我国草原退化及其恢复对策》引述如次，从中可以看到李博以管理应对草原退化的主要思路。

近几十年来，由于人类强化了对草原的利用，不断地向草原索取能量，使系统入不敷出，才出现了各种形式的退化。因此，应从草原生态系统能量平衡的高度来制订防止退化和恢复退化土地的对策。

1. 恢复退化土地的经验。在我国草原区，对退化土地的恢复已做了大量工作，积累了不少经验。

对退化草场进行封育：一般2~3年可恢复其生产力，这是最有效、最经济的一种方法。

对沙化土地的治理：以生物措施为主，配合工程措施，已取得成功经验。如沙坡头、碇奈曼旗等地，已把流沙变为牧场、农田和林地。

在严重侵蚀土地上种植柠条等旱生灌木及多年生牧草，已取得明显效益：如鄂尔多斯东部准格尔旗，近年来种植柠条12.3万公顷，种植紫花苜蓿8.6万公顷，控制了种植区的水土流失，解决了牲畜饲草问题。

旱作农田实行粮草轮作，农牧结合：黄土高原通渭县那坡村，1963年开始种苜蓿，占总播种面积的1/3，每公顷产鲜草15000千克。到1980年粮食作物面积减少了1/3，粮食总产量却增加了30%，牧业也得到大发展，由穷村变成富村。

2. 如何制止草场的进一步退化：尽管对退化土地的治理已取得许多成绩，但这些都是在个别点上进行的，广大的草原区，土地在继续退化。其原因是缺乏整体规划和战略目标，有关业务部门没有协同作战，投资分散，更重要的是资金缺乏，无力进行大规模治理。针对上述情况，提出几点防止措施。

（1）天然草场，以草定畜，严格控制载畜量：在维持资源永续生产的前提下，规定生产指标。利用强度不超过草群地上产量的50%。

（2）采取有效措施，提高第一性生产力：同时开辟新的饲草、饲料来源，彻底解决畜草矛盾。提高草原第一性生产力的途径有浅耕翻改良、施肥和建立人工草地。

（3）节约用草，提高第二性生产力：目前我国草原区牲畜对饲草的转化效率甚低，只有0.5%~1%，主要原因除牲畜品种外，是经营制度与方式的问题。应通过改良牲畜品种，加快周转，在同样饲草条件下使畜牧业产品大幅度提高。

3. 防止农区土地退化的措施：关键是用地的同时要养，培育肥力，不断扩大该系统中能量流动与物质循环的规模，保持输入与输出的平衡。有效措施有：

（1）把草原农区的粮食生产压缩到最低限度：即仅够当地居民食用，不搞商品粮基地，把多余的土地退耕还草，实行粮草轮作，农牧结合。

（2）建立基本农田，实行精耕细作，施入足够的附加能量，维持高产：在中国草原农区，无机能量投入很少，适当施加无机能量，可以用低代价换取高产。在农田周围建立灌木带，对防止水地流失可起一定作用。

4. 地下资源的开发：中国草原区拥有丰富的地下矿藏，煤的储量占全国第二，石油、天然气及有色金属也很丰富。过去由于经济力量薄弱，无力开发。只有积极开发这些地下资源，才能解决草原区退化土地治理的资金，并促进草原区各项事业的发展。草原区经济事业越发展，资金越雄厚，对退化土地的治理就越容易解决。

5. 人口的控制：人口问题与土地退化以及退化土地的恢复均有密切关系。归根结底，草原区土地的退化是由人口增长引起的。从能量平衡观点，草原区的人口数量应该与该地区的绿色能源取得协调。在牧区，以典型草原地带为例，每平方千米可容纳5个人。目前，中国草原牧区已远远超过这个数字。如内蒙古全区平均每平方千米16人，纯牧业区的镶黄旗，每平方千米6.5人。只有提高草原区的植物性产品和动物性产品，才能养活更多的人，才能向社会提供商品。在退化较严重的农区和草原区，已有人口应进行有计划的疏散，譬如，转移到工业上或转移到新兴工业城市的郊区从事种植业，对退化土地的恢复将起到积极作用。①

从李博的论述中可以看到，对于防治草原退化，李博所提出的思路具有这样一些特点。

首先是对当地治理经验的充分重视，由于数十年在草原一线考察，因此对草原区治理草原退化所做的工作非常了解，并且由于有时间与相关资料的积累，李博也很善于对已有经验做出分析与厘清，以从中选择切实可行的做法。

其次，尽管李博更长于北方草原的研究，但在考虑草原退化及其对策时并未仅仅将思路局限于草原，而是将对内蒙古草原的思考置于整个生态系统的大背景下加以考察，尽可能考察各方面因素的影响，并以此为基础提出对策。这种广阔的视野构成了李博的生态系统管理思想的一个重要特征。

再次，运用自己的学术专长，同时充分考察草原区人口生活的现实需要，兼顾生态效益与经济效益。这种思路在1987年发表于《光明日报》的文章中得到了更为充分的表达。例如在说到控制载牧量以减轻放牧压力时，李博认为：

为达到这一目的，简单压缩牲畜头数是不行的。首先，各地应在考察草场资源的基础上确定资源容量，从生态系统平衡的高度制订草原管理的整体规划，以草定畜，制定一个时期的牲畜限额。各类草原

---

① 李博：我国草原退化及其恢复对策。《中国环境报》，1986年9月30日。

受自然因素的制约，所固定的太阳能是有限的，其中相当一部分还要用于自我更新，一般利用强度不超过当年地上产量的50%，才能维持草原的永续更新。

其次，要因地制宜，开辟新的饲料来源。山区的野生灌木枝叶、农区的秸秆等目前均未充分利用；医药及食品工业的废液废渣，以及畜产品的下脚料如骨、肉、皮鞋碎屑等均含有丰富的养分，也可作高营养饲料。发展饲草、饲料加工工业，广辟饲料来源是控制草原退化的重要措施之一。[①]

最后，作为生态学者，李博在考虑草原退化防治问题时，除了生态学因素与方法之外，也充分考虑到社会经济生活的其他领域可能的影响或方法。

草地科学管理的生态学基础

草地的科学管理与生态学是紧密相连的，这种以生态学思想指导草地管理的理念很早便在李博院士的研究思想中显现出来。

1980年的西北地区农业现代化学术讨论会，李博即以"从生态学观点谈草原的科学管理"为题，从生态学角度讨论了草原生产力、草原管理利用中存在的问题[②]。时隔十余年后的1994年，李博又以"生态学与草地原理"对此做出了更为细致的梳理。

李博强调，草地生态学是现代草地管理的理论基础。生态学在不同的发展阶段对草地管理的贡献是不同的，因此，在对这种关系做出历史的追溯之后以一个图示对此做出了更为直观的说明。

---

① 李博：制止草原退化。《光明日报》，1987年1月2日。
② 李博：从生态学观点谈草原的科学管理。见《西北地区农业现代化学术讨论会论文选集》第四卷。1980年，第77—91页。

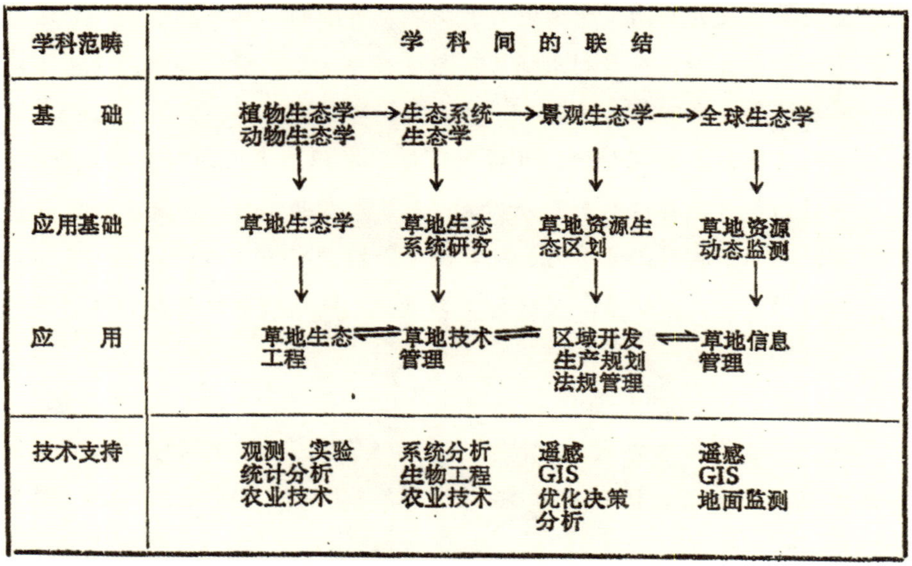

学科范畴	学科间的联结			
基　础	植物生态学 动物生态学 →	生态系统 生态学 →	景观生态学 →	全球生态学
应用基础	草地生态学 ↓	草地生态 系统研究 ↓	草地资源生 态区划 ↓	草地资源 动态监测 ↓
应　用	草地生态 工程 ⇌	草地技术 管理 ⇌	区域开发 生产规划 法规管理 ⇌	草地信息 管理
技术支持	观测、实验 统计分析 农业技术	系统分析 生物工程 农业技术	遥感 GIS 优化决策 分析	遥感 GIS 地面监测

图 10-1　李博在论文《生态学与草地管理》中以图示的方式分析了生态学在不同发展阶段对草地管理的贡献（《植被生态学研究———纪念著名生态学家侯学煜》，1994 年，第 329-337 页）

　　从图中也可以看到体现在李博学术思想中的突出的特征，即并不局限于某一学科或某一时期，而是将思考置于更大的学科背景与历史背景之下，从而能够以时间与学科的全局眼光对所思考的问题做出清晰的梳理，并提出可行的对策。

　　同时，该图也清晰显示出了李博提出的草地管理的三种途径以及它们与生态学不同学科方向之间的关系。草地管理的三种途径包括"法规管理、信息管理与技术管理。不管哪一种管理，都应以生态学原理为基础"。技术管理包括植被管理、放牧管理、草地生态系统管理三个层次；法规管理则是通过立法机构制定有关法规，如草原法，由各级政府和执法机构监督执行；草原信息管理则随着 20 世纪 70 年代遥感地理信息系统（GIS）与计算机技术的迅速发展使得大面积对草原动态监测、草畜平衡预报成为可能，这对管理决策起到了重要作用[①]。而李博本人在遥感应用方面的工作也正是草原信息管理的重要内容。

---

① 李博：生态学与草地管理。《中国草地》，1994 年第 1 期，第 1-8 页。

以生态学为基础实现草地科学管理，这不仅是李博在长期的生态学实践中逐渐形成的生态学研究思想，而这一思想也在这位始终活跃于野外一线的生态学家本人的研究活动中得到了最好的体现。

南 方 考 察

在保护草地资源的同时向草地要粮要效益，作为李博生态学研究思想的主要线索，在李博向生态系统管理转型过程中越来越清晰地表现出来，而1996年对南方草地资源的考察以及相应的开发建议的提出也正体现了这一思路。

根据农业部20世纪80年代初期组织的全国草地资源调查数据显示，我国南方草山草坡总面积9.8亿亩，可利用面积约7亿亩。从食物资源开发的角度而言，南方山草坡蕴藏着发展草食家畜的潜力，有可能建成我国重要的草食家畜生产基地，成为解决我国食物问题的重要组成部分。一些地区的实践证明，开发草方草山草坡，已成为稳定脱贫致富、环境保护（水土保持）的重要途径。正是基于这样一种考虑，经李博建议，1996年11—12月，中国科学院生物学部组成咨询组，在农业部畜牧兽医司以及湖北、湖南、云南省政府的协助下，对我国南方草地资源及其开发利用的现状进行了考察。咨询组由张新时院士任组长，李博任副组长，成员包括

图10-2　1996年11—12月，李博参加院士南方草地考察（左图右四为李博）

李振声院士、中国工程院任继周院士、中国农业科学院畜牧研究所黄文惠研究员、中国科学院—国家计委地理研究所陆大道研究员、国家教委环境演变与自然灾害开放实验室史培军教授、孙鸿烈院士的博士生于秀波与中国科学院生物学部办公室孙卫国等。农业部畜牧兽医司贾幼陵司长、韩高举副司长、李维薇副处长也参加了咨询组的考察。

在一个多月的时间里，咨询组实地考察了湖北省恩施市大山顶草场、利川市齐岳山草场、湖南省龙山县山地、湘西北山地和滇东北山地丘陵的草山草坡，观看了湖南省桑植县南滩草场、城步县南山牧场和云南省思茅市草场的录像，并听取了湖北省、恩施州、恩施市、利川市、宜昌县、湖南省、湘西州、龙山县、张家界市和云南省等草地畜牧业的工作汇报。

这次考察确定了我国南方近期规模性开发的草山草坡约2亿亩，同时，相比于北方草地，南方草地在很多方面也有着明显的优势，例如水热条件好；牧草生长期长；基本上无雪灾、旱灾、风灾等自然灾害，发展草地畜牧业的风险小；易于改造等。而自1978年起，农业部即对南方草地先后实施了39个草地畜牧业综合开发项目，通过对这些项目实施情况的调研，咨询组认为"南方草地资源的开发在技术上是可行的，经济与生态效益显著，作为贫困山区稳定脱贫致富的有效支柱产业是肯定的。但如期望成为我国重要的草食家畜产品生产基地还有待加强建设"。

根据这些基于实地考察所做的分析，咨询组提出建立"常绿草地带"加速开发南方草地资源的建议。内容包括：

①南方草地应列为加大开发力度的一项后备农业资源，由国家计委牵头，会同农业部及南方有关省区制定我国南方草地资源开发总体规划与优先发展南方草地畜牧业的产业政策；②建议国家科委农村科技司与农业部畜牧兽医司，组织有关科研部门开展"我国南方草地开发评估与生态经济区划"；③建议国家计委设立南方草地畜牧业开发示范基地建设的专项基金，财政上开一个户头，对南方草地资源开发所需资金给予50%的支持，另50%由各省区给予配套，建立相应的专

项基金；④制定与完善草山草坡的权属划定，落实承包责任制，为农牧民创造宽松的政策环境；⑤完善国家和地方各级人民政府对畜产品加工规模与产品结构的短期和中、长期计划与规划。

针茅防除：以改进管理趋利避害

作为自治区的生态学者，李博在完成教学与科研工作的同时，也越来越多地参与到自治区建设实践中，尤其是与草地畜牧业有关的问题，李博更是充分运用自己的专业所长以及多年的实践经验与专业理论提出自己的建议。例如1997年有关自治区针茅防除工作的建议，从中可以看到，此时的李博在生态系统管理及其实际应用方面的思路特点已经很明显。

刘明祖书记，乌力吉主席，白恩培书记：

闻悉自治区有关部门把针茅防除列为1997年内蒙古畜牧业生产中急需解决的大事之一，现就此问题提供一些意见，供领导参考。

一

针茅（Stipa）属植物在世界上分布甚广，是欧亚大陆草原（中国、蒙古、俄罗斯、乌克兰、哈萨克斯坦、匈牙利）主要的建群植物。我区草原是欧亚大陆草原的一部分，针茅草原在我区天然草地中占重要比重，据全区第三次草地资源调查，我区可利用草地面积9.5亿亩，其中针茅草原3.9亿亩，约占41%，是我区主要的放牧畜牧业基地。

二

针茅可分为大针茅（包括贝加尔针茅、大针茅、克氏针茅等）与小针茅（短花针茅、沙生针茅、戈壁针茅、克列门茨针茅等）两类，小针茅植株很矮，颖果芒长7厘米左右，对羊基本无害，而且是营养丰富的饲草，过去东来顺涮羊肉的羊，主要靠吃小针茅长大的。大针茅营养价值亦高，牲畜喜食，但其外稃具长芒，在结实后期其芒针可刺穿羊皮，混入羊毛，造成畜产品质量下降。皮革工业一直呼吁将针茅彻底防除。我认为，预防芒针对绵羊产品的危害是需要的，但如何做到这一点，是我建议的中心内容。

三

对绵羊生产造成危害的大针茅总面积2.4亿亩，占全区可利用草场草种的1/4，主要分布在呼盟牧业四旗与锡盟中部。大针茅4月下旬返青，8月上中旬开花，8月下旬至9月上旬结实并陆续成熟，它对羊的危害主要在8月下旬至9月上旬的15~20天，果实成熟前与果实脱落后均对家畜无害，而且是比较好的饲草。如果从管理上下功夫，通过倒场放牧、提前打草、果期牧牛等措施，在8月下旬至9月中旬不在大针茅草原上牧羊，即可避免芒针造成的损失。根据实地调查，这在大针茅分布的多数旗县是可以做到的。

针茅是上百万年长期适应环境而形成的，面积太大，是不容易铲除的。而且，有没有草吃是当前草地畜牧业的首要问题，如真的铲除掉，将使草原失去20%的饲草，并将引起草原群落的逆行演替，导致草原退化和草畜矛盾加剧，甚至会对我区草原造成不可逆转的破坏。因此，通过改进管理，加强草原建设，趋利避害，是防止芒针危害的最佳选择。

四

防除大针茅芒针危害的科学研究，应该积极支持，建议首先从宏观角度研究大针茅分布区内各旗县的畜群结构，危害现状，放牧制度，以及如何趋利避害等问题，帮助地方制定趋利避害的具体方案，以解决当前存在的芒针危害问题。另外，应支持较长远的基础研究，如大针茅的繁殖与更新特点，外界条件及年龄等因素对结实的影响，局部实验地上机械铲除针茅后草群的演替趋势等。科学院前副院长李振声院士曾建议用遗传工程办法培育无芒针的大针茅，这在理论上是可能的，像新西兰培育无刺的野蔷薇成功就是一例。后来考虑即使培育出无芒针茅植株，在2.4亿亩面积上种植它替代有芒植株，也是目前国家财力承担不了的,故后来放弃了这一计划。

李博(内蒙古大学)
一九九七年二月二十五日

李博的建议很快得到内蒙古自治区领导的重视。自治区书记刘明祖、自治区主席乌力吉均做出批示,交由畜牧厅进行研究落实。

而从生态系统管理的角度来看,这封建议信中所体现出来的除了理论与生产实践相结合的路径,尤其明显的是通过管理趋利避害的思想。对于针茅这样一种对绵羊产品,尤其是皮革产品乃至皮革工业危害极大的植物,李博所建议的措施不是一味清除,而是充分看到其优势,即营养价值高,牲畜喜食,而且生长面积大,是重要的饲草资源,同时也注意到草地牲畜业的首要问题是饲草,从而将针茅防除问题转化为针茅合理利用问题,即如何最大限度地利用针茅作为优质饲草的功能而避免其他方面的危害。

对于这一问题,李博提出的对策,一是改进管理,即"通过倒场放牧、提前打草、果期牧牛等措施,在 8 月下旬至 9 月中旬不在大针茅草原上牧羊,即可避免芒针造成的损失";二是加强基础研究,考虑以生物方法治理针茅问题。既考虑到现实的可行性,也着眼于长远的发展,这种体现在针茅治理中的思路其实也正反映了李博在生态学研究中"做大不做小"的广阔视野。

关注中国大农业可持续发展

中国是一个农业大国,农业的持续和协调发展是国计民生的首要大事。随着全球气候变化以及人口不断增加和经济高速发展,人类对自然资源及农业生态系统的影响日益加剧。一些地区过度的垦殖、土地的工业化使用导致了严重的土地退化和环境污染,直接影响到农业的持续发展。

在这样的背景下,李博在 20 世纪 90 年代中后期将研究方向扩展到农业生态环境，对中国大农业的发展给予了极大的关注。而李博在这一时期主持、建议或申请的研究项目中也正体现出了这种研究方向与学术思想的转向。

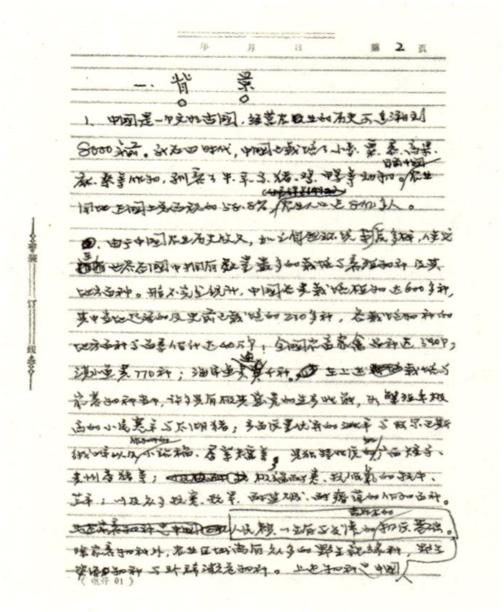

例如，中国东部主要农业生态系统与全球变化相互作用机理研究（国家自然科学基金重大项目，1997年7月申请）、开发农业后备资源的基础研究（重大农业项目基础建议书，1997年7月）、农业生物多样性保护研究、我国北方农牧交错带农业持续发展的基础研究（1998年1月）等。尽管这些项目在起步立项申请阶段，但透过这些申请、论证、建议书仍可以看到李博院士学术思想的拓展及作为老一代科学家热切为中国农业持续发展做贡献的迫切心情。

图 10-3　李博于 1998 年撰写的《农业生物多样性保护研究》建议书手稿

"农业生物多样性保护研究"的提出缘于李博注意到的这一事实：

> 人类活动对农业生物多样性已造成重大威胁。目前我国人口已达 12 亿，还在继续增长；经济正在高速发展，农田地还会减少；与此同时，人们对食物、衣着的要求日益增高。可见人类活动对农业生物多样性的威胁会日趋增强，这对实施我国 21 世纪议程和建立可持续发展农业造成重大威胁，农业生物多样性的保护迫在眉睫。因此，在中国生物多样性保护中，农业生物多样性保护应占优先地位。①

而在《开发农业后备资源的基础研究》建议书中，李博则注意到：

---

① 李博：农业生物多样性保护研究。手稿，1998 年。李燕青收藏。

我国农业资源紧缺，但又浪费严重，利用效率甚低；另外，许多有生产潜力的资源由于技术等问题又得不到开发。如何变无效资源为有效资源，发挥农业资源的潜在生产力，是确保我国 21 世纪食物安全的重要措施。

图 10-4　李博于 1993 年获得第二届乌兰夫奖金基础科学特别奖

为此，李博提出的研究内容包括新食物资源研究、南方草山草坡适宜性评价及生态经济区划的研究、北方农牧交错带的生产潜力评估及优化生态模式的研究、变无效蒸发为有效蒸腾的机理与技术、农业后备资源数据库的建立[①]。

在中国东部陆地农业生态系统与全球变化相互作用机理研究（国家自然科学基金重大项目课题任务书）中，李博将中国东部陆地农业生态系统放在全球变化的框架下加以考量，提出的研究重点包括：全球变化条件下，我国东部陆地农业生态系统生产力变化趋势；全球变化条件下，东部样带农田、草原、森林之间的结构动态分析；全球变化条件下，我国农业可持续发展的调控途径与对策[②]。

1988 年起担任中国农业科学院草原所所长，这对李博来说并不仅仅意味着一个领导岗位，更重要的是，这为他的生态与农业可持续发展研究提供了一个更大的平台以及更多可整合利用的研究资源。李博及时提出与当前科学热点密切相关的研究课题，并积极组织全国有关的研究力量，包括相应的研究院所和大学，设计并制订研究计划。

---

　① 李博：重大农业基础项目建议书——开发农业后备资源的基础研究，1997 年 7 月 6 日。李燕青收藏。
　② 国家自然科学基金重大项目课题任务书——中国东部主要农业生态系统与全球变化相互作用机理研究。李燕青收藏。

"中国东部主要农业生态系统与全球变化相互作用机理研究"是李博院士在 1997 年组织中国科学院和中国农业科学院的相关院所以及几个大学向国家自然科学基金提交的一个重大项目联合研究申请书。这是一个涉及生态学、地理学、农学、林学、气候学、土壤学、水文学以及遥感技术的多学科多专业联合攻关课题。整个研究以中国东部南北样带为平台，以典型农业生态系统（农、林、草）为对象，研究不同尺度农业生态系统与全球变化的相互作用。李博院士希望通过组织这样的全国性研究课题，加大中国在全球变化研究领域的投入，以取得尽快的突破，赶上并超过世界研究水平。

考虑到中国北方农牧交错带对中国的食物安全、环境安全、能源开发及京津塘以致华北地区的水源供给的重要性，1998 年，李博院士组织包括内蒙古大学、北京农业大学和北京师范大学在内的有关单位提出了"我国北方农牧交错带农业持续发展的基础研究"课题。

李博院士认为，中国是一个农业大国，农林牧的可持续发展是中国可持续发展的首要大事。中国超量的人口对农业生态系统的压力是世界上任何其他国家所不能相比的。中国必须解决北方农牧交错带在不利自然条件下因过度的垦殖、放牧、樵采等人为活动造成的严重的土地退化和环境恶化问题，以保证该地区的可持续发展。李博希望通过这个科研项目阐明有关的科学理论问题，如土地退化机制与动力学；生物对波动环境的适应机理；水分平衡；景观结构与生态学过程的相互作用；生态机构的优化等，并在此基础上，提出中国北方农牧交错带不同农业类型的可持续发展模式。

分析上述几个项目课题建议书，可以清楚地看到李博这一时期学术思想的重要特征：一是侧重于前瞻性课题及理论与实践结合，这在很大程度上得益于他对国际学术前沿以及中国现实生态问题的持续关注；二是立足本土的同时又具有更为广阔的全球视野，在全球的框架下思考中国的生态与农业可持续发展，从而使这种思考成为全球可持续发展中的重要组成部分。

第十一章
学科专业的领跑者

从 20 世纪 50 年代大学毕业后进入北京大学工作并于随后登上讲台，教育便成为李博一生的事业。在 45 年的学术生涯中，李博尽管身兼数职，但始终没有离开过教学岗位，保持着教育者最基本的教师角色。1977 年，李博与他的同事率先在内蒙古大学创办了中国第一个植物生态学专业，为国家培养植物生态学人才创建了重要基地；随后又以对专业的判断与眼光主持建立起内蒙古大学生态学硕士点和博士点，为自治区、为国家培养了一大批生态学的栋梁之材，也让内蒙古大学生态学专业成为国内生态学界最重要的一支力量。

第一批生态学专业大学生

1978 年 3 月，21 岁的李晓军成为内蒙古大学生态学专业的一名本科新生。作为 75 届高中毕业生，李晓军在高中毕业后曾在内蒙古乌拉特后旗插队，成了一名牧民。走进高考考场之前，他曾经钟情的专业是天文学，但最终在填报志愿时改变了想法，报考了生态学专业，那时他并不知道生态学是怎么回事，促使他做出这个决定的是他的父亲。

30多年前，李晓军的父亲到北京出差，正好和李博住在宾馆的同一个房间。因为都是从内蒙古来的，因此两个人很快就聊了起来。李晓军回忆道：

> 李老师给我父亲讲了一个晚上，讲生态学是多么有意义，在中国是多么迫切需要各方面人才等。这样，我父亲就觉得这个学科还是蛮有意思的，确实需要人。所以当我大学报名的时候，他就建议我学生态学，给我简单地讲了一下，当时我还觉得没有什么意思，因为我还不是很感兴趣，但我父亲说有这个计划还是去学吧。就这样把我搞到学生态学去了。①

就这样，李晓军成为中国最早的生态学专业大学生之一。那一年，内蒙古大学生物系的生态学专业共招收了26名本科生。"当时我们班有26个学生，所以我们还是非常自豪吧，是中国第一批生态学专业的本科学生。"

同为下乡知青，朴顺姬入读生态学专业的经历也颇有偶然性。朴顺姬于1975年下乡。

> 那个时候已经开始有选送工农兵上大学了，所以我下去的时候就把我的高中课本都带去了。我是想着我总是要继续读书的。但是读什么，一直停了10年也不知道该读什么。等到恢复高考，招生简章下来，当时想着内蒙古就是选内蒙古大学，至于选什么专业，不知道。当时的想法就是看目录里哪个名词最新，大家不熟悉，那可能就是一个冷门；熟悉的专业可能报考的人会很多，不熟悉的可能会人比较少，当时就是这么选择的。②

两位大学生的经历虽然是个案，但其实也在一定程度上反映了李博为

---

① 李晓军访谈，2014年4月14日，上海。资料存于采集工程数据库。
② 朴顺姬访谈，2014年9月4日，呼和浩特。存地同①。

生态学专业建立所付出的心思。

> 当时生态学在国内是一个新兴的学科，99%的人都不知道它是干什么的。李老师就四处游说，见到一个人就说这个学科是如何重要，对中国的经济、社会发展、环境保护的重要性。①

1977年的恢复高考给了青年学生重返校园的机会，而对于中国的生态学教育来说，这也是一个重要的契机：随着十年动乱的结束，学校的教学工作开始走向正轨，也是在此时，李博带领他的同事率先在内蒙古大学创建了国内第一个植物生态学专业。

内蒙古大学生物系生态学专业的第一批大学本科生，也是中国最早的生态学专业大学生。

> 老先生见到我们这些学生特别兴奋。我们那时候经常会有老先生们来教室转一转，和学生聊一聊。不是今天这位老先生来，就是明天那位先生来。我们对这个专业不熟悉，那么先生们就会给我们讲，告诉我们都要做些什么。那个时候老先生们就已经让我们知道，在内蒙古从事生态学专业的条件是得天独厚的，我们面对着大草原，怎么样去把草原的规律搞清楚，把我们的背景搞清楚，对于如何指导国民经济的发展、改善人民生活，这种理念开始逐渐建立起来。②

生态学在中国

作为一个学科名词的"生态学"，最早是由德国博物学家海克勒（E. Haeckel）于1866年提出来的，他认为生态学是研究生物在其生活过程中

---

① 李晓军访谈，2014年4月14日，上海。资料存于采集工程数据库。
② 朴顺姬访谈，2014年9月4日，呼和浩特。存地同①。

与环境的关系，尤指动物有机体与其他动植物之间的互惠或敌对关系。50年代之后，生态学打破了动植物的界线，进入生态系统时期，并超出生物学的领域，研究范围也渐趋广泛。

在中国，生态学的起步相对于自然科学的其他领域来说是较晚的事。在1949年之前，包括李继侗、钱崇澍、仲崇信等学者都曾先生在清华大学、四川大学讲授过植物生态学，并有数十位学者在全国各地对森林、草原、荒漠等植被进行过生态学意义上的调查。但生态学作为一门独立学科在中国建立起来则是1950年才开始的。大规模的水土资源调查与保持工作，尽管是以资源的发现以及水土保持治理为主要任务，但这些调查活动事实上都要求对植物与环境相互关系的规律有所了解。因此可以说在这些科学考察实践活动中已经渗透了生态学的思想。

从生态学在中国的学科建制化来看，在当时已经有了一些基础准备工作。例如1950年，中国科学院植物研究所首先成立植物生态学和地植物学研究室。1954年，中国科学院院长郭沫若向国务院建议要填补我国植物学中的生态学地植物学这门空白学科。因此到1966年，先后在华南植物研究所、东北林业土壤研究所、南京植物园、西宁高原生物研究所、昆明植物研究所、西北生物土壤研究所、成都生物研究所、新疆生物土壤沙漠研究所、武汉植物园等单位内，都相继设立这门学科的研究室或组[①]。

而将生态学引入大学教育，李继侗先生无疑是一个关键性的人物。如前所述，1953年，教育部在青岛举行了全国第一次大学理科教学工作会议，会上确定了植物生态学和地植物学应列为大学生物学系的专业课程，植物地理学也定为生物学系和地理学系的专业课程。会议还委托北京大学由李继侗教授编订植物生态学、地植物学和植物地理学教学大纲。正是在这一背景之下，李继侗在北京大学建立了植物生态学与地植物学专业组，并于1954年开始招收研究生。1957年，李继侗先生抱病赴内蒙古工作时也将地植物学专门组的基础力量带到了刚刚创建的内蒙古大学。

不过，随着国家建设事业的发展，特别是十年动乱结束以后可谓百废

[①] 中国植物学会植物生态学和地植物学专业委员会：三十年来中国植物生态学和地植物学的回顾和展望。《植物生态学与地植物学丛刊》，1983年第7卷第3期，第170页。

待业，原有的专门组的形式显然已经无法满足需要了。生态学特有的理论与实践相结合的特点以及长期以来对第一线的生产实践的持续关注，使得李博对这一学科的应用前景与发展空间有着敏锐的洞察。在说到开创植物生态学专业这一做法时，李博曾对当时生态学与国家建设的关系有过这样一番阐述：

> 当前，国家建设事业中的许多重大问题因缺乏生态学研究而难以解决，违背客观规律和生态学原理的错误做法时有发生。例如对森林的盲目砍伐，不合理的土地开垦与耕种，掠夺式的利用资源等，致使森林破坏，草原退化，土地沙化的规模有增无减，并使许多珍贵物种濒于灭亡，说明我国生态学工作者面临着艰巨的任务。[①]

一方面是现实的问题迫切需要生态学者的参与，另一方面则是人才的短缺，从当时的情况来说，"全国综合性大学及师范院校还有一半以上因缺乏植物生态学师资而不能开课。农林牧等许多应用生态学部门和领域更缺少生态学人才。植物生态学队伍青黄不接的局面十分严重，植物生态学钻研的深度也是很不够的"[②]。

生态学人才的数量与质量以及生态学研究的状态均无法满足当时社会的需求，这一问题在20世纪70年代初也被国内生态学者们注意到。1973年10—11月在云南昆明举行的全国植物生态学与地植物学工作座谈会，其中一个重要的议题便是生态学在环境保护中的角色。

植物生态学专业在内蒙古大学的建立与开始招生，正是对上述种种问题的直接呼应。1977年在内蒙古大学创建的植物生态学专业，其所采用的一种广义理解上的植物生态学，即不但包括个体生态学与群体生态学，还包括一部分应用生态学，也就是说在大生态学的背景下理解植物生态学。[③] 因此，从植物生态学建立之初，大生态学的理念便被确立下来。

[①] 李博：植物生态学专业的任务与建设。《教学研究》，1982年第2期，第17页。

[②] 同[①]。

[③] 同[①]。

第十一章　学科专业的领跑者

多种思路扩充教师队伍

植物生态学在 1977 年刚开始招生的时候，生态学教研室除了李博之外，还有刘钟龄、雍世鹏、曾泗弟、孙鸿良四位老师。其中刘钟龄和孙鸿良都曾在北京大学跟随李继侗先生攻读研究生，并在李继侗先生赴边创建内蒙古大学时一同前往，成为内蒙古大学地植物组的教师；雍世鹏曾于 1956 年 10 月赴苏联列宁格勒大学留学，就读于生物—土壤系，在获得副博士学位后回国并进入内蒙古大学任教；曾泗弟则是在南京大学毕业后进入内蒙古大学任教。

图 11-1　李博（右）与雍世鹏讨论问题

尽管专业创建之初在此任教的几位老师都有着良好的专业背景和教学经验，但对于一个新建立的专业来说还是远远不够的，因此，作为专业建设的一部分，扩充这支教学队伍也就成为重要的任务之一。当时在植物教研室的几位老师因此在 1979 年调入生态学教研室，杨持也是其中一位。

杨持 1963 年毕业于内蒙古大学生物系，随后留校，在植物教研室工作。1979 年的时候，李博与当时在中国科学院自然资源综合考察委员会工作的阳含熙教授的一次交谈改变了杨持日后的学术道路。阳含熙先生和李继侗先生是同一代学人，而且同为林业专业出身，很早的时候就已相熟。因为师长辈的这种关系，李博也很早就认识了阳含熙先生。1963 年 12 月，阳含熙先生还曾应邀在内蒙古大学开办的植物群落学讲习班上，第一次比较系统地介绍了西方各国的学说，特别是新发展的植物数量生态学。

1979年，阳含熙先生在一次会上碰到李博，交谈时对李博说："我没去过草原，明年我去草原，你找个年轻人陪我去草原。"李博很快就想到了杨持，回到学校便找到了杨持说"阳含熙先生要去草原，想找个年轻人陪他，你去不去？"杨持当时还没有去过草原，因此对这次机会也非常愿意，事情就这样说定了。但遗憾的是1979年阳含熙先生最终因为有其他事而未能成行，到1980年的时候，阳先生又跟李博说，"去年的计划没执行，这样吧，我给你培养一个年轻老师，你让他来我这进修吧。"

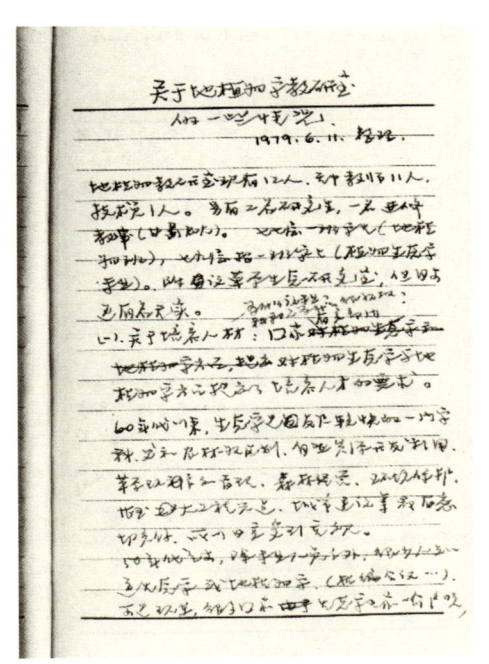

图 11-2　李博1979年工作笔记中"关于地植物学教研室的一些情况"（1979年6月11日整理）

就这样，杨持于1980年到北京，在中国科学院自然综合考察委员会跟随阳含熙先生进修了一年。杨持后来回忆那一年的学习是他的学术生涯中一个重要的转折点。

> 当时我就住在阳含熙先生的办公室，他一周只去办公室一次，每个周五去一天，其他时间不去；他的办公室有两张床，我睡一张床，他睡一张床。就这样在那里待了一年，待了一年以后他给我出了科研题目，然后我在1981年回来以后就做他给我的题目。我的科学研究就是从阳含熙先生给我定题目开始的。从那时起，我在草原上搞了10年植物种群、结构。[①]

---

① 杨持访谈，2013年3月27日，呼和浩特。资料存于采集工程数据库。

毕业生留校任教也是扩充教师队伍的重要方式。1982 年，首届生态学专业的大学生毕业，多名毕业生留校任教。对于这位刚刚离开课堂的年轻人来说，他们的学习生活并未因为毕业而结束，或许正相反，另一种方式的学习刚刚开始，而这种学习会在很长时间里一直延续。朴顺姬回忆道：

> 年轻老师留校根本不可能立刻上讲台的，都是要求我们去跟着听一些课程，就是你觉得你想在哪个方向发展——虽然在本科上了的课程，但还是要跟着重复听的。我记得当时我还接着去学习了生物统计的课程。在朴顺姬写于 1983 年的一份《进修及提高计划》上可以看到，她在这一年为自己制订的计划包括旁听生物统计、土壤学、植物生理等课程，"听过的也要重新再听一遍，没听过的课程更要从头听。这是老师要求的，可以说是教研室要求的"①。

课堂学习为青年教师在专业知识与教学技能上打下了扎实的基础，而每周一次的教研室学术会议则成为这些刚刚留校的青年教师们提升学术研究水平的重要途径。

> 只要教研室主任李博老师在，保证是每周都有一次工作例会。开始是谈工作，后面就是学术交流。尤其是每年春天每个老师都要谈一谈这一年要做些什么。到了生长季的旺期，这个会就中断了，因为大家都外出野外考察去了。等到 10 月大家回来，就要做工作总结，做得怎么样。新的一年开始大家都要来谈谈一年的工作计划，一个人一个人地过，大家一起来给你把关、完善、补充，那是什么水平！现在是一个老师带着一帮学生，你的思想、阅历和学生总归不是在一个档次上，而那个时候起码是同一个档次，甚至档次比你高的人一起来讨论这个问题，一起来给你出点子，你再接下来去完善。这对于青年人的提高是非常好的做法。②

---

① 朴顺姬访谈，2014 年 9 月 4 日，呼和浩特。资料存于采集工程数据库。
② 同①。

除了引进和培养新生力量之外，李博还邀请校外专家为生态学专业的学生们开讲座。当时把国内生态学界有名的专家从全国各地请到内蒙古大学做讲座，使学生们能够了解到当时中国生态学各领域的研究现状及发展动向。李晓军仍然记得当时请来的几位专家所讲的内容：

> 我记得是每个人去了以后或者是讲一周，或者是讲几天，把生态学的几个重要领域都给我们讲了一遍。阳含熙先生给我们讲的是数学生态学，陈昌笃先生讲的是地理生态及植物区系学，复旦大学的周纪伦先生讲的是植物种群学……我记得很清楚，每一位老师来之前或是走的时候都给我们编一本讲义，那些讲义我可能在家里还有，还都保存着，觉得是很有启发吧。包括后来读研究生所做的一些研究都是那时候这些专家来内蒙古大学给我们讲课引出来的。[①]

1982 年，内蒙古大学作为一个承办单位召开了一个全国性的生态学教学教材研讨会。经过 1977—1982 年这四年的发展，内蒙古大学生态学专业在专业教育上也积累了相当的经验，在此时此地举行这样一个研讨会也可谓正逢其时。来自全国各地的生态学家们齐聚内蒙古大学，为生态学教育出谋划策。

> 有的先生是作为访问学者刚从国外回来的。李博老师也是 1981 年刚回来不久，陆陆续续还有一些学者回国。我记得华东师范大学的宋永昌老师就是刚从德国回来的，当时他就把德国大学的生态学（德国算是一个起源地）教学计划介绍给大家，去了不同国家的人都把不同国家的教学计划介绍给大家，认认真真地来判断我们国内的教学计划应该怎么做。我记得当时是提出北方一个教学计划、南方一个教学计划，因为我们国家地大，跨度太大，南北方的生命条件、生态环境条件也不完全一致，所以出教材也要考虑这些因素。这些讨论特别地好。

---

① 李晓军访谈，2014 年 4 月 14 日，呼和浩特。资料存于采集工程数据库。

草原之子　李博传

图 11-3　李博给学生们上课

这次会议也给内蒙古大学生态学专业的师生们近距离接触知名生态学家提供了机会。

> 比如云南植物所的吴征镒先生，那是获得国家奖励的先生；南京大学的仲崇信先生，兰州大学、复旦大学的周纪伦先生，当时有生态学点或组的高校老师，还有中科院的侯学煜老先生，中山大学的张宏达先生，搞植物地理、植物生态的都来了。我觉得那次会议开得特别好，我们当时就是服务生，今天要递个这，明天要买个那，哪位老先生带着标本来了，我们就要帮人家去晒、晾。通过这样的接触能感受到老先生们做事的风范，对我们的生态学素质的养成影响也特别大[①]。

---

① 朴顺姬访谈，2014 年 9 月 4 日，呼和浩特。资料存于采集工程数据库。

176

精心培育高层次人才

在大学里建立中国第一个生态学专业只是李博重建生态学教育的第一步。1978年，李博在内蒙古大学主持建立了生态学硕士点，并开始招生；1990年又在内蒙古大学主持建立了生态学博士点，培养出40多名硕士生和14名博士生。学科建制化的逐渐完善使内蒙古大学很快在国内生态学教育领域占据了有利地位，也给了生态学专业师生们更好的研究平台。

> 在先生的努力奋斗下，从原来只有5名教师的生态学教研室，现在已经成立了"自然资源所"和"生态与环境科学系"两个机构、老中青结合以青年为主的学术梯队。在30人的队伍中，教授8名，副教授10名，这在全国的同专业中是最强大的一支队伍。[①]

也正是在这个平台上，李博同时发挥了作为一线研究者与教育者的角色。

除了在内蒙古大学扩展生态学专业培育人才外，李博在中国农业科学院草原所和区划所工作期间，也从未忽视专业队伍建设和人才培养。他积极活动，组织力量从研究方向到学科配置、实验设备条件、师资配置等积极为农业科学院生态学硕士、博士点的建设付出精力和心血。

从李博院士所主持的多项科研项目中可以看到，科研队伍中老中青三结合和多学科结合的特点。这既为年轻学者提供了参加科研项目锻炼成长的机会，也为他们提供了与外界同行、相关领域学者接触相识、扩展视野的机会，有助于年轻人更快的成长。

李继侗先生说过"植物生态学研究不能脱离一线"，作为李继侗先生的学生，李博不但用自己的研究实践充分诠释了这句话的含义，也在自己的教

[①] 杨持：在先生的关怀下成长。见：内蒙古大学生命科学院编，《精神永存——纪念李博院士》。1999年，内部资料。

草原之子　李博传

图 11-4　李博（左二）在野外指导学生实习

育实践中将这一理念传递给学生们，并亲力亲为给予大量指导。

每一次野外考察或实习之前，都有很详尽的安排，每天到什么地方，吃住行，包括野外考察的内容，都有很详细的安排。李老师以及其他一些老师——刘钟龄老师、雍世鹏老师，还有年轻的老师，比如杨（持）和刘书润老师以及搞植物分类的老师都会跟我们一起出去。时间安排得很紧凑，（出发前）把出去的目的、要去了解的内容都要有一个相当于指导手册的东西印发给我们。

我记得一开始的时候，基本上相当于上课的形式，只是把课堂搬到野外去。因为生态学和其他学科不一样，特别是搞草原生态学的，必须要出去，到草原里去了解各种各样的植物，它们在整个草原生态系统中的功能、作用等。必须要在野外进行考察，实地去做样方，采集数据，都必须要动手才行。

老先生们都是非常耐心的。我不知道你是不是知道样方是什么意思，就是在草原上不同生态系统用不同大小的面积来取样。在草原上，我们一般都是用 1 米见方的围起来，看这个一米见方的框里有哪些植物，有多少种植物，每一种有多少棵，然后还要把它剪下来称重。如果比较干旱的草原的话，那就比较好数，比如说几百棵草。有时候到了湿地上，1 米见方的范围里草长得密密麻麻，那要搞起来就非常头疼。我记得有一次和几个同学在湿地上做样方，觉得太麻烦了，干脆搞一个简单的方法，用剪刀把所有的草都剪下来，堆在一起，然后分，结果没想到出大麻烦了。因为长着的时候，植物的种比较好区分，但剪下来放在一堆，都长得差不多。最后老师们过来非常有耐心地坐下来一个一个地告诉我们是什么，帮我们拣。

那时候的野外考察为什么说艰苦呢？因为那时候吃住行都比现在条件差了很多。我记得可能出野外一天拿一两个馒头或是窝头，拿一点咸菜、一壶水，这就是野外一天吃的东西，其他就没有了。我们作为学生，野外实习还是短期的，毕竟是假期，后面还有两三个或三四个礼拜放假。老师们一般都要待一个夏天，有时候时间更长。那时候车也很少，基本上是一个大车把人拉到住的地方，然后出外考察就得靠自己走路了，背着一个标本夹以及一些野外考察用的很简单的工具，走上十几里二十几里路，做完了以后再走回来。①

杨劼于1983年考入内蒙古大学生态学专业，1986年作为两名专业成绩最高的学生之一跟随李博做本科论文。

那一年正好李老师正在承担国家"六五"的攻关项目，是他牵头协调6个高校，包括北京大学、北京师范大学、南京大学、东北师范大学、华东师范大学、内蒙古大学，联合做这个项目。这个项目后来的成绩是非常大的，形成了关于内蒙古自治区的资源系列图，这当时在全国是没有的。

我们当时是本科生，刚开始外出考察，还不太懂。研究生们因为已经跟着到其他地方考察过了，基本上都很熟悉。鄂尔多斯不是很大，但是走了一个月，走得非常细。在我科研的起步阶段，那是非常关键的一次考察。我们

图11-5　1995年，李博与第一位博士生杨劼在毕业典礼上

---

① 李晓军访谈，2014年4月14日，呼和浩特。资料存于采集工程数据库。

生态学不是有野外工作吗，整个野外工作的方法、研究手段就是在那一次学到的，宏观的遥感方面的研究也是那一次学到的。李老师对我们就是方法上的基本训练，再有就是通过基本训练来找研究方向。

当时的本科论文是我们在考察到准格尔旗的时候，在植被研究过程中进行的。准格尔旗的沟壑区基本上原始植被都没了，基本上都是被农田覆盖了，要不就是撂荒地，要不就是还在种田。就有一块儿，有一个叫阿贵庙的，我们叫岛状植被。这个地方，我们沿着河床过去以后，因为有庙宇，所以植被保存得挺好的。所以李老师当时就要把我留在那儿。他跟我说，"杨劼你就留在这儿，把这儿的岛状植被搞清楚了挺有意义的"。后来因为没有研究条件，其他条件不具备，还是没留在那儿。

跟他跑了一个月回来以后，我们做了非常多的样方。当时做样方的时候，就是一种锻炼。每天我都在跟着整理样方，因为时间特别紧，属于路线考察，有的地方做得比较详细，有的地方做得非常紧。因为我们每天在路上，有一些详细的样方，有一些来不及当时整理的，李老师就口述录音，因为比记要快。再有就是沿线考察过程中看到什么，他都要口述的。所以我们的路线考察中，一上汽车上是不允许睡觉的。像我们现在很多人坐车一晃就睡着了，但是我们现在习惯上了车不睡觉。上车以后就是注意观察两边的变化，像遥感调查、路线调查，路线特别长。路线调查过程中，他口述的这些内容和做的样方，我每天晚上回去以后就负责整理这一天的样方。一般把录音放完、整理完也差不多就到半夜了。然后第二天再继续工作。

跟着李老师出去很辛苦。他也没有说分男孩子、女孩子，大家都一样，出去是一样的工作。跟着他工作感觉自己跟男孩似的，一样的要求，一样的工作，也没把自己当成女孩子，有什么特殊或者是给你一些轻活之类分工上的不同。不过他让我来做样方整理可能也是考虑到女生比较心细一些。基本上这一路考察下来以后，辛苦归辛苦，但整个方法上都掌握了。[1]

---

[1] 杨劼访谈，2012年12月26日，呼和浩特。资料存于采集工程数据库。

杨劼在本科毕业后又跟随李博先后攻读了硕士和博士学位，并在硕士毕业后留校任教。

言传身教育良才

但李博对学生的指导并不只是在课堂和野外，正像李继侗先生一样，李博也很注意在日常细节上言传身教。

朴顺姬回忆自己大学时的实习曾经说过，生态学研究的基本功都是包括李博在内的老先生们手把手带出来的，而野外调研中的很多细节更给她留下了深刻的印象。

> 那时候有大卡车罩着篷放在那，遇到下雨天，我们学生就稀里哗啦地往车上跑，可跑到车上一看，人家老先生们还在那儿做没做完的活儿呢，要么就是先把仪器保护好。我们上了车以后才感到不好意思了，先生们还在下面呢……，接着赶紧就又下车，一起把事情做完。通常，最后上车的肯定是李老师。下车最早的也肯定是老先生们，等你下车了，要再磨蹭点，先生们可能都走出去一里地了。
>
> 李老师上楼梯，就是在他临走前都是，那都六十七八的人了，没见过他一个台阶一个台阶上楼的时候，他个子也高，腿也长，从来都是两个三个台阶地上楼梯，跟着他走路都得小跑着才能跟上。先生们的那种紧迫感、对事业的执着、对工作的热情、负责……都特别强烈地感染着我们。[1]

杨劼也对李博这种细节上的言传身教深有感触。作为李博培养的第一位博士毕业生，杨劼仍然记得毕业那年发生的一件小事：

---

[1] 朴顺姬访谈，2014年9月4日，呼和浩特。资料存于采集工程数据库。

我们学生的整个成长过程，有一点进步，他也挺高兴的。但是对学生的要求还是挺严的。博士毕业时需要填表，我那次填得有点草。填完需要他签字，我就给他拿过去了，他一看就说，杨劼，你自己的博士毕业信息表写成这个样子能行吗？所以没给我签字，让我回去重新填了一回。就这些工作上的事情，就像人们说的"一丝不苟"，这个词对他来说一点不过分。

他的工作效率极高，而且工作的强度也极大，一般人跟不上他。你想想他每天都是那么工作，至少是节假日你保证不了自己安安心心地、踏踏实实地能够看书写字。

他不用告诉你你要好好学习，他不用说，反正看见他就觉得你应该做了。有些事情安排给你，也不用他催，反正你就知道肯定你该做了，而且必须做到你认为最好的程度。所以我觉得这种教师的身体力行，更能够教育他的学生怎么做。①

李博的学生和同事可以随时借用他书房的任何图书。有一次考试完毕，一名一向学习优秀的学生到家中还书。李博回家后发现借出的新书明显破旧，十分生气，在原来 100 分的答卷上扣掉了 20 分。女儿李燕红当时在场，觉得父亲做得太过分，但李博的态度很明确，一个学者一定要有良好的素质和习惯，要治学严谨。

为学生打开面向世界的窗

从学术生涯的最初，李博在自己的生态学研究中就极为重视国外的研究动态与进展；而在李博本人的教育活动中，他也将这种国际视野渗透其中。

1981 年 6 月，李博从美国访学归来。在美国的所见所闻以及考察心得

---

① 杨劼访谈，2012 年 12 月 26 日，呼和浩特。资料存于采集工程数据库。

也很快反映在李博的教学工作中。

（李老师）回来以后给我们上了一门高级生态学理论这样一门课，把欧美生态学原理、方法给我们介绍过来了。李老师喜欢拍照，这是野外考察的调查工具，他走到哪儿都喜欢拍照，照了很多幻灯片，用幻灯片给我们介绍美国的情况。他在美国利用有限的经费坐长途汽车（叫灰狗，Greyhound）跑了很多地方，考察美国的各种生态植被类型等内容，做了很多幻灯片。我觉得那个时候至少对我来说是大开眼界，以前可能是只听老师们说说，也没有很生动的幻灯，包括欧美学派的一些新的理论，他回来以后给我们讲了一遍，受益匪浅。

比如生态系统这个理念，就是美国人提出来的，当时苏联学派是用的另外一些描述方法，二者不太一样。他做一些比较，比较各种学派之间的差异，为什么产生不同的学派，他就讲大家研究的对象不太一样，所以就产生了生态学的不同分支。生态学不像其他学科那样比较抽象，比如搞数学，可以不接触外面的东西，但生态学是和当地的社会、当地的经济发展有紧密的联系。地域的宽广，欧洲的生态学因为国家小，人口密

图11-6　李博于1990年11月访问新西兰时拍摄的照片（后制成幻灯片，由上至下分别为1990年11月13日拍摄的红鹿放牧场；11月15日拍摄的新西兰梅西大学农场挤奶间；11月21日拍摄的南岛干旱山地）

集，所以天然的一些生态系统已经不是很多了，它侧重研究的内容就与美国、加拿大、苏联不太一样了。当时我们跟欧美接触的还不是很多，李博先生回来以后就把生态学的一些不同的观点、研究方法介绍给我们学生。①

在教学中及时地将国外生态学前沿介绍给学生，这是李博生态学教学工作的一个重要特点。杨劼曾经提到：

我留校以后，他的一些生态学课就我来讲，我们每年课程的最后他来介绍前沿，因为他经常参加国际会议，视野非常开阔，国际上前沿的东西我们不知道，但他都清楚。国外的一些跟我们类似的一些草原研究方面的情况他要做介绍，所以他每次出国都要拍照片，做成幻灯片来放，这在当时也算是很先进的。②

除了在每次出国访学或参加学术活动回国后将国外的研究成果及时介绍给学生们之外，尤其值得一提的是1994年9月在呼和浩特举办的现代生态学讲座暨学术研讨会。

从当时保留下来的信件可以看到，这次学术活动缘起于李博与当时在美工作的邬建国之间的书信往来。邬建国也是内蒙古大学生态学专业的首届毕业生，后赴美留学获得硕士和博士学位。邬建国在赴美

图11-7　李博于1994年1月20日写给邬建国的传真底稿

---

① 李晓军访谈，2014年4月14日，呼和浩特。资料存于采集工程数据库。
② 杨劼访谈，2012年12月26日，呼和浩特。存地同①。

后仍与李博保持着书信往来,在一封写于 1994 年 1 月 10 日的信中,邬建国在向不久前刚刚当选中科院院士(学部委员)表示祝贺之余,也提到了即将在呼和浩特举行的一次生态学研讨会,而邬建国的信中也提到"有人建议在研讨会期间插一个为期一到二天的'国际现代生态学新动向、新观点讨论会'。这样一举两得,照顾到不同层次的听众,似乎也会为申请国内资助带来好处?"① 李博迅速捕捉到了这个建议的价值,并在回信中已经对此做出初步计划说:"在回国学人中,每个人准备 2~3 个半天的讲学材料,最好写成讲稿,以便正式出版一本书。"②

在此后几个月的往来书信中,李博与邬建国就此次活动的种种细节进入了更为深入的讨论,尤其在举办时间上,由于生态学研究本身的特点,六七月份正值野外工作季节,而这一年的 8 月又有几个重要的国际生态学会议,因此为了能让更多海外学人有时间参加,而在多次讨论后将会议时间确定在 9 月 4—12 日。

这次活动最终定名为现代生态学讲座暨学术研讨会。来自国内外的 80 余人参加了这次活动,其中,从美国、加拿大、法国、新西兰、日本等国获得博士学位或具有博士后研究经历的留学人员 12 人(有 8 人直接从国外赶回)。通过这次讲座,海内外学者提出了 20 个专题报告,反映了现代生态学的新理论、新观点、新方法以及国际上生态学的热点。内容涉及生理生态、种群与群落、生态系统与景观、全球生态等不同尺度上的生态学问题,包括生态理论的变革、尺度与等级、格局与过程、个体行为与种群进化、互惠共生与生态演替等生态学基本理论问题,异质种群、进化生态、恢复生态学、生物多样性、景观生态学及全球变化等热点问题,以及稳定性同位素、土地利用模型、遥感与 GIS、分形理论应用等新方法、新技术。③ 作为充分发挥海外留学人员研究视野等优势的一种方式,"现代生态学讲座"这一形式此后也一直延续了下来。

---

① 邬建国给李博的信,1994 年 1 月 10 日。资料存于内蒙古大学"1957 年建成的教授住宅旧址",扫描资料存于采集工程数据库。
② 李博给邬建国的信,1994 年 1 月 20 日。存地同①。
③ 李博主编:《现代生态学讲座》。北京:科学出版社,1995 年。

第十二章
和睦家庭

在李博的学术生涯中，家庭给予他的支持，尤其是妻子和母亲的支持与理解，无疑是非常重要的外部因素之一。

李博的长子李炜民回忆道：

我奶奶虽然是农村出来的，但是我觉得她很平凡也很伟大。她给这个家庭撑起一片天地，这个家庭生活料理基本上不用其他人。我的母亲出生在教育世家，她追求的是解放，特别是女性的独立，但同时她非常支持我父亲的工作，而且从不计较生活上的琐事。我觉得正是由于他们这个特殊的结构，才能够使我父亲静下心来，把全部的

图 12-1　李博夫妇与李博母亲的合影

精力放在研究和学习上。我觉得这也非常非常重要。①

李博与妻子蒋佩华相识于大学时代。与李博不同,蒋佩华出身于江苏太仓的教育世家。作为共和国成立后培养的第一代大学生,李博与蒋佩华因为共同的理想而走到了一起。1959年,当李博决定随恩师李继侗先生一起支边时,蒋佩华也毅然放弃了在北京已经稳定的工作与生活,带着刚刚出生不久的女儿和李博的母亲一起来到了呼和浩特,并进入内蒙古大学工作。作家乔雪竹记述了曾经受邀到李博家中作客的情景:

> 那真是意想不到的惊喜,推开这个名教授的家门,一进去却像是到了山东大娘的土坯房里:一个八九十岁的老奶奶正在那里盘腿端坐在床上刺绣,床上堆满了针线笸箩,床下是些盆盆罐罐,高处悬着些竹篮草筐,包袱被窝也是乡下花式,李博向我介绍那是他的母亲,老人腾不出手来和我握手,只是大声地说着:她一会儿就去给我做饭,让我先到处"玩"着,那口吻像是在哄着一个半大的丫头。于是我满口地答应着,便"玩"到了李博和他夫人的书房里,这里仍是堆得满满的,一摞一摞的书,从书橱里堆到书橱外,从地上堆到了天花板,床底下堆到了床上,只有那张书桌是整洁的,玻璃板下压着当年他和夫人的照片,我要说那真是美丽啊:一个是仪表堂堂的青年才俊,一个是温婉可人的江南闺秀。从照片上我可以想象这位大家闺秀当年是多么痴情地爱着这个农民的儿子,也可以想象这个农民出身的大学生是如何珍惜着这个美丽的姑娘,这是"异族"的婚姻,也是异性之爱。这种反差必然有着别人所不知的激情,我自认为我见过真正的爱情,这便是其中之一。
>
> 当李博的夫人蒋佩华握住我的手时,我的心一下子就化了:那是双温暖柔软的手,就像是我挚爱的安娜阿姨的手,那时节,我刚刚失去了她——作为翻译家冯亦代先生的妻子,安娜阿姨的翻译水平远在

---

① 李炜民访谈,2013年1月30日,北京。资料存于采集工程数据库。

冯先生之上，她曾是孙夫人钦点的秘书，乔冠华与夫人龚澎的介绍人，新中国头一个同声翻译，为毛泽东、周恩来等中共领袖最信任的译员，在社交界、文化界和外交界，尤其是在资深的相知圈子里，她享有比冯先生更高的威望，但在她生命后期就这样地默默地隐身在丈夫身后，辅助着冯先生成为中国最权威的大翻译家……

　　这样的大家闺秀，她们出奇的相似：吴侬软音，书香门第，博学多才，投身革命，忠于爱情……这是最后的闺秀，最后的夫人们。

……

图 12-2　1980 年，李博夫妇与子女合影

与冯亦代先生和安娜阿姨的那个纯粹的大学者的家庭相比，李博夫人与其说是一个学者的夫人，她本人也是名教授，但在家里不如说她是一个农家的儿媳妇，她身上带着那么强烈的出身于书香门第的气息，又带有那么强烈的归属感，她以做一个山东夏津的老李家的当家儿媳妇为骄傲，生儿育女，相夫教子，供奉公婆，一个真正的农家儿媳所能做的她都做了，还操着浓浓的吴侬软腔大声地说着山东话，与耳聋的婆婆一问一答，喊来喊去，让我听来忍俊不禁……

　　李博低着头在自己家里走着，显得更为羞涩了——原以为在自己的家里他会自在得多——太高的个子，使得房子都显得矮了，在母亲面前他仍是那个俯首贴耳的孝子，在妻子面前，他是个低声细语的丈夫，因为我的到来，使得他在自己的家里找不到位置，再周旋在三个女人之间，甚至没有插脚之地。在这样的混乱中，我打心眼里笑开了花儿，看着阳光中的蒜苗绿绿地长着，听着婆媳两个用山东话和上海话这样的大呼小叫，我不由得咧着嘴笑。①

作为新中国成立后第一代大学生，李博、蒋佩华的理想与追求反映了那个时代、那一代人的理想，即祖国的需要就是他们的需要，事业、工作是他们生存价值所在。作为妻子的蒋佩华从未拖过李博的后腿，

图 12-3　李博在家中工作

对物质生活更没有任何奢望要求。1981 年，在李博赴美访问之时，出国对于当时大多数中国人来说并不那么容易，而利用出国机会买回一些私人用品在当时并不少见。而李博回国时并没有给家中带回几大件，唯一像样的礼物是在妻子建议下给母亲买了一台崭新的 14 寸彩色电视机，而给妻子的则是一块用过的手表。李博在美一年的费用由对方支付，节省下来的积蓄除了用于野外考察外，均用于专业投资：一台幻灯机，一个打印机以及大量的图书和杂志。在李博回国后的几个月里，家中一直不断地收到李博通过海运寄回的一箱箱图书，家中的客厅从此变成了书房。

蒋佩华不仅同李博的母亲一起承担了所有的家务，而且在事业上也是李博的最得力的"助手"。据李博的学生杨劼回忆：

生活上、工作上有什么事，处理什么信件往来，这些事情的收集整理都是蒋老师，所以蒋老师对他所有的事情特别了解，也特别关心、体贴他。他在家一有什么事就喊蒋老师，他的什么什么东西

---

① 乔雪竹：匈牙利狂想曲。《作品》，2008 年第 7 期，第 63-64 页。

第十二章　和睦家庭

在哪儿，一问蒋老师就给他拿来了。基本上蒋老师在家里就是他的生活拐杖。

而在杨劼硕士毕业后，也是由于李博夫妇的建议，她最终决定在内蒙古大学继续攻读生态学博士学位，从而成为李博在内蒙古大学培养的第一位博士①。

1998年5月21日，李博在匈牙利出席第17届欧洲草地管理学术会议期间不幸因公殉职。作家乔雪竹记录了李炜民向她讲述的一件动人的事：

> 李炜民去匈牙利将父亲的遗体火化带回中国，并没有将真正的死因告诉母亲，只是说突发心脏病，而母亲也并没有追问。她只是夜以继日地埋头整理着李博的文集，就像李博过去出外考察而她在这里帮他整理资料一样，过去李博催得那个急啊，这次更是不能慢……在李博院士去世半年之后，李博文集出版之时，李博夫人蒋佩华教授去世。

1998年6月17日，在呼和浩特市大青山公墓礼堂举行了李博院士骨灰安放仪式。仪式由自治区副主席宝音德力格尔主持，中国工程院院士、内蒙古大学校长旭日干介绍生平。自治区党委书记刘明祖、自治区主席云布龙等领导出席。中共中央政治局委员、书记处书记、国务院副总理温家宝、全国人大常委会副委员长吴

图12-4　1999年出版的《李博文集》封面

---

① 杨劼访谈，2012年12月26日，呼和浩特。资料存于采集工程数据库。

阶平、周光召、中科院院长路甬祥、全国政协乌力吉，中组部、中国科协、中科院、匈牙利大使馆等发来唁函，并送花圈。次日，李博的骨灰被撒在内蒙古鄂尔多斯高原（伊克召盟准格尔旗），这也正是来自蒋佩华的意愿。据李炜民回忆：

> 我父亲的去世很突然，我母亲还在，所以当时学校的意思是，因为我父亲是很特殊，作为第一批支边到内蒙古大学的，是不是把他放在大青山的革命公墓。我印象中，当时他的追悼会，自治区主席云布龙和自治区主要领导都参加了，而且当时的国务院副总理温家宝，还有中组部等发了唁电、送了花圈，包括很多中央有关部门以及他生前合作的单位的大学老师都去了。

> 我母亲当时就觉得他这一生就是为草原工作，最后是不是能把骨灰撒在他生前工作的地方，所以就找到了当时他的同事。他的同事说准格尔旗巴润哈岱乡，我父亲当年带领一个研究小组承担了一个国家项目，就是关于那个地区植被退化、生态恢复的研究。所以我母亲也同意把他的骨灰撒在那个地方了。当时内蒙古大学还在那儿建了一个碑。因为留了一小块骨灰，所以后来我母亲去世以后，又把他们并葬了。

> 我母亲也去世得很突然。我父亲的事情处理完以后，她也曾说过，如果她走了，是不是把她的骨灰撒在内蒙古大学，因为她一辈子都在内蒙古大学工作。但是她走得很突然，我们做子女的确实也觉得很对不起我母亲。这真应了过去一句话：子欲养而亲不在。大家都没有意识到，就觉得他们成天还在工作，在忙，我们也在天天忙于自己的工作，结果父母都离去得很突然。十年过去了，物是人非，当地环境发生很大变化，我们觉得，父母这样地离去，应该还是要有一个永久纪念的地方，所以就于2008年清明把我父母迁葬到大青山脚下山清水秀的古林人文纪念园，回到了他们为之奋斗一生的第二故乡。[①]

[①] 李炜民访谈，2013年1月30日，北京。资料存于采集工程数据库。

结　语
李博的学术人生——一个学科变迁的缩影

生态学是研究生物及环境之间相互关系的科学，与人类社会经济发展有着密切的关联。这种学科本身的特点使得该学科的发展有着明显的时代特征与地方性。

近代生态学作为一门科学于17世纪建立起来，经过漫长时间的发展与积累，在20世纪50年代开始从传统生态学向现代生态学的转变。60年代以来，由于工业的高度发展和人口的大量增长，带来了许多全球性的问题。人类居住环境的污染、自然资源的破坏与枯竭以及快速的城市化和资源开发规模的不断增长，迅速改变着人类自身的生存环境，对人类生活也产生了重要的影响。这些问题的控制和解决都要以生态学原理为基础，因而也使生态学越来越多地进入公众视野[1]。

与生态学本身的发展演变相呼应，生态学在中国的发展历程也大抵相似。而李博不仅是这一历史的见证者，也是重要的书写者之一。回顾李博的学术生涯，他一直都处于科研一线，并且是一流生态学家群体中的一员。因此，在他的学术生涯中，既可以看到那个时代科学家特有的经历与品质，同时也具有他的个人特色。本章将对李博学术成长与学术思想的形

---

[1] 李博主编：《生态学》。北京：高等教育出版社，2000年，第5-7页。

成演变做出学术史和方法论意义上的讨论。

国家需要与学术取向

正像他那个时代的中国科学家一样，李博的个人成长与国家民族的命运密切相关，而他的学术成长轨迹以及学术思想的形成与演变则与国家需要有着密切的联系。

青少年时期正逢战火纷飞的年代，李博的小学和中学几度被打断，早期由于家境尚好，李博仍可以跟随父亲学习识字，也学到一些历史地理方面的知识，而后期由于家中破败以及父亲的健康状况，李博的中学教育几度被打断。

作为学术成长的准备期，大学时代正值新中国刚刚建立，供给制使家境并不富裕的李博顺利地接受了大学教育。农学本身是一门尤其强调实践的学科，而李博就读的华北大学农学院最初也正是为解决实际生产问题而创建的，因此，在李博的大学时代，除了课堂上的理论学习之外，学校还安排了大量与生产实践有关的活动。

大学毕业后进入北京大学生物系并有幸跟随知名植物学家李继侗先生工作，时值地植物学进入大学教育之际，李博在李继侗先生安排下修读了地植物学专业全部的研究生课程，同时也在跟随李继侗先生工作考察的过程中耳濡目染，从而在专业知识与野外考察方面打下了良好的功底。

20世纪50年代，由于国家需要而开展了大规模资源调查活动，"任务带学科"成为那个时代学术发展的最重要驱动力与特征。李博在这一时期的研究工作多具有这一特征。对于学科本身的发展而言，这种"任务带学科"的方式往往促使一门学科在较短的时间里得到尽可能快的发展。具体到李博所从事的领域，这种"任务带学科"的方式使得以往仅有零星研究的北方荒漠草原研究得以大规模全方位地开展，从而为更为深入的研究奠定了基础。

对于李博个人的学术活动来说，也正是这些调查工作的开展，成为李博学术生涯早期有关植物区系研究的重要组成部分；同时，这些往往与资源的利用改造以及生产实践有着密切关联的调查与研究，可能也在一定程度上影响了李博的生态学研究取向,即学术研究与生产实践的结合。

也是在这一时期,因国家建设西部的需要,大批知识分子赴边工作。李博与他的恩师李继侗先生正是这些支边知识分子中的优秀代表。到祖国需要的地方去,到条件艰苦的地方去,这是当时的知识分子以身许国、以知识报国的重要方式。同时,在学术史意义上来说,一方面,大批知识分子支边工作,为我国边远地区输送了大批人才(其中很多为学术与事业上发展成熟或渐趋成熟的人才),从而使这些边远地区的教育、科研乃至其他一些方面可以在短时间内得到较快的发展。这一意义在内蒙古大学的生态学专业上也有明显的表现:内蒙古大学的生态学专业在国内率先设立并一直在国内大学中处于前列,这是与李继侗、李博、刘钟龄、雍世鹏等一批知识分子的辛苦创业分不开的。另一方面,赴边工作也是李博学术成长轨迹中最重要的转折点之一,由此确立了草原生态研究成为主要学术研究方向。

科学中的传承与创新

在李博进入学术生涯之时,生态学以及相关学科进入中国的时间尚短。在此之间,除了国外研究者在中国的考察活动之外,一些学科背景不同的中国学者,例如贾慎修、李继侗、耿以礼等在中国境内进行过植被考察,尽管尚未形成规模,但也为后来的学者积累了相应的经验。

图结-1 1998年2月,李博在内蒙古大学出席纪念李继侗先生百年诞辰暨21世纪生命科学学术报告会

从前面的章节可以看到，李继侗先生对李博的影响是多方面。生态学是一门理论与实践并重的学科，这在李继侗先生自己的学术生涯以及他对学生的要求中都得到了充分体现。在进入北京大学之初，李博在李继侗先生安排下修读了研究生的全部课程，这为李博从农学背景转向植物生态学奠定了一个基本的理论基础；此后又跟随李继侗先生一起参加多次考察，尤其是黄河中游水土保持、谢尔塔拉种畜场以及萨尔图草原的考察，除了野外考察的方法，李继侗先生以学术服务社会经济发展的生态学思想可能也对李博产生了影响。除了研究内容、研究方法，李继侗先生对学术史的重视、对学生的严格要求悉心指导等，在李博后来的学术与教育实践中也都得到延续。

特定的社会历史背景与前辈同行的言传身教构成了李博学术成长与学术思想形成的外部因素，而要成为一位颇有建树的生态学家，尤为重要的是传承与创新并重。这是李博这一代生态学家在学术史上的角色，它在李博学术成长与学术思想中得到了充分体现。

图结-2 1990年12月，李博被国家教委和国家科委授予"全国高等学校先进科技工作者"称号

国际视野与参与意识

李博本人并无海外求学经历，但其学术生涯自始至终都保持着对国际同行研究进展与前沿问题的关注。

在李博跟随李继侗先生初涉考察的20世纪50年代，中国的科学研究在很大程度上以学习苏联为主；60年代正值传统生态向现代生态过渡时期，中国则因为十年动乱而一度中断与世界科学共同体（特别是西方）的联系。尽管如此，我们从李博在 60 年代后期至 70 年代初的工作日记中也仍然可以看到，李博利用可接触到的有限资源对国外的资讯保持着关注。由于在当时李博已远离草原研究而更多地是在内蒙古各地调研与推广农业技术，同时也由于资源有限，因此，这些国外的资讯也以作物种植等内容为主。例如在 1971 年 9 月笔记中摘录的"美国玉米育种动向"则来自苏联 1970 年 2 月第 2 期《玉米》杂志；而在稍晚些时候的笔记"国外对作物高产问题的研究"中所摘录的内容，一个是浙江《科技简报》上摘译的 1967 年美国出版的光合作用会议论文集中《光合作用与作物高产体系》一文，另一个是中国农科院所编《国外农业科技动态》上摘译的"美国生物防治的发展动向"①

"文化大革命"结束后，随着中国社会的方方面面重新恢复正常秩序，中国科学家与世界科学共同体的联系也在慢慢恢复。自 20 世纪 80 年代开始，作为中国改革开放之后最早出国访学的科学家之一，李博充分利用多次出国访问或参加国际学术会议等机会，了解国际研究前沿的同时，也与国外同行建立了学术联系与学术合作：

1980 年 10 月至 1981 年 7 月，李博应邀去美国爱达荷大学进行学术访问与科学考察，介绍了我国草原与荒漠植被研究成果，考察了美国草原近 20 个州，促进了中美同行科学家之间的了解，并促进了爱达荷大学与内蒙古大学之间建立校际联系，收集大量科技图书资料。

图结-3　李博（左二）在阿根廷考察潘帕斯草原

1981—1991 年，

---

① 李博 1971 年的笔记。李燕青收藏。

李博先后参加在美、法、日、印等国举行的国际草地会议及国际环境遥感会议，均提交论文，在会上宣读或展示，得到国内外专家的重视与好评。

1983年，应国家教委委托，李博率中国生态教委考察团访问比利时（任团长），先后访问了比利时8所大学，收集了大量教学书刊及有关资料，增进了中比生态学家之间的了解。

1988年，应内蒙古科委委托，李博率内蒙古畜牧考察团（任团长）访问澳大利亚，访问了澳大利亚西南部的两个州3个城市的有关大学、科研单位、农牧场等21个单位，并建立了交流资料等学术往来。

图结-4 1993年2月，李博（左二）与雍世鹏（左一）赴新西兰出席第17届国际草地会议期间合影

1990年李博应邀赴新西兰考察草场，商谈科技协作；1992年率中国草地遥感应用代表团出访澳大利亚；1993年赴新西兰出席第十七届国际草地会议，并做特邀报告；1993年作为中国代表赴阿根廷出席政府间气候变化专门委员会第二工作组第三小组会议；1994年赴印度出席亚太地区退化土地持续发展会议，并做大会报告……。

对于李博来说，这些出国的经历，无论是访学还是参加国际学术会议都不只是开展一项研究或是提交一篇论文，而更意味着在国际学术共同体中赢得一席之地，意味着以一名中国学者的身份对国际学术对话的积极参与。李博在这些国际交流中表现出的参与意识尤其令人印象深刻。朴顺姬回忆李博1991年在法国参加国际草地会议时说道：

> 在那次国际会议上，李老师特别想要代表中国做大会发言，会议上说没安排，李先生就说那就安排一下吧。后来在李先生的争取下安

排了大会发言。由我校毕业的学生李永宏现场翻译。后来说到此事，李永宏说对老先生在把握机会的能力上真是令人佩服。这一点不佩服不行。在特别短的时间内，要把内蒙古的六五、七五遥感普查、草原监测、绘制的图，以及内蒙古的植被状况介绍出去，真是不容易。但是李老师可以，而且思路很敏捷。讲完后反响特别强烈。人家本来连蒙古国和内蒙古都分不清，感觉是特别落后的一个地方，居然还能有草场的遥感成果。在这一点上让世界了解了内蒙古草原生态的研究成果，影响特别好[①]。

李博也在自己的教育实践中将这种国际视野传递给自己的学生以及同事，尤其是青年一代的教师。如今已经退休的朴顺姬教授仍然保存着当年李博帮她修改的一份翻译稿。该文题为"草地物候学研究和模型的建立"，原发表于《物候与季节性建模》（Phenology and Seasonality Modeling），作者是美国科多拉多州立大学自然资源生态研究室的诺曼·弗伦奇（Norman French）和罗纳德·H. 沙奥（Ronald H. Sauer）。利用出国的机会或是交换刊物的方式，李博有机会接触到当时在国内并不怎么容易得到的国外专业期刊。除了自己阅读及时了解国外同行的研究进展，李博也会从这些期刊上选择一些文章交由青年教师们来翻译并在随后帮助他们进行修改。通过这种方式，不仅让年轻人们及时了解国外的前沿动态，对他们的英语阅读能力也是一种有益的训练。

每次出国访问或是参加学术会议，李博都会利用各种可能的机会去参观访问国外相关专业的研究机构，进行野外考察，并拍下照片，制作成幻灯片，在回国后以专题讲座的方式介绍给学生们。

在走出去的同时还有请进来，一方面邀请国外专家来内蒙古大学访问讲学，另一方面则是充分发挥海外留学人员的作用。李博的很多学生在出国后仍然与李博保持着密切的书信往来，而学生们在这些书信中谈得最多的就是各自在国外的研究进展；1994年举行的现代生态学讲座暨学术研讨

---

① 朴顺姬访谈，2014年9月4日，呼和浩特。资料存于采集工程数据库。

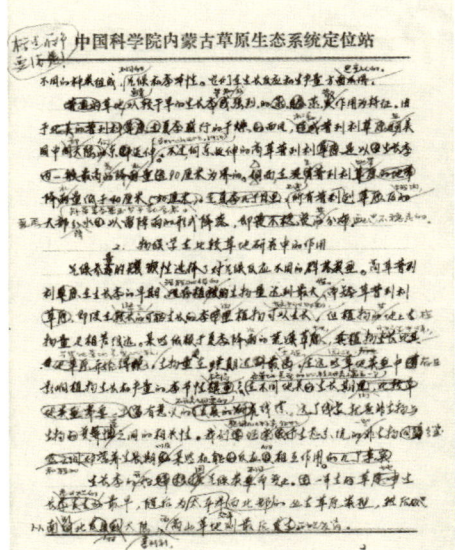

图结–5 李博修改过的译稿

会更是邀请海外留学或工作的研究人员参会，将自己正在研究或是了解的前沿动态介绍至国内。

正是通过与国外同行的密切沟通与交流，李博在了解国外前沿动态的同时，也使自己以及内蒙古大学生态学专业团队在国际生态学家网络中始终处于活跃状态。杨劼在忆及此事时曾说：

> 当年内蒙古大学跟外面的国际交流非常多，就是以他为核心的。他在国际上的影响，大家都知道、都认可，不是他自己宣传出去的。还有一些国外的学者过来了解过李博老师，特别是李老师生前发表的一些论文，出版的一些专著，他们特别想了解李博老师当时的一些思想[①]。

以方法创新带动学科创新

在对国际前沿保持关注的同时，李博对于新技术、新方法也有着敏锐的察觉，并且及时将这些新技术、新方法引入到自己的研究中，在这一过

---

① 杨劼访谈，2012 年 12 月 26 日，呼和浩特。资料存于采集工程数据库。

结语　李博的学术人生——一个学科变迁的缩影

程中并不局限于学科的界线。

李博学术思想的创新，一个重要的方面就是方法的创新，而这缘于他对方法的重要性的认识。早在1960年撰写的一篇论文中，他已提到"植被考察的方法应力求精确迅速，尽量应用近代的技术成就和定位研究的成果，以适应生产上对植被考察的日益增长的要求，阐明生产中所要求的一些关键数据"①。也是在60年代的另一篇文章中，李博也指出："植被研究方法的研究不是可有可无的，而是在开展植被研究中极其重要的一个环节，如果不注意研究方法，将会给植被研究工作带来巨大损失。"②

在李博的研究实践中，这种将新方法、新技术拿过来为我所用的思想，尤其在20世纪80年代的研究中体现得更为明显。特别是在国内率先将遥感技术引入到草场资源调查与动态监测上，并在此基础上实现了草场资源管理的信息化。在当时，"遥感"这一术语才只出现十几年光景，在国外，遥感技术已被较多地应用于对地球资源进行的研究，并在这种应用中积累了相应的经验；而从国内的情况来说，遥感技术在土壤资源以及森林调查中的应用则刚刚开始。作为一名长期活跃于一线的草原生态学家，李博迅速捕捉到遥感技术在草原研究中可能的应用与优势，因此在经过试点之后逐步将该方法推向了越来越大的区域。

值得注意的是，在李博的研究中，无论是遥感技术还是GIS在研究中的引入与大范围应用，其意义都并不仅停留在这种新方法本身所带来的技术与方法上的优势，更重要的是，李博通过技术与方法上的创新实际上带动了生态学这一学科的创新。对于李博个人的学术成长轨迹与学术思想演变来说，这是一个重要的转折点：从资源调查转向空间植被制图的研究，再到后面的生态系统管理，李博学术思想演变的这一基本线索正是以这种方法的创新为依托的；而对于学科而言，李博学术思想的这一演变也正是

---

① 李博：《地植物学的产生、发展和展望》。见：《李博文集》编辑委员会编，《李博文集》。北京：科学出版社，1999年，第30页。该文"系根据地植物学专业1960年教学改革中有关对地植物学认识的讨论结果写成"，并由李博在1961年内蒙古大学首届科学讨论会上报告。

② 李博，雍世鹏，刘钟龄：对开展内蒙古植被研究工作的一些意见。《内蒙古大学学报（自然科学版）》，1964年第1期，第29页。

学科创新的一种体现。

但是，学科的创新也并不意味着传统方法或经验失去意义。无论是卫片解译，还是计算机制图，都在很大程度上依赖于研究者的经验。也正是通过将新的方法与技术同传统方法以及研究者的经验相结合，生态学获得了更为广阔的发展空间。

图结-6　李博于1991年起享受政府特殊津贴的证书

方法的创新往往与一位学者的视野以及对相关学科的了解紧密相关，这也在李博的学术生涯中得到充分的体现。李博不仅在自己的研究中很注意拓宽视野，从自己专业之外的其他学科中获取有用的资源，也在教学实践中将这种理念传递给学生。

> 早在生态学专业创建之初，李博老师特别强调生态学学生数学不能落下，计算机要跟上来，也要学。那时候尽管还是BASIC语言，但就是靠这点基础，我们才有了后来电脑操作的基础。所以在一开始组建这个专业的时候，我就觉得李老师考虑的起点就特别得高，特别有长远的设想。这说明他思想非常敏感，对一些新事物的收集和概括、归纳能力是特别强的[1]。

在全球背景下思考中国的实际问题

1991年起，李博因其在科学领域的贡献而享受政府特殊津贴；1993年，李博当选中国科学院院士。在生态学这门理论与实践并重的学科领域中，

---

[1] 朴顺姬访谈，2014年9月4日，呼和浩特。资料存于采集工程数据库。

图结-7 李博于1993年当选中国科学院院士

李博也越来越多地将注意力投向生态系统管理,并将科研成果服务于生产决策部门。

事实上,学术研究与生产实践紧密结合、以自己所长为经济建设服务的思想,早在李博跟随李继侗先生开始学术生涯之时已开始逐渐形成,但早期更多从事的是草场规划等研究,而后期则偏重于在整个生态系统的框架下实现生态平衡与资源利用并举,因此也是一次重要的学术思想演变。

科学研究始于问题。如何形成一个有价值的问题乃至问题群,并由点及面进而开拓一片值得深入探索的新方向,这是每一位研究者在进入某一研究领域之初都必然要思考的问题。从李博的学术经历来看,问题的形成可以总结为两个方面:一是来自国家的需要,这以20世纪50年代因国家建设需要而进行的自然资源调查与利用以及自然环境的改造为代表,李博在50年代参加的沙漠考察以及之前跟随李继侗先生进行的黄河中游水土保持综合考察等活动正属此列;二是来自李博本人对国际研究动态以及中国实际面临的生态问题的持续关注与敏锐觉察,其在80年代开展的草地资源动态监测与管理以及关于内蒙古草原针茅防除的建议、对南方草地资源的考察以及相应的开发建议、有关农业生态学领域项目研究的建议等莫不如是。

但是,尽管这些问题本身都具有地方性,但当对它们做出思考时,李博并未局限于一时一地,而是将它们放诸全球生态系统的大背景下加以考察。这种视野也就使得李博在问题的发现上更具有前瞻性,而在应对方案的提出上则具有全局眼光。曾经师从李博攻读博士学位并于毕业后留校、在李博身边工作过几年时间的王利民对此深有感触:

> 李先生做事一向是做大不做小。比如说我是研究老鼠的,他曾经

问过我一个问题："你做这些研究到底对生态系统起什么作用？"对于这个问题，我的论文里没能回答得了，我只是说在生态系统中，老鼠是一个不可缺少的部分，但是我找不到证据。但是他问我的这个问题意味着，我应该从系统的角度来看待这个东西。就是说我可能就事论事，做了一个生态位的研究，但是这个生态位到底对生态系统管理有什么作用，我这个整体在整个生态系统当中的作用，我没有说明白。但他问的恰恰是这个问题。①

这种全球视野尤其体现在李博20世纪90年代后期提出的几项研究计划中。

申请国家重大科学基金，做的是中国东部样带农业生态系统对全球变化的影响。中国2/3的农业在东部样带上，这部分的生态系统，包括农业上的碳排放到底对全球变化有什么影响。李先生的这个题目其实是回答了现在一个什么问题呢？现在总说中国碳排放如何如何，那么从农业的角度来讲，李先生的这个题目所回答的问题就是：中国的碳排放到底对全球的影响是怎样的。这是很了不起的问题。实际上他等于把这个问题提前十年就提了出来。到现在为止，我们所做的一些研究都没能超出这个框架。②

今日之中国正处于经济高速发展的时候，而伴随着经济的高速发展，空气污染、水污染、水土流失等生态问题也正越来越多地显现出来。如何应对这一危机，是中国生态学者必须面对的问题。更多地面对实际问题，并将研究成果应用到解决实际问题上；引入新技术新方法为决策提供科学依据；将一时一地的问题置于生态系统的更大的视野下进行思考并提出解决方案。这些在李博学术思想中体现得很明显的特点，或可为这一问题的解答提供某些线索。

---

① 王利民访谈，2013年4月23日，北京。资料存于采集工程数据库。
② 同①。

附录一 李博年表

1929年
4月15日（三月初五），出生在山东省夏津县栾庄乡乔官屯村。原名李以达。

1936年
山东夏津县乔官屯村小学就读。

1938年
父李江文自北平朝阳大学毕业，回到夏津县，担任夏津县立师范学校校长。

12月，夏津县城沦陷。

1939年
3月，村小学停办，李博留在家中跟随父亲学习识字以及地理、历史。

1940 年

乔官屯村小学恢复，遂回到学校继续学业。

1942 年

冬，山东夏津县栾庄完小成立，跟随父亲入该校学习。

1944 年

春，转入山东夏津县立完小。

7 月，自夏津县立小学毕业。

8 月，进入山东省清平县立师范学校读书，至次年初。

1945 年

年初，进入山东省夏津县立师范学校读书，至是年 8 月。

秋，在山东省公路局修械厂做练习生，为期 3 个月。

11 月，考入济南市山东省立第一临中读书。

1946 年

6 月，初中毕业。因成绩优异，免试升入高中。

7 月，升入山东省立第一临中高中部学习。

1947 年

因父亲患肾炎，病情严重，离校到医院服侍父亲。在医院住半年，于父亲病情转轻后返回学校。

1948 年

8 月，因父亲病情转重，离校去济南医院照顾父亲。

1949 年

1 月，父亲李江文过世，学费断绝，无力在中学就读。后得知济南成立了许多专科学校，且都是公费，故再赴济南投考。

2月，考入刚刚成立三个月的济南市华东交通专科学校学习。

夏，济南市华东交通专科学校因学生太多，程度不齐，开始整编系级班次并进行复考。

7月5—7日，《人民日报》联刊华北大学农学院招生简章。李博在父亲生前好友王明远的资助下赴北京投考。

8月24日，李博被华北大学农学院录取，在石家庄分院学习。

9月5日，随新生200余人乘火车赴石家庄。

9月6日，到达石家庄华北大学农学院院部所在地——农事试验场。

12月，华北大学农学院与北京大学农学院、清华大学农学院和辅仁大学农学系合并。

1950年

4月1日，在北京农业大学参加中苏友好协会。

4月初，在卢沟桥农场参加为期半年的农耕实习。

7月1日，在北京农业大学加入中国新民主主义青年团。

11月，从北京农业大学农业化学系转农学系。

1951年

7—8月，暑期丰产实习，参加天津专区治蝗工作，曾受当地政府的表扬。

10月30日，参加由北京农业大学师生组成的全国政协土改工作第15团。

1952年

2月，在江西信丰县参加土改期间，参加月岭乡农民协会，参加该乡土改工作。

4月，土改工作结束，接上级指示后统一回京。

7—9月，在国营五里店农场实习，任实习小队长。

1953 年

7 月，从北京农业大学农学系毕业。

8 月，被分配到北京大学生物系植物学教研室任助教。

1954 年

按照时任北京大学生物系教授兼植物学教研室主任李继侗先生的安排，修读研究生课程并与研究生一起参加考试（至 1956 年），并承担基础课实验。

被北京大学校团委评为模范青年教师。

参加北京大学生物系金山生物站的植被调查。

1955 年

1 月，在北京大学生物系任李继侗教授的研究助教。

1 月，与蒋佩华女士结婚。

5 月，开始随李继侗先生参加中国科学院黄河中游水土保持综合考察队工作。

6 月 1 日，抵山西省中阳县进行植被考察，后在李继侗教授指导下完成《山西省中阳县植被考察报告》（未刊）一文。这是中国 1949 年之后第一批植被图，该文后获得中国科学院生物学部学术奖。

8 月 5 日，考察结束，参加考察大队总结会。

11 月，与北京大学生物系植物学专业一年级学生座谈，介绍苏联的植物学研究情况。

与李继侗等翻译完成《植被学说原理》一书。

1956 年

2 月 3 日，长女李燕青出生。

6 月，随李继侗先生带队的北京大学生物系植物实习队赴内蒙古呼伦贝尔盟谢尔塔拉一带进行草原调查，第一次踏上内蒙古大草原。这是中国学者最早对呼伦贝尔草原所做出的植被生态学研究成果。

修读完成全部研究生课程。

7月，加入中国植物学会北京分会成为会员。

8—9月，参加北京市及附近山区植被调查（持续至1958年），考察地点包括丰沙线、江水河村、樊山堡、田家沟、灵山、斋堂等。

在农业部举办的第一期全国草原干部训练班指导野外实习。

1957 年

2月13日，参加中国科学院植物研究所学术委员会成立大会。

6—7月，随李继侗先生赴黑龙江省萨尔图草原（现为大庆油田地区）进行生态学考察。于次年完成《黑龙江萨尔图红色草原牧场植被考察报告》（未刊）。

1958 年

8月，跟随李继侗对北京市植被进行全面调查，并结合过去工作基础制成1/10万北京市植被图。

9月，随苏联专家拉甫连科考察黑龙江、内蒙古及河西走廊的植被。

12月3日，在几年调查基础上撰写的《北京市的植被》完稿（作者李继侗、李博、杨澄），该文于次年发表在《北京大学学报》（自然科学）上。

应内蒙古畜牧厅草原训练班约请，在内蒙古讲授《植物学》和《植物生态学与地植物学》。

1959 年

2月，调入内蒙古大学，任生物系地植物学教研室室主任、讲师。

2月，与杨澄、刘钟龄合译的《植物群落的基本规律及其研究途径》（俄文）由科学出版社出版。

3月17日，进入中国科学院治沙队。

5月初，进入我国第二大沙漠——巴丹吉林沙漠考察，任巴丹吉林沙漠考察队队委、地植物组专业组长，主要负责植被类型考察，并负责全队考察路线的制定。

5月6日，次女李燕红出生。

6月28日，结束巴丹吉林沙漠考察，抵达甘肃山丹。

8—9月，进行库布齐沙漠考察，任考察队长。其间参与毛乌素沙漠直升机考察、磴口治沙综合试验站建站定位研究工作。

10月12—19日，参加治沙队总结会。

1960 年

1月，由李博执笔的《内蒙古荒漠区植被考察初报》以内蒙古大学生物系治沙小组的名义发表在《内蒙古大学学报》。

2月9—19日，参加中国科学院治沙队在北京举行的第一次治沙学术报告会，并在2月14日上午的会议上报告论文《中国西北和内蒙古沙漠地区的植被及其改造利用的初步意见》。

4月，与李继侗等合译的《植被学说原理》由科学出版社出版。

1961 年

5月29日，赴呼伦贝尔盟莫达木吉草原改良试验站考察。先至北京，与中科院植物所商讨草原站协作问题。后取道长春、吉林、海拉尔，抵莫达木吉开始考察。至8月末结束。

在内蒙古大学首届科学讨论会上报告"地植物的产生、发展和展望"。

1962 年

5月，在《治沙研究》（第三号）上发表《内蒙古西部戈壁及巴丹吉林沙漠考察》。

8月，在《治沙研究》（第四号）上发表《中国西北和内蒙古沙漠地区的植被及其改造利用的初步意见》（执笔：李博）一文。

11月，参加中国植物学会举行的植物生态学、地植物学学术会议，并宣读论文《内蒙古地带性植被的基本类型及其生态地理规律》。

参加西辽河流域宜垦地综合考察。

1963 年

5—6 月，赴呼伦贝尔盟莫达木吉草原改良试验站进行草原植被调查。

8 月 6 日，长子李炜民出生。

在全国畜牧学学术讨论会报告"试论草原生产力与蒸腾耗水量的关系"并提交《地植物学为畜牧业服务途径的探讨》论文。

1964 年

参加国家科委组织的锡盟草原中心综合考察，任综考队副队长及植被草场组组长。考察至 1965 年结束。

为东北草原干部培训班主编《草原地植物学定位研究》讲义并授课，同时编写《植物生态学讲义》。

1965 年

1 月 21—22 日，主持植物教研室会，讨论教学实验以及实习问题。

6—9 月，参加内蒙古锡林郭勒种畜场地区植被与草场资源调查，后合作撰写完成《内蒙古锡林郭勒种畜场地区植被与草场资源》。

参与翻译的《农业生态学》（俄文）由科学出版社排版。

1966 年

因"只专不红，走白专道路"被点名批判，强令到锅炉房劳动。

1969 年

健康出现问题，患慢性肾炎。

1970 年

6 月 3 日，中国科学院科学出版社革命委员会生产组致信内蒙古大学生物系革命委员会，告知李博翻译的《农业生态学》不再出版，并退回原稿、原书及索引。

1971 年

9月10—30日，在乌盟调查农业技术、新农药应用等问题。

12月，考察伊克昭盟、巴彦淖尔盟等的农牧业情况。

1972 年

继续在内蒙古各地生产队、农业技术推广站、农林种子站等调查农牧业生产、新技术推广等情况。

1973 年

参加中国科学院黑龙江土地资源综合考察（至1977年结束），任大兴安岭地区分队及嫩江地区考察分队副队长和植被草场组负责人。

10—11月，参加中国科学院植物生态学与地植物学工作会议，提交《谈谈地植物学在宜垦地综合考察中的作用》报告。此次会议还制订了编写《中国植被》的计划。

1974 年

12月，在内蒙古鼠防进修班讲授《植物生态学与地植物学》，并撰写相应讲义。

作为执笔之一编写的《大兴安岭地区荒地资源考察报告》《大兴安岭地区植被考察报告》由中国科学院黑龙江省土地资源考察队刊印。

1975 年

5月，在内蒙古鼠防进修班讲授《生态学与植物群落》，并为此撰写《植物学讲义（植物生态学及植被地理学部分）》。

参与组织李继侗先生倡导的《内蒙古植物志》的编写工作，担任编委。

作为执笔之一编写的《新巴尔虎右旗草场考察报告》《呼盟陈巴尔虎旗天然草场资源极其利用改造问题》《呼盟牧区天然草场资源极其利用改造问题》由中国科学院黑龙江省土地资源考察队刊印。

1976 年

3月1—9日，参加中国植被地理、植被地图协作会议。

11月，作为执笔之一编写的《呼盟、大兴安岭地区地资源的地植物学评价》由中国科学院黑龙江省土地资源考察队刊印。

1977 年

在内蒙古大学建起中国第一个生态学专业，并主持制订教学计划。

参加内蒙古四子王旗北部至二连浩特一带荒漠草原地区的考察。

在内蒙古大学被评为先进工作者。

10月13—21日，在成都参加全国高校教材会议（生物类），参与讨论并拟定教学大纲。

11—12月，作为编委和协作组副组长在北京参加《中国植被》编写工作会议。

12月，作为主要完成人之一的"黑龙江省呼盟、大兴安岭地区荒地资源的地植物学评价"和"内蒙古自治区及其东西部毗邻地区的植被"两项成果获内蒙古自治区科学技术进步奖。

1978 年

1月，在内蒙古自治区科学大会正式晋升副教授。由他本人担任教研室主任的内蒙古大学地植物教研室也在此次大会上被授予先进集体称号。

3月18日，内蒙古大学举行1977级学生开学典礼。这是全国恢复高考招生制度后经统一考试录取的首届学生。26名本科新生生物系植物生态学专业学习，这是国内第一个生态学专业。

在内蒙古大学主持建立生态学硕士点，开始招收两名研究生，任指导小组组长。

4月，关于内蒙古植被地带划分和森林草甸地带、草原化荒漠地带以及库布齐沙地的东西分异等成果获全国科学大会表彰奖。

8月18—25日，参加全国陆地生态系统科研工作会议。

1979 年

3 月,《中国草原》杂志创刊,任副主编。

参加中国科学院组织的锡林格勒盟草原生态系统定位站的建站工作,并任该站领导小组成员及植物专业组组长。

任内蒙古大学生草原生态教研室主任。

12 月 1 日,中国生态学会成立大会学术讨论会在昆明举行。在学术讨论会上宣读"从生态学观点谈草原的管理利用问题"。

12 月 29 日,中国草原学会成立大会暨第一次学术报告会在北京房山县举行。当选中国草原学会理事,并在会议报告论文,以现代生态学的观点对中国草原的合理利用、维持草原生态平衡问题提出建议。

1980 年

3 月,《植物生态学讲义》(治沙专业七八班用)由内蒙古林学院印。

4 月,任编写组副组长及主要执笔人之一的《中国植被》(主编吴征镒)由科学出版社出版。

6 月 21 日,在内蒙古大学,经方天祺、巴特尔介绍,加入中国共产党。

9 月,参与翻译的《植物生理生态学》(英文)由科学出版社出版。

10 月起,受美国爱达荷大学邀请赴该校进行学术访问,为该校国际讲座介绍了中国草原与荒漠植被,同时考察了北美草原。

1981 年

6 月,作为中国代表出席在美国肯塔基召开的第 14 届国际草地会议,并宣读论文《中国草原植被及其利用》。

7 月,结束在美国的学术访问回国。

11 月,参加全国生物教材编审会议、全国生态平衡学术讨论会、生态学会理事会。

1982 年

作为第一主持人主持国家科学基金项目"草原区旱作条件下人工草地

建立的研究"。该项目历时5年,于1987年结项。

招第二批研究生,录取1名。

8月,参与组织在呼和浩特举办的全国高校植物生态学教材教学讨论会。

11月,在全国植物生态学、地植物学讲习班讲授"植物生态学——因子分析"。

1983年

5月,晋升为教授。

利用两幅内蒙古高原的卫星图片开始进行遥感应用试验和试点工作,准备在此基础上进行大面积草场调查与制图。

作为第一主持人主持"六五"国家科技攻关项目"遥感技术在草场资源调查中的应用研究"。

10月15日—11月15日,受国家教育部委托率中国生态学教育考察团访问比利时,顺访法国,任考察团团长。

11月,被教育部聘为编制十五年(1986—2000年)科技发展规划《教育部生态学及环境生物学规划组》副组长。

在全国普通生态学研讨班讲授"植物生态学——因子分析"。

1984年

2月,任内蒙古大学生物系主任和内蒙古自然资源研究所所长,生物系学术委员会主任。

3月,参加全国生态学会第二次会议,并应桂林市政府邀请参加漓江景区的生态学考察,并对今后旅游区的建设提出书面意见。

3月23—27日,在兰州参加中国草原学会第一届全国草原生态学术讨论会,并报告论文《从一幅卫片的解释谈谈遥感在草场资源调查与制图的应用》。此次会议期间成立了中国草原学会草原生态研究会,并选举产生第一届理事与常务理事会,27日当选中国草原学会草原生态学研究会副理事长。

10月30日—11月8日，赴法国巴黎出席第十八届国际环境遥感会议，并报告论文《遥感在内蒙古草场类型调查中的应用》。该论文后收入《第十八届国际环境遥感会议论文集》。

为北京农业大学畜牧系草原专业研究生班讲授"植物群落分析"。

1985 年

1月，被国务院环境保护委员会办公室聘请为《中华人民共和国自然保护地图集》编委会委员。

1月，参加教育部委托中山大学举办的森林生态系统野外研究和实习站的考察与论证。

1月，参与翻译的《植物群落分类》（英文）由科学出版社出版。

4月19日—5月18日，随内蒙古大学校际学术访问团赴美国、日本访问。

4月26日，被聘为内蒙古自治区科学技术顾问委员会（第一届）委员。

8—9月，应邀赴日本京都出席第15届国际草地会议。

9月6日，被聘为内蒙古农牧渔业技术开发服务总公司技术顾问。

9月10日，被内蒙古自治区教育厅授予"光荣人民教师"称号。

为北京大学生物系环境生物学及生态学专业讲授"植被生态学"。

1986 年

2月6日，参加内蒙古生态学会筹委会第一次会议，任副主任委员，开始筹备成立内蒙古生态学会。

3月16日，内蒙古生态学会筹委会向内蒙古自治区科学技术协会提交《关于申请成立内蒙古生态学会的报告》。

5月，作为项目负责人之一的"遥感在内蒙古草场资源调查中的应用研究"在全国科技大会上获国家"六五"攻关项目表彰奖。

5月，作为主编和主要执笔人之一的《植物生态学实验》由高等教育出版社出版。

12月27日，被内蒙古人民政府授予"内蒙古自治区特等劳动模范"

称号。

作为第一主持人主持内蒙古自治区重点项目"内蒙古额尔古纳右旗经济发展战略规划"。

1987 年

4月1日，被北京大学聘为该校遥感技术应用研究所兼任教授。

4月22日，在内蒙古第一次生态学术讨论会上当选内蒙古生态学会第一届理事会副理事长。

7月，《内蒙古植物志》第1—8卷获国家教育委员会科学技术进步奖二等奖。

7月，作为作者和参编者之一的《内蒙古草场资源遥感应用研究》1—2卷由内蒙古大学出版社出版。

8月15—20日，内蒙古大学、人与生物圈国家委员会、中国科学院草原生态系统定位站联合主办的"国际草地植被学术讨论会"在呼和浩特举行，任会议副主席，并做大会报告 Present Development in the Application of Remote Sensing to Grassland Resources Survey in China。

10月，作为主编的《内蒙古自治区乌审旗草场资源图》由科学出版社出版。

12月25日，"六五"国家科技攻关项目"遥感技术在草场资源调查中的应用研究"获内蒙古自治区科技进步奖一等奖；主持的《呼伦贝尔盟牧区草原植被及草场资源考察与评价》获内蒙古自治区科技进步奖三等奖。

12月，作为作者和参编者之一的《内蒙古草场资源遥感应用研究》第3卷由内蒙古大学出版社出版。

1988 年

4月，任中国农业科学院草原研究所所长。

4月30日—5月14日，受内蒙古科委委托率内蒙古畜牧业科技考察团赴澳大利亚考察，任考察团团长。

4月10日，被中山大学聘为中山大学热带亚热带森林生态系统实验中心第一届学术委员会委员。

4—5月，赴澳大利亚墨尔本等地考察。

7月，作为第一主持人主持完成的"六五"科技攻关项目"遥感在内蒙古草场资源调查中的应用研究"获国家科学技术进步奖三等奖。

8月28日，担任编写组副组长及主要执笔人之一的《中国植被》（主编吴征镒）获国家自然科学奖二等奖。

11月5—12日，赴印度新德里参加第三届国际草场会议。

11月，担任编委的《内蒙古植物志》（1—8卷）获内蒙古自治区1988年科技进步奖一等奖。

12月3—16日，参加中国农业科学院科技考察团赴美国、巴西、阿根廷考察。

12月19日，在北京大学参加三北"七五"国家科技攻关项目"三北防护林区遥感考查"内蒙片汇报会，项目启动，任内蒙片鄂尔多斯地区负责人。

1989年

5月，作为编委参编的《中国自然保护地图集》由科学出版社出版。

6月，作为主编之一的《内蒙古自治区额尔古纳右旗自然环境与自然资源地图》由内蒙古大学出版。

8月，参编的《中国自然保护地图集》（撰写其中"中国草原分布图""草原自然度典型区地图""锡林郭勒自然保护区图"）由科学出版社出版。

9月10日，与内蒙古大学雍世鹏教授、刘钟龄教授共同完成的"生态学与环境生物学专业的创办与发展"获得内蒙古高校优秀教学成果奖一等奖。

11月2日，"生态学与环境生物学专业的创办与发展"获得国家教委颁发的1989年普通高等学校优秀教学成果奖。

1990 年

在内蒙古大学主持建立生态学博士点。

3月20日，被北京大学聘请为遥感所兼职教授。

6月，担任主编的教材《普通生态学》由内蒙古大学出版社出版。

8月，担任统稿和其中7个章节撰写工作的《中国的草原》以及主编的《内蒙古鄂尔多斯高原的自然资源与环境研究》由科学出版社出版。

9月8—16日，赴日本仙台出席世界植被生态环境会议。

9月20日，被陕西省宝鸡市人民政府聘请为市农业顾问。

11月20日，经国家学位委员会批准，被授予博士生导师资格，生态学专业获得博士学位授予权。

11月9—24日，应新西兰草地研究所所长G. Lambert邀请，赴新西兰访问。

11月，任编委会委员的《中国自然保护地图集》（国家环保局主持，中科院长春地理研究所主编）获1990年中国科学院科技进步奖二等奖。

12月，被国家教委、国家科委共同授予"全国高等学校先进科技工作者"称号。

12月22日，被国家教委聘为首届高等学校生物学教学指导委员会成员。

1991 年

在中国农业科学院草原研究所创建遥感室。

4月22—26日，赴法国蒙彼利埃参加第四届国际草场会议，并报告论文《内蒙古毛乌素沙地牧场遥感动态监测》。

7月，获颁政府特殊津贴。

9月10日，被内蒙古教育厅、内蒙古劳动人事厅、内蒙古文教工会授予自治区优秀教育世家。

9月，被评为中国农业科学院"七五"期间先进工作者。

11月，任编委会委员的《中国自然保护地图集》获1991年国家科技进步奖三等奖。

1992 年

4 月 19 日—5 月 2 日，任国家遥感考察团团长赴澳大利亚考察。

11—12 月，在海南岛进行草地考察。

10 月，作为编委、生物灾害专题负责人参编的《中国自然灾害地图集》由科学出版社出版。

开始主持农业部重点工程项目"北方草原草畜平衡动态监测研究"，在国内首次利用计算机建立草地监测系统。

1993 年

2 月 8—21 日，赴新西兰出席第 17 届国际草地会议。与雍世鹏联名发表了题为《寒温带草地：识别与鉴定（Winner Cold Temperature Grasslands: Identifying Problems）》的特邀报告，全面介绍了欧亚大陆草原植被的自然特征和草地经营管理问题。

6 月 24 日，被内蒙古自治区土地学会聘为顾问。

6 月 30 日，被四川大学聘请为该校生物工程研究所暨草原鼠虫病害生物防治工程国家实验室兼职教授。

7 月，作为主编参编的《中国北方草地畜牧业动态监测研究》（一），由中国农业科技出版社出版。

8 月 16—20 日，中国农业科学院草原所与中国草原学会及农业部畜牧兽医司在呼和浩特共同召开了国际草地资源学术会议，任大会秘书长，并在会上做专题报告 Experiment on Dynamic Monitoring of Balance forage Livestock in North of China。

9 月，兼任中国农业科学院草原研究所农业部重点开放性实验室"草地资源生态实验室"主任。

10 月，作为主要编写人之一参编的《普通生态学》由高等教育出版社出版。

10 月，以中国草原专家的身份赴阿根廷参加了 IPCC 召开的工作会议。

11 月，当选中国科学院（生物学部）学部委员。

12 月，获第二届乌兰夫奖金基础科学特别奖。

1994 年

1月,与邬建国讨论筹划在呼和浩特举行一次"国际现代生态学新动向、新观点讨论会",请留学回国人员讲学。

4月,研究项目"内蒙古草原牧场防护区遥感综合调查研究"获得国家教委科学技术进步奖一等奖。

6月3—6日,在中国草原学会第四届代表大暨第七次学术讨论会上当选学会副理事长。

7月30日—8月23日,赴新疆对当地各主要草地类型的地面光谱特征及地上生物量进行实地考察。

9月,举办全国第一次现代生态学讲座,邀请在国外学有成就的博士、博士后回国演讲,此次讲座后结集出版《现代生态学讲座》一书。

11月25日—12月4日,赴印度新德里参加亚太地区退化土地持续发展学术会议,并做大会报告 *The Degenrated Rangeland Restoration and Sustainable Development in China*。

11月,作为第一完成人承担的国家"八五"科技攻关项目"中国北方草地草畜平衡动态监测系统试点试验研究"获得农业部颁发的1994年部级科学技术进步奖一等奖。

12月14日,母亲李王氏去世。

1995 年

7月13—15日,在中国草原学会牧草遗传资源委员会成立大会暨第一届学术讨论会期间,受聘为中国草原学会第一届牧草遗传资源委员会名誉理事长。

7月,以国际专家顾问委员会委员身份赴美国盐湖城出席第五届国际草场会议,提交《中国草地生物多样性研究》论文,会上被选为该会持续委员会13名委员之一(亚洲地区代表),并获得做出突出贡献奖奖励证书。

8月18日,讨论通过《生态学》编写提纲。

8月,被中国农业科学院聘为草原研究所学术顾问。

8月,作为主编参编的《草地生物多样性保护研究》由内蒙古大学出版社出版。

8月，作为主编参编的《现代生态学讲座》由科学出版社出版。

9月，赴俄罗斯圣彼得堡出席亚洲植被图工作会议，任中国代表团副团长，在会议上做题为 The Vegetation Map of Inner Mongolia and its Application（内蒙古植被图及其应用）的报告。

9月30日，获国家教育委员会对90—95担任首届高等学校理科学科教学指导委员会委员工作荣誉证书。

10月13日，被中国草原学会草原生态研究会聘为第三届理事会名誉理事长。

11月，被选为中国生态学学会第五届理事会常务理事，任期自1995年11月至1999年11月。

1996 年

1月1日，被内蒙古自治区呼和浩特市环境保护委员会聘为呼和浩特市环境保护高级监督员。

1月10日，参加在北京举行的中国草原学会第四届第四次常务理事扩大会议。

1月22日，被内蒙古大学聘为生命科学院名誉院长。

5月23日，担任主编的教材《普通生态学》被内蒙古自治区教育厅授予自治区普通高等学校优秀教材奖一等奖。

6月20日，参加第57次香山科学会议，主题是"生物多样性研究的现状与趋势"。

参加了《中国生物多样性保护行动大纲》的起草工作，主持了"八五"国家重大科技攻关项目"我国草原生态系统生物多样性保护技术的研究"。

8月，作为特邀代表赴美国波罗温顿斯出席美国生态学会1996年年会"亚洲今天及未来的生态与环境问题"专题会议，并做大会特邀报告"欧亚大陆草地生态研究的新进展"。

9月15日，当选为中国生态经济学会第四届理事会常务理事，任期四年。

9月18日，被聘为草地农业生态系统农业部重点开放实验室第一届学术委员会委员。

10月15日，被中科院遥感所、中国地理学会聘为《遥感学报》首届编委会副主席。

11月18日—12月1日，赴湖北、湖南及云南进行草地考察。

12月5—8日，在内蒙古克什克腾旗考察。

1997年

2月25日，致信内蒙古自治区书记刘明祖、自治区主席乌力吉、自治区副书记白恩培等，对自治区把针茅防除列为1997年内蒙古畜牧业生产中急需解决的大事之一提出建议，同时建议应对大针茅分布区内各旗县的畜群结构、危害现状、放牧制度以及如何趋利避害等问题进行宏观角度的研究，并呼吁支持较长远的基础研究。

3月，作为主要执笔人之一，完成了中国科学院生物学部"南方草地资源开发利用"咨询组考察报告及向国家提交的"关于建立常绿草地带"加速开发南方草地资源的建议。

4月，被内蒙古自治区科学技术协会授予自治区科协名誉主席。

4月，被南京大学聘为生物系兼职教授，任期自1997年4月至1999年4月。

5月，被聘为中国农业科学院自然资源与区划研究所研究员。组织区划所、草原所、气象所、环保所有关专家34人申请建立了农科院生态学专业硕士点并积极筹备建立博士点、博士后流动站工作。

7月1日，被国家遥感中心农业应用部聘为专家顾问组顾问。

8月，内蒙古自治区环境保护局与内蒙古自治区教育厅联合成立内蒙古自治区环境教育指导委员会，担任副主任。

8月，内蒙古大学、中国科学院内蒙草原生态系统定位研究站联合举办蒙古高原草地管理国际学术会议（ISGM），任组委会主席。

9月25日，被北京师范大学聘为国家教委环境演变与自然灾害开放研究实验室第二届学术委员会主任。

11月，作为第一完成人承担的研究项目"鄂尔多斯高原沙质灌木草地—绒山羊系统优化生产技术"获农业部颁发的1997年部级科学技术进步奖三等奖。

12月，作为第一完成人"中国北方草原草畜平衡动态监测系统试点实验研究"获国家科技进步奖二等奖。

1998年

1月17日，在北京参加重大基金项目"长江三角洲低层大气物理化学过程与生态系统的相互作用"评审会。

2月13日，在北京劳动大厦参加黄秉维先生八十五华诞庆贺活动。

2月17日，国家自然科学基金委评审会通过李博等多年前提出的把"中国东部陆地农业生态系统与全球变化相互作用机理研究"列为国家自然科学基金重大项目的建议。

3月1—19日，作为人大代表在北京参加第九届全国人民代表大会。

3月30日—4月6日，参加南方草地考察，地点包括桂林、奉节、重庆等。

4—5月，组织中国农业科学院和国内有关院校以"新攀登计划"的形式向教育部提出"我国主要贫困地带可持续农业若干重大科学问题的研究"项目建议书。

5月4日，在北京人民大会堂参加北京大学百年校庆大会。

5月11日，在北京参加自然资源学会代表会议。

5月13日，被聘为中国自然资源学会第四届理事会副理事长。

5月16日，赴匈牙利德布勒森出席第17届欧洲草地管理学术会议，做"中国草地资源及其管理对策"报告。

5月21日，于会议期间考察时不幸殉职。

6月17日，在呼和浩特市大青山公墓礼堂举行了李博院士骨灰安放仪式。

6月18日，按照夫人蒋佩华的意愿，骨灰撒在内蒙古鄂尔多斯高原（伊克昭盟准格尔旗）。

附录二 李博主要论著目录

论文

［1］李博. 山西省中阳县植被考察报告. 未刊，1955.

［2］李继侗，李博，刘汝箴，等. 内蒙古呼伦贝尔盟谢尔塔拉种畜场的植被［C］// 李继侗文集. 北京：科学出版社，1986.

［3］李博. 黑龙江萨尔图红色草原牧场植被考察报告. 未刊，1957.

［4］李博. 植物生态学与地植物学（内蒙古畜牧厅勘测训练班讲义）. 未刊，1958.

［5］北京大学生物学系地植物学小组. 北京市的植被［J］. 北京大学学报（自然科学），1959（2）：159-169.

［6］内蒙古大学生物系治沙小组. 内蒙古荒漠区植被考查初报［J］. 内蒙古大学学报（自然科学），1960（1）：31-51.

［7］于守忠，李博，蔡蔚祺，等. 内蒙古西部戈壁及巴旦吉林沙漠考察［C］// 治沙研究（第三号）. 北京：科学出版社，1962.

［8］李博，周万福，李文生. 内蒙古库布齐沙漠考察［C］// 治沙研究（第三号），北京：科学出版社，1962.

［9］李博等. 中国西北和内蒙古沙漠地区的植被及其改造利用的初步意见

[C] // 治沙研究（第四号）. 北京：科学出版社，1962.

[10] 李博. 内蒙古地带性植被的基本类型及其生态地理规律 [J]. 内蒙古大学学报（自然科学），1962（1）：41-74.

[11] 李博. 内蒙古植被研究史 [J]. 内蒙古大学学报（自然科学），1964（1）：1-14.

[12] 李博，雍世鹏，刘钟龄. 对开展内蒙古植被研究工作的一些意见 [J]. 内蒙古大学学报（自然科学），1964（1）：15-31.

[13] 李博. 草原地植物学定位研究（东北草原调查研究训练班讲义）. 未刊，1964.

[14] 李博. 植物生态学（内蒙古大学生物系地植物专门化讲义）. 未刊，1964.

[15] 李博，曾泗弟，郝广勇. 内蒙古呼伦贝尔盟草原区羊草、丛生禾草群落水分生态的初步研究 [J]. 植物生态学与地植物学丛刊，1964，2（1）：70-80.

[16] 杨宝珍，李博，曾泗弟. 关于草原群落研究中样方面积大小的初步探讨 [J]. 植物生态学与地植物学丛刊，1964，2（1）：111-117.

[17] 李博. 大兴安岭地区荒地资源考察报告 [R]. 中国科学院黑龙江省土地资源考察队刊印，1974.

[18] 李博. 大兴安岭地区植被考察报告 [R]. 中国科学院黑龙江省土地资源考察队刊印，1974.

[19] 李博. 新巴尔虎右旗草场考察报告 [R]. 中国科学院黑龙江省土地资源考察队刊印，1975.

[20] 李博. 呼盟陈巴尔虎旗天然草场资源及其利用改造问题 [R]. 中国科学院黑龙江省土地资源考察队刊印，1975.

[21] 李博，孙鸿良，曾泗弟. 呼盟牧区天然草场资源及其利用改造问题 [R]. 中国科学院黑龙江省土地资源考察队刊印，1975.

[22] 李博. 宝格都乌拉公社的自然条件与草原建设问题 [R]. 未刊，1975.

[23] 李博. 植物学讲义（植物生态学及植被地理学部分）. 未刊，1975.

[24] 李博，孙鸿良，浦汉昕. 呼盟、大兴安岭地区资源的地植物学评价[R]. 中国科学院黑龙江省土地资源考察队刊印，1976.

[25] 李博. 大兴安岭兴安落叶松林的基本特征[J]. 内蒙古大学学报（自然科学），1980，11（1）：63-79.

[26] 李博，孙鸿良，曾泗弟，等. 呼伦贝尔牧区草场植被资源及其利用方向的探讨[J]. 自然资源，1980（4）：30-36.

[27] 李博. 植物生态学（参考讲义）. 呼和浩特：内蒙古大学，1980.

[28] 李博. 植物生态学讲义（治沙专业七八班用）. 呼和浩特：内蒙古林学院，1980.

[29] 李博. 植被类型及其分布（全国作物品种资源研究训练班讲义）. 北京：中国农业科学院作物品种资源研究所，1980.

[30] 李博. 第十四届国际草地会议简介[J]. 植物生态学与地植物学丛刊，1982，6（2）：169-171.

[31] 李博，孙鸿良，曾泗弟，等. 呼伦贝尔及大兴安岭北部植物名录[R]. 中国科学院黑龙江省土地资源考察队植被组，1982.

[32] 李博. 谈我区土地资源的利用和管理[N]. 内蒙古日报.1982-04-21.

[33] 李博. 植物生态学专业的任务与建设[J]. 教学研究，1982（2）：17-19.

[34] 李博，孙鸿良. 论草原生产潜力及其挖掘的途径[J]. 中国农业科学，1983（3）：1-5.

[35] 李博. 草原植物群落的调查与分析. 未刊印，1983.

[36] 李博. 普通生态学纲要（1980级补充讲义）. 未刊印，1983.

[37] 李博. 个体生态学和环境分析（植物部分）. 未刊印，1984.

[38] 孙鸿良，齐晔，顾武，等. 生态农业效益综合评价的原则方法与指标体系[J]. 农业现代化研究，1986（3）：26-29.

[39] 李博. 我国草原退化及其恢复对策[N]. 中国环境报，1986-09-30.

[40] 李博. 制止草原退化[N]. 光明日报，1987-01-02.

[41] 李博. 中国的几种植被类型（Ⅱ）草原[J]. 生物学通报，1987（5）：12-14.

［42］李博. 中国的几种植被类型（Ⅲ）草原（续）［J］. 生物学通报，1987（6）：9-11.

［43］李博. 内蒙古草场资源调查研究回顾及当前任务［C］// 内蒙古草场资原遥感考察队. 内蒙古草场资源遥感应用研究1. 呼和浩特：内蒙古大学出版社，1987.

［44］李太叶，李博. 应用陆地卫星影像进行草场地上生物量估测的初步研究［C］// 内蒙古草场资原遥感考察队. 内蒙古草场资源遥感应用研究1. 呼和浩特：内蒙古大学出版社，1987.

［45］李博. 陆地卫星影像《海拉尔幅》草场类型图（1∶50万）说明［C］// 内蒙古草场资原遥感考察队. 内蒙古草场资源遥感应用研究2. 呼和浩特：内蒙古大学出版社，1987.

［46］李博，曾泗弟. 呼伦贝尔盟生态区域的划分［C］// 内蒙古草场资原遥感考察队. 内蒙古草场资源遥感应用研究1. 呼和浩特：内蒙古大学出版社，1987.

［47］李博，李天杰. 利用卫星图像解译分析兴安盟草场等农业自然资源总结报告［C］// 内蒙古草场资原遥感考察队. 内蒙古草场资源遥感应用研究2. 呼和浩特：内蒙古大学出版社，1987.

［48］李博，叶波. 兴安盟植被遥感考察报告［C］// 内蒙古草场资原遥感考察队. 内蒙古草场资源遥感应用研究2. 呼和浩特：内蒙古大学出版社，1987.

［49］李博，叶波. 兴安盟草场资源遥感考察报告［C］// 内蒙古草场资原遥感考察队. 内蒙古草场资源遥感应用研究2. 呼和浩特：内蒙古大学出版社，1987.

［50］李博，李天杰. 兴安盟生态区域的划分及其评价［C］// 内蒙古草场资原遥感考察队. 内蒙古草场资源遥感应用研究2. 呼和浩特：内蒙古大学出版社，1987.

［51］陈凯，李博. 《遥感在内蒙古草场资源调查中的应用研究》项目工作总结［C］// 内蒙古草场资原遥感考察队. 内蒙古草场资源遥感应用研究2. 呼和浩特：内蒙古大学出版社，1987.

[52] 李博, 陈凯. 《遥感在内蒙古草场资源调查中的应用研究》项目研究成果简要报告[C]// 内蒙古草场资原遥感考察队. 内蒙古草场资源遥感应用研究 2. 呼和浩特: 内蒙古大学出版社, 1987.

[53] 雍世鹏, 李博, 曾泗弟, 等. 内蒙古植被的遥感分析与制图[C]// 内蒙古草场资原遥感考察队. 内蒙古草场资源遥感应用研究 3. 呼和浩特: 内蒙古大学出版社, 1987.

[54] 李博, 雍世鹏, 曾泗弟, 等. 内蒙古草场资源遥感分析[C]// 内蒙古草场资原遥感考察队. 内蒙古草场资源遥感应用研究 3. 呼和浩特: 内蒙古大学出版社, 1987.

[55] 李博, 雍世鹏, 曾泗弟, 等. 内蒙古生态分区[C]// 内蒙古草场资原遥感考察队. 内蒙古草场资源遥感应用研究 3. 呼和浩特: 内蒙古大学出版社, 1987.

[56] 李博. 谈黄土高原地区的土地承载力[N]. 中国环境报, 1987-11-10.

[57] 李博. 地植物学教研室三十年工作回顾[C]// 内蒙古大学生物系地植物学教研室, 内蒙古大学内蒙古自然资源研究所编. 植物生态学科研成果汇编(一). 呼和浩特: 内蒙古大学出版社, 1987.

[58] 李博. 中国的草原植被及其利用[C]// 内蒙古大学生物系地植物学教研室, 内蒙古大学内蒙古自然资源研究所编. 植物生态学科研成果汇编(二). 呼和浩特: 内蒙古大学出版社, 1987.

[59] 刘钟龄, 李博, 雍世鹏. 内蒙古自然资源的区域特点和利用方向[C]// 内蒙古大学生物系地植物学教研室, 内蒙古大学内蒙古自然资源研究所编. 植物生态学科研成果汇编(二). 呼和浩特: 内蒙古大学出版社, 1987.

[60] 内蒙古草场资源遥感考察队草场专业组. 内蒙古草场专题报告(一) 1∶100万草场类型图说明[R]. 呼和浩特: 内蒙古草场资源遥感考察队, 1987.

[61] 内蒙古草场资源遥感考察队草场专业组. 内蒙古生态分区专题报告[R]. 呼和浩特: 内蒙古草场资源考察队, 1987.

［62］李博. 草地管理的生态学基础. 全国生态经济学讲学会发言，1987.

［63］李博，雍世鹏，李忠厚. 锡林河流域植被及其利用［C］// 中国科学院内蒙古草原生态系统定位站. 草原生态系统研究（第三集）. 北京：科学出版社，1988.

［64］李博. 植物群落的调查与分析［C］// 姜恕等编著. 草地生态研究方法. 北京：农业出版社，1988.

［65］李博. 试论我国草地资源的开发［C］// 郭书田主编. 中国草地生态研究. 呼和浩特：内蒙古大学出版社，1989.

［66］李博，黄文惠，马志广. 我国草地科学的成就与展望［C］// 中国科学院，中国农业科学院，全国草地科学学术研讨会论文编审组编. 中国草地科学与草业发展——全国草地科学学术研讨会论文选编. 北京：科学出版社，1989.

［67］雍世鹏，李博. 中国草原分布图（1:120万）［G］// 中国科学院长春地理研究所主编. 中国自然保护地图集. 北京：科学出版社，1989.

［68］李博，雍世鹏. 草原自然度典型区地图（1:50万）［G］// 中国科学院长春地理研究所主编. 中国自然保护地图集. 北京：科学出版社，1989.

［69］雍世鹏，李博. 锡林郭勒自然保护区图（1:70万）［G］// 中国科学院长春地理研究所主编. 中国自然保护地图集. 北京：科学出版社，1989.

［70］李博. 加快草地建设促进草畜业发展［N］. 中国科学报，1989-06-02.

［71］李博，牛建明. 鄂尔多斯高原植被 C］// 李博主编. 内蒙古鄂尔多斯高原的自然资源与环境研究. 北京：科学出版社，1990.

［72］李博，雍世鹏，曾泗弟，等. 生态分区的原则、方法与应用——内蒙古自治区生态分区图说明［J］. 植物生态学与地植物学学报，1990，14（1）：55-62.

［73］陈凯，李博. Preent Development in the Application of Remote Sensing to Grassland Resources Survey in China［C］// 阳含熙主编. 国际草地

植被会议论文集. 北京：科学出版社，1990.

［74］李博，雍世鹏，曾泗弟. Principles, Methods and Application of Ecological Regionalization of the Inner Monolia Autonomous Region. ［C］// 阳含熙主编. 国际草地植被会议论文集. 北京：科学出版社，1990.

［75］李博. 草地生态学［C］// 马世俊主编. 现代生态学透视，北京：科学出版社，1990.

［76］Li Bo, Yong Shipeng, Li Zhonghou. Vegetation of the XILIN GOL River Basin and its Utilization. Reports from Inner Mongolia Grassland Ecosystem Research Station of Academa Sinica（1979-1988）［M］. Beijing: SciencePress, 1990.

［77］李博. 草地生态学的发展［C］// 马世骏主编. 中国生态学发展战略研究（第一集）. 北京：中国经济出版社，1991.

［78］李博. 我国草地生态研究的成就与展望［J］. 生态学杂志. 1992，11（3）：1-7.

［79］李博，杨劼. 内蒙古毛乌素沙地部分地区风蚀沙化的动态监测［C］// 中国人民保险公司，北京师范大学主编. 中国自然灾害地图集. 北京：科学出版社，1992.

［80］李博，杨劼. 内蒙古毛乌素沙地典型地区风蚀沙化整治动态［C］// 中国人民保险公司，北京师范大学主编. 中国自然灾害地图集. 北京：科学出版社，1992.

［81］李博，雍世鹏. 呼伦贝尔地区草地退化［C］// 中国人民保险公司，北京师范大学主编. 中国自然灾害地图集. 北京：科学出版社，1992.

［82］李博，雍世鹏. 锡林郭勒地区草地退化［C］// 中国人民保险公司，北京师范大学主编. 中国自然灾害地图集. 北京：科学出版社，1992.

［83］李博，雍世鹏. 科尔沁地区草地退化［C］// 中国人民保险公司，北京师范大学主编. 中国自然灾害地图集. 北京：科学出版社，1992.

［84］李博，雍世鹏. 鄂尔多斯高原毛乌素地区草地退化［C］//中国人民保险公司，北京师范大学主编. 中国自然灾害地图集，北京：科学出版社，1992.

［85］李博，史培军. 开展草地畜牧业动态监测研究，实现草地信息管理现代化［C］//李博等著. 中国北方草地畜牧业动态监测研究（一）. 北京：中国农业科技出版社，1993.

［86］李博，史培军，任志弼，等. 中国北方草地畜牧业动态监测技术系统设计［C］//李博等著. 中国北方草地畜牧业动态监测研究（一）. 北京：中国农业科技出版社，1993.

［87］李博. 中国北方草地概貌［C］//李博等著. 中国北方草地畜牧业动态监测研究（一）. 北京：中国农业科技出版社，1993.

［88］李博，史培军. 内蒙古锡林郭勒盟草畜平衡动态监测试验［C］//李博等著. 中国北方草地畜牧业动态监测研究（一）. 北京：中国农业科技出版社，1993.

［89］李博. 生态学与草地管理［J］. 中国草地，1994（1）：1-8.

［90］李博. 利用航天遥感技术建设中国北方草地动态监测系统［J］. 卫星应用，1995（1）：33-36.

［91］李博. 我国草地生物多样性保护［C］//李博，杨持等著. 草地生物多样性保护研究. 呼和浩特：内蒙古大学出版社，1995.

［92］李博，杨持. "我国草原生物多样性保护技术研究"专题总结［C］//李博，杨持等著. 草地生物多样性保护研究. 呼和浩特：内蒙古大学出版社，1995.

［93］牛建明，李博. 生态系统多样性评估方法的初步探讨［C］//李博，杨持等著. 草地生物多样性保护研究. 呼和浩特：内蒙古大学出版社，1995.

［94］李博，李振声. 草地资源开发前景［N］. 中国科学报（海外版），1996-07-25.

［95］李博. 我国草地资源现况、问题及对策［J］. 中国科学院院刊，1997，12（1）：49-51.

［96］李博. 我国草地资源现况及其管理对策［J］. 大自然探索，1997（1）：12-14.

［97］Li Bo. The production estimate and information management of rangeland in China（Abstract）. International Symposium on Grassland Management in the Mongolian Plateau. 呼和浩特：内蒙古大学出版社，1997.

［98］李博. 中国北方草地退化及其防治对策［J］. 中国农业科学，1997，30（6）：1-9.

［99］张新时，李博，史培军. 南方草地资源开发利用对策研究［J］. 自然资源学报，1998，13（1）：1-7.

专著

［100］吴征镒主编. 中国植被［M］. 北京：科学出版社，1980.

［101］李博. 草原及其利用与改造［M］. 北京：农业出版社，1984.

［102］内蒙古大学生物系. 植物生态学实验［M］. 北京：高等教育出版社，1986.

［103］内蒙古草场资源遥感考察队. 内蒙古草场资源遥感应用研究（第一、二、三卷）［M］. 呼和浩特：内蒙古大学出版社，1986-1987.

［104］内蒙古草场资源遥感应用考察队. 内蒙古自治区乌审旗草场资源地图（1∶30万）［M］. 北京：科学出版社，1987.

［105］李博. 内蒙古鄂尔多斯高原的自然资源与环境研究［M］. 北京：科学出版社，1990.

［106］李博. 普通生态学［M］. 呼和浩特：内蒙古大学出版社，1990.

［107］孙儒泳，李博，诸葛阳，等. 普通生态学［M］. 北京：高等教育出版社，1993.

［108］李博，桂荣，王国贤，等. 鄂尔多斯高原沙质灌木草地绒山羊试验区研究成果汇编［M］. 呼和浩特：内蒙古教育出版社，1995.

［109］李博. 现代生态学讲座［M］. 北京：科学出版社，1995.

［110］李博，杨持. 草地生物多样性保护研究［M］. 呼和浩特：内蒙古

大学出版社，1995.

[111] 李博. International Symposium on Grassland Management in the Mongolian Plateau [M]. 呼和浩特：内蒙古大学出版社，1997.

[112] 李博文集编辑委员会. 李博文集 [M]. 北京：科学出版社，1999.

译著

[113] E. M. 拉甫连科著. 植物群落的基本规律及其研究途径 [M] 李博，杨澄，刘钟龄译. 北京：科学出版社，1959.

[114] П. Л. 雅罗申科著. 植被学说原理 [M]. 李继侗，祝廷成，李博，郑钧镛译. 北京：科学出版社，1960.

[115] W Larcher 著. 植物生理生态学 [M]. 李博，张陆德，岳绍先译. 北京：科学出版社，1980.

[116] C R W Spedding 著. 草地生态学 [M]. 贾慎修，孙鸿良，毛雪莹等译. 北京：科学出版社，1983.

[117] R. H. 惠特克主编. 植物群落分类 [M]. 周纪伦，李博，蒋有绪等译. 北京：科学出版社，1985.

参考文献

[1] 葛明德. 李继侗晚年对米邱林和李森科的评论[J]. 中国科技史料, 1980 (1): 11, 22-25.

[2] 贺雪枫. 中国科学院院士——李博[J]. 党建与人才, 1996 (5): 38.

[3] 黑龙江省土地资源考察队呼盟及大兴安岭分队植被组. 呼盟、大兴安岭地区土地资源的地植物学评价[R]. 油印, 1976.

[4] 华北大学农学院院史编委会编. 华北大学农学院史记（1939-1949）[M]. 北京：中国农业出版社, 1995.

[5] 可伟, 甘峰岭, 樊文礼, 等. 走遍内蒙古的中科院院士[N]. 北方新报, 2007-01-19.

[6] 李博, 孙鸿良, 曾泗弟, 等. 呼伦贝尔牧区草场植被资源及其利用方向的探讨[J]. 自然资源, 1980 (8): 33-36.

[7] 李博, 曾泗弟, 郝广勇. 内蒙古呼伦贝尔盟草原区羊草、丛生禾草群落水分生态的初步研究[J]. 植物生态学与地植物学丛刊, 1964, 2 (1): 70-80.

[8] 李博, 雍世鹏, 刘钟龄, 等. 松辽平原的针茅草原及其生态地理规律[J]. 植物学报, 1980, 22 (3): 270-279.

[9] 李博. 从一幅卫片的解译谈谈遥感在草场资源调查与制图中的应用[C] // 甘肃草原生态研究所编, 中国草原学会第一届全国草原生态学术讨论论文集. 1984.

［10］李博. 大兴安岭兴安落叶松林的基本特征［J］. 内蒙古大学学报，1980，11（1）：63-79.

［11］李博. 悼念李继侗老师［J］. 生物学通报，1962（1）：49.

［12］李博. 我国草地资源现况及开发利用问题［N］. 国土报，1995-10-10.

［13］李博. 我国草原退化及其恢复对策［N］. 中国环境报，1986-09-30.

［14］李博. 我在草地植被生态领域的工作［J］. 中国科学院院刊，1996（1）：51.

［15］李博. 植物生态学专业的任务与建设［J］. 教学研究，1982（2）：17-19.

［16］李博. 内蒙古科学技术年鉴（1996）［M］. 呼和浩特：内蒙古人民出版社，1996.

［17］中国农业大学百年校庆丛书编委会编. 百年人物（中国农业大学百年校庆丛书）［M］. 北京：中国农业大学出版社，2005.

［18］李博等. 中国北方草地畜牧业动态监测研究（一）［M］. 北京：中国农业科技出版社，1993.

［19］李博同志逝世［N］. 人民日报，1998-07-17.

［20］李博文集编辑委员会编. 李博文集［M］. 北京：科学出版社，1999.

［21］李博主编. 现代生态学讲座［M］. 北京：科学出版社，1995.

［22］李继侗，李博，杨澄. 北京市的植被［J］. 北京大学学报（自然科学），1959（2）：159-168.

［23］李继侗编. 植物地理学、植物生态学和地植物学的发展［M］. 北京：科学出版社，1958.

［24］李继侗文集编辑委员会编. 李继侗文集［M］. 北京：科学出版社，1986.

［25］刘天明，张明华. 李博教授当选为中国科学院院士［J］. 中国草地，1994（2）：封三转第80页.

［26］刘钟龄. 李继侗. 20世纪中国知名科学学术成就概览（生物学卷第一分册）［M］. 北京：科学出版社，2011.

［27］［英］洛伦·R. 格雷厄姆著，叶式煇，黄一勤译. 俄罗斯和苏联科学简史［M］. 上海：复旦大学出版社，2000.

［28］牟森，孙景明. 越过巴丹吉林沙漠［N］. 人民日报，1959-07-29.

［29］内蒙古草场资源遥感考察队编著. 内蒙古草场资源遥感应用研究（三）［M］. 呼和浩特：内蒙古大学出版社，1987.

［30］内蒙古大学生物系. 李博教授［J］. 中国草原，1987（5）：74-76.

[31] 内蒙古大学生物系治沙小组（李博执笔）. 内蒙古荒漠区植被考查初报 [J]. 内蒙古大学学报（自然科学版），1960（1）：31-51.

[32]《内蒙古大学五十年》编写组. 内蒙古大学五十年 [M]. 呼和浩特：内蒙古大学出版社，2007.

[33] 乔雪竹. 匈牙利狂想曲 [J]. 作品，2008（7）：61-65.

[34] 山东省夏津县志编纂委员会编. 夏津县志 [M]. 济南：山东人民出版社，1989.

[35] 孙德友. 持续五年的荒地资源考察 [C] // 李兆栋，刘群利主编. 难忘激情岁月：北大荒地勘测规划纪实，哈尔滨：黑龙江教育出版社，2009.

[36] 谈家桢，赵功民主编. 中国遗传学史 [M]. 上海：上海科技教育出版社，2002.

[37] 王步峥，杨滔主编. 中国农业大学史料汇编（下卷）[M]. 北京：中国农业大学出版社，2005.

[38] 杨宝珍，李博，曾泗弟. 关于草原群落研究中样方面积大小的初步探讨 [J]. 植物生态学与地植物学丛刊，1964，2（1）：111-117.

[39] 杨持. 在李博先生的关怀下成长 [J]. 党建与人才，1998（9）：31.

[40] 杨长斌，司洁. 李博教授素描 [J]. 人才管理，1994（5）：18-19.

[41][美] 易社强著，饶佳荣译. 战争与革命中的西南联大 [M]. 北京：九州出版社，2012.

[42] 于守忠，李博，蔡蔚祺. 内蒙古西部戈壁及巴丹吉林沙漠考察 [C] // 中国科学院治沙队编，治沙研究（第三号）. 北京：科学出版社，1962.

[43] 张九辰. 自然资源综合考察委员会研究 [M]. 北京：科学出版社，2013.

[44] 中国科学院黄河中游水土保持综合考察队. 山西省西部水土保持土地合理利用区划 [J]. 科学通报，1956（2）：7-17.

[45] 中国农业大学百年校庆丛书编委会编. 百年纪事 [M]. 北京：中国农业大学出版社，2005.

[46] 中国植物学会植物生态学和地植物学专业委员会. 三十年来中国植物生态学和地植物学的回顾和展望 [J]. 植物生态学与地植物学丛刊，1983，7（3）：169-185.

[47] 竺可桢. 参加黄河勘察队考察西北水土保持工作纪要 [J]. 科学通报，1954（8）：33-36.

老科学家学术成长资料采集工程丛书
已出版（50 种）

《卷舒开合任天真：何泽慧传》　　　　《此生情怀寄树草：张宏达传》
《从红壤到黄土：朱显谟传》　　　　　《梦里麦田是金黄：庄巧生传》
《山水人生：陈梦熊传》　　　　　　　《大音希声：应崇福传》
《做一辈子研究生：林为干传》　　　　《寻找地层深处的光：田在艺传》
《剑指苍穹：陈士橹传》　　　　　　　《举重若重：徐光宪传》

《情系山河：张光斗传》　　　　　　　《魂牵心系原子梦：钱三强传》
《金霉素·牛棚·生物固氮：沈善炯传》《往事皆烟：朱尊权传》
《胸怀大气：陶诗言传》　　　　　　　《智者乐水：林秉南传》
《本然化成：谢毓元传》　　　　　　　《远望情怀：许学彦传》
《一个共产党员的数学人生：谷超豪传》《没有盲区的天空：王越传》

《含章可贞：秦含章传》　　　　　　　《行有则　知无涯：罗沛霖传》
《精业济群：彭司勋传》　　　　　　　《为了孩子的明天：张金哲传》
《肝胆相照：吴孟超传》　　　　　　　《梦想成真：张树政传》
《新青胜蓝惟所盼：陆婉珍传》　　　　《情系梁菽：卢良恕传》
《核动力道路上的垦荒牛：彭士禄传》　《笺草释木六十年：王文采传》

《探赜索隐　止于至善：蔡启瑞传》　　《妙手生花：张涤生传》
《碧空丹心：李敏华传》　　　　　　　《硅芯筑梦：王守武传》
《仁术宏愿：盛志勇传》　　　　　　　《云卷云舒：黄士松传》
《踏遍青山矿业新：裴荣富传》　　　　《让核技术接地气：陈子元传》
《求索军事医学之路：程天民传》　　　《论文写在大地上：徐锦堂传》

《一心向学：陈清如传》　　　　　　　《铃记：张兴铃传》
《许身为国最难忘：陈能宽》　　　　　《寻找沃土：赵其国传》
《钢锁苍龙　霸贯九州：方秦汉传》　　《虚怀若谷：黄维垣传》
《一丝一世界：郁铭芳传》　　　　　　《乐在图书山水间：常印佛传》
《宏才大略：严东生传》　　　　　　　《碧水丹心：刘建康传》